넥스트 노멀 시대의 디지털 전쟁을 승리로 이끌기 위한 필수 전략

데이터를 지배하라

채수완 지음

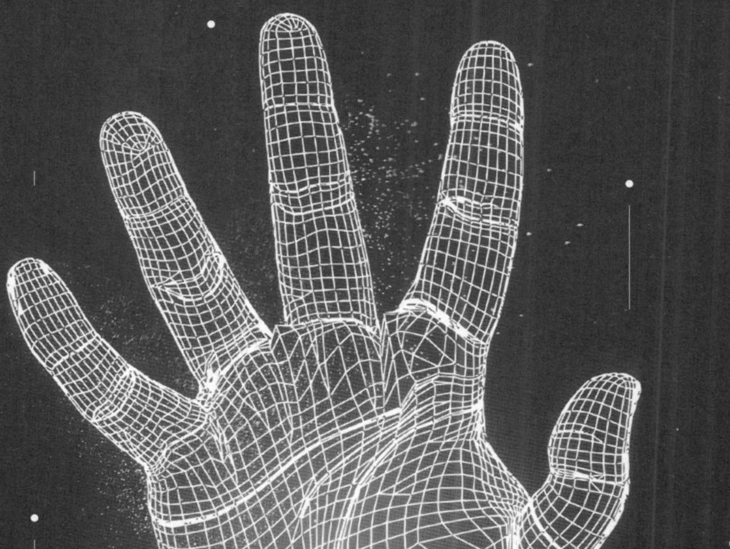

도서출판 청람

들어가며

우리는 지금 코로나19로 인해 전대미문前代未聞의 팬데믹 상황을 겪고 있다. 2019년 11월 중국에서 처음 보고된 이후로 코로나19가 전 세계로 퍼져 나가기까지 불과 몇 개월이 채 걸리지 않았다. 우리는 일찍이 겪어 보지 못한 위기로 인해 삶의 많은 부분이 바뀌고 있는 상황을 목도하고 있다. 코로나19로 인한 위기상황은 그 영향의 크기도 어마어마하지만 번지는 속도 역시 상상을 초월하게 빠르고 광범위하다. 파죽지세로 러시아를 향해 진군하던 나폴레옹의 군대도 이보다 빠르지 못했고 호라즘Khorezm 왕국을 정복한 후 유럽으로 진격했던 징기스칸의 몽골 기마군대도 그러하지 못했다.

그야말로 나심 니콜라스 탈레브Nassim Nicholas Taleb가 그의 책 〈블랙 스완Black Swan〉에서 언급한 대로 그동안 경험해 보지 못한 대위기가 찾아온 것이다. 아마도 일생을 살면서 코로나19와 같은 전 세계를 마비시킬 만한 팬데믹 상황을 겪는 것이 쉽지 않을 것이다. 학생들은 등교하지 않는 날이 더 많아졌고, 회사원들도 재택근무가 이제 낯설지 않다. 대면회의는 화상회의로 대체되고 있으며 직접 만남보다 온라인을 통한 연결이 더욱 잦아졌다. 골목상권은 폐허가 되다시피 하는데 아이러니하게도 배달산업의 매출은 폭발적으로 증가하고 있다. 항공과 여행산업은 존폐의 기로에 섰지만 간편식 시장이나 홈인테리어 시장, 제약산업, IT산업은 오히려 호황을 누리고 있다.

2008년 글로벌 금융위기를 겪고 세계경제의 질서가 새롭게 재편되면서 '뉴 노멀New Normal' 시대가 왔고, 4차 산업혁명이라는 디지털 혁명 시대가 찾아왔다. 코로나19라는 외부 변수에 기인하지만 이제는 이른바 새로운 질서가 형성되는 '넥스트 노멀Next Normal' 시대가 도래했다. 코로나19가 변화의 속도를 촉진한 측면도 있으나 이제 이러한 변화의 흐름을 더 이상 막을 수 없는 시점에 이르렀다. 그렇다면 이러한 위기의 시대에 어떻게 하면 모두가 위기를 극복하고 새로운 질서에 적응하며 번영을 이루기 위한 초석을 다질 수 있을까?

최근 코로나19로 인해 비대면이 일상화되면서 대안으로 IT 기술이 적극적으로 활용될 수밖에 없는 상황이 되었다. 그로 인해 코로나19가 때마침 진행되던 4차 산업혁명 시대로의 변화를 매섭게 촉진하는 결과를 가져왔다. 만일 4차 산업혁명을 주도하는 다양한 디지털 기술들이 없었다면 지금보다 훨씬 많은 불편을 감수해야 했을 것이다. 그만큼 디지털 기술은 우리의 삶에 많은 영향을 미치고 있으며 일상의 많은 부분을 극적으로 바꾸는 데 도구로 활용되고 있다.

우리는 초연결 사회에 살고 있다. 스마트폰을 통해 벌어지는 우리 일상을 들여다보면 이해가 빠를 것이다. 일상생활과 업무환경을 비롯해 비즈니스 환경에 이르기까지 촘촘하게 연결되어 있는 초연결 사회에 접어든 세상에 살다 보니 비대면이 빠르게 정착되어 가고 있다. 하지만 비대면이 일상화된 상황에 모두가 피로감을 느끼고 있기도 하다. 그래서 앞으로의 디지털 기술은 좀 더 인간적이고 인문학적이며 아날로그와 융합되는 것이 필요할 것이다.

비대면과 초연결은 상반되는 의미 같지만 사실은 서로 관련이 깊다. 디지털 기술이 비대면이어도 초연결 사회를 유지하는 도구로 활용되고 있기 때문이다. 지금과 같은 위기 상황에서는 연결이 끊어지면 위험해질 수 있지만 조금은 느슨하더라도 상호 연결되고 서로를 떠받치는 것이 매우 중요하다. 일상생활도 단절되어서는 안 되고 비즈니스도 마찬가지다. 사회, 경제, 문화, 정치, 산업 모든 것이 느슨해질지언정 연결이 끊어지지 않아야 다시 살아나고 더 큰 번영을 이룰 수 있다.

변화는 필연적으로 혼란을 동반한다. 혼란은 불확실성을 키우고 의사결정을 어렵게 만든다. 그렇기에 이러한 시기에는 보다 합리적이고 객관적인 시각에서 의사결정을 내리는 것이 필요하다. 개인이든 기업이든 이러한 상황은 마찬가지다. 새로운 질서가 형성되는 '넥스트 노멀' 시대에는 혼란이 가중되고 거센 변화의 파도에 휩쓸리기 쉽다. 그만큼 불확실성이 크기 때문에 유연하고 민첩하게 대응하는 것이 필요하다.

위기 상황에서는 생존이 무엇보다 중요하고 생존 후에는 회복이 중요하다. 생존과 회복 탄력성을 높이기 위해서는 리스크 관리가 매우 중요하다. 제2차 석유파동 당시 유가하락의 리스크를 고려해서 생존과 번영을 누린 '셸Shell'의 사례를 보더라도 엄혹한 변화의 시대에는 객관성을 잃지 않는 합리적인 판단력을 유지하는 것이 필요하다.

지금의 상황에서는 변화의 본질을 이해하고 대비한다면 위기를 극복하고 생존과 번영을 이루는 것이 아주 불가능하지는 않다. 앞서 말했듯이 이미 초연결 사회에 접어들었고 대부분의 사람들이 모바일로 연결되고 일상생활을 유지해 간다. 기업의 경영활동도 초연결 사회에서 벗어나지 못한다. 모든 이해관계자와 연결되고 있다. 이 모든 것들은 디지털 기술이 발전하고 정보의 유통이 활발해지면서 일어난 변화다. 그래서 4차 산업혁명의 본질은 정보혁명에서 찾을 수 있다. 초연결 사회는 정보의 독점이 아닌 자유로운 유통과 활용이 기반이 되기 때문에 모든 연결의 매개체인 데이터 기반 사회로 볼 수 있다.

이 책은 제목인 〈데이터를 지배하라〉에서 연상할 수 있듯이 "넥스트 노멀" 시대의 디지털 전쟁을 승리로 이끌기 위한 필수 전략을 담고 있다. 위기는 위험한 상황을 의미하기도 하지만 또 다른 기회이기도 하다. 4차 산업혁명과 코로나19 위기가 동시다발적으로 일어나고 있지만 변화의 파도를 넘어 새로운 기회의 주인이 되기 위해서는 디지털 전쟁의 승리자가 되기 위한 전략이 필요하다.

개인이든 기업이든 정부든 공공이든 사회를 구성하고 있는 모든 주체들이 이제는 데이터를 벗어나서 살아가거나 유지될 수 없다. 우리 손에 쥐여 있는 스마트폰으로 인해서 그렇고 디지털 기술 없이 운영이 불가능해진 기업환경 때문에도 그렇다. 데이터의 바다에서 헤엄치고 있는 우리는 그 안에서 어떻게 데이터를 활용하여 생존전략을 세워야만 살아남을 수 있을지 고민해야 한다.

지금의 위기도 언젠가는 지나가기 마련이다. 그러나 위기를 슬기롭게 극복해서 살아남느냐는 다른 문제다. 우리 모두가 지치지 않고 이번 위기를 잘 극복해서 살아남는다면 세계질서를 선도해

나가는 리더가 될 절호의 기회를 잡을 수 있을 것이다. 이번에 코로나19 위기를 대처하는 각국의 모습을 보더라도 서구 유럽이나 미국을 비롯한 영미권이 세계의 질서를 주도하는 선진국이라고 하기에는 부족한 점이 너무나 많이 드러났다.

여전히 IT 강국으로 불리고 전 국민의 교육 수준이 매우 높으며 스마트폰 보급률이 세계 최고 수준이고 세계 반도체 시장을 석권하고 있으며 전 세계로 진출한 많은 일류 기업들을 보유한 대한민국은 이번 코로나19 위기를 이겨내고 일류 국가가 될 수 있으리라 기대한다.

이 책을 통해 앞으로 미래를 준비하는 청년들, 불확실한 세상을 살아가는 많은 젊은 이삼사십대 경제 주체들, 어려운 상황에서도 혁신과 성장을 위해 끊임없는 도전을 멈추지 않는 기업들, 숱한 위기를 극복해 온 중장년층을 비롯해 지혜로운 노년층까지 두려워하지 말고 4차 산업혁명 시대의 승리자가 되는 데 조금이나마 도움이 되기를 희망해 본다.

데이터를 도구 삼아 위기 상황을 지배하는 '호모 디지털쿠스'의 탄생을 신비롭게 바라보면서 이 시간에도 코로나19와 힘겹게 싸우고 있는 의료진들, 힘들게 버티고 있는 우리의 이웃인 소상공인들, 중소기업을 비롯해 미래를 이끌어갈 젊은 청년들에게 위로와 용기 내어 함께 극복해 나가자는 말을 전하고 싶다.

특히 그동안 부족하지만 각종 매체를 통해 칼럼을 쓰고 기고했던 글들을 모아 출판해 주신 도서출판 청람 이수영 대표님께 감사의 말씀을 전하고 싶다.

끝으로 항상 응원과 사랑의 언어로 용기를 북돋워 주는 내 심장이자 사랑하는 아내와 기도와 응원으로 늘 힘이 되어 주시는 부모님, 장인어른, 장모님, 형님 내외, 처제 내외와 사랑스러운 조카들에게 지면을 빌어 고마운 마음을 전한다.

2021년 2월

저자 채수완 드림

차 례

| CHAPTER 01 |
4차 산업혁명 시대, 데이터의 가치에 주목하라

| CHAPTER 02 |
디지털 혁명과 호모 디지털쿠스의 탄생

| CHAPTER 03 |
코로나19 이후 '넥스트 노멀'에 대비하라

| CHAPTER 04 |
승리의 코드, 데이터 애널리틱스

| CHAPTER 05 |
리스크 인텔리전스와 데이터 중심 경영

CHAPTER 01

4차 산업혁명 시대, 데이터의 가치에 주목하라

Chapter 01

4차 산업혁명 시대, 데이터의 가치에 주목하라

영화로 보는 데이터의 가치

영화 〈관상〉을 보면 '수양대군'이 조선 최고의 관상가인 '김내경'에게 묻는 장면이 나온다. "관상가 양반, 내가 왕이 될 상인가?"라고 묻는 이 장면은 영화의 긴장감을 극대화시킨다. 김내경은 수양대군의 얼굴을 보고 역적의 상이라고 직감한다. 영화 〈관상〉은 1453년 계유정난을 일으켜 조카인 단종으로부터 왕위를 찬탈한 수양대군과 한명회를 비롯해 그를 도와 역모를 꾀했던 인물들을 관상가인 '김내경'이라는 허구의 인물을 통해 상상으로 그려낸 영화다.

과연 얼굴의 생김새만 보고 그 사람의 운명을 판단할 수 있을까? 얼굴은 운명의 지도라고 말하는 이도 있고, 지나온 삶의 굴곡을 압축적으로 보여주는 인생의 축소판이라는 이도 있다. 물론 관상은 나름의 이유와 해석의 근거도 있겠지만 과학적으로 입증되지 않아 대체로 재미 삼아 보는 경우가 많다. 그럼에도 불구하고 많은 사람들이 사주팔자를 보거나 손금을 보고 운명을 예측해 보려고

하듯이 관상을 보고 앞으로의 운명을 점쳐 보기도 한다. 이때 나름대로 관상을 보는 원칙이 적용된다. 관상을 볼 때는 주로 얼굴을 골격이나 눈, 코, 입, 귀, 이마, 턱, 주름, 점 등의 각 부위별 생김새를 보고 그 사람의 성격, 적성, 운명, 재물운, 두뇌, 직업운 등을 판단한다. 관상을 보는 각 부위를 평가 대상이라고 한다면 평가의 기준이 되는 지표가 있을 것이고, 그 지표는 나름의 오랜 세월 축적된 정보를 통해 기준이 확립되었을 것이다.

부자의 관상을 말할 때 눈빛이 빛나고 검은 눈동자가 또렷해야 하며, 콧대는 길고 콧방울이 두툼해야 하고, 귀는 눈썹 위에 붙어 있으며, 귓불이 두툼하고 둥글어야 한다. 입술은 도톰하고 붉은 빛이 돌아야 하며, 입꼬리가 살짝 올라가야 한다. 이러한 나름의 정의는 어떻게 이루어졌을까? 아마도 오랜 세월 부자들의 특징을 살펴보았을 때 얼굴의 형태나 인상의 특징이 있었을 것이다. 그러한 정보가 축적되면서 관상으로 풀이되었을 것이다. 그러고 보면 관상도 나름의 데이터베이스가 활용되는 데이터 분석 영역이 아닐까 생각된다.

조금은 엉뚱할 수도 있지만 영화 〈관상〉은 4차 산업혁명 시대에 다시금 생각해 보면 데이터 분석과 관련된 작품으로 볼 수도 있다. 관상은 과거의 경험이 축적되어 정보화되고 이를 이용해 사람의 운명을 '판단'하는 도구로 활용했다는 측면에서 데이터 분석의 중요성을 깨닫게 해주는 소재로 생각된다. 많은 데이터를 가지고 조합하고 응용해서 또 다른 정보로 확대 발전시킨다는 것은 결코 쉬운 일이 아니다. 하지만 아주 오래전부터 사람들은 축적된 경험과 지식을 토대로 미래를 예측하기 위한 노력을 끊임없이 해왔다. 영화 〈관상〉에 나오는 내용은 꾸며진 이야기이긴 하지만 조선 최고의 관상가로 나오는 '김내경'의 스토리와 데이터는 연결고리가 있다. 김내경이 수양대군의 얼굴을 보고 역모를 예측하여 이를 막으려 애쓰는 장면에서 보듯이 얼굴의 생김새와 특징만으로도 그 사람이 미래에 어떤 행동을 할지 예측하는 것은 데이터를 통해 미래를 예측하고자 하는 요즘 시대와 맞닿아 있다. 불확실한 세상에서 조금이나마 앞날을 내다보며 빠르고 합리적인 의사결정을 내리는 데 있어서 데이터로부터 얻어지는 힘이 무궁무진하다는 것을 영화 〈관상〉을 통해 새삼 깨닫게 된다.

14세기 나관중이 쓴 역사소설인 〈삼국지연의〉에서는 많은 영웅호걸들의 숨막힐 듯 치열한 전투와 무릎을 탁 치는 지략이 펼쳐진다. 특히 유비가 삼고초려를 통해 자신의 두뇌 역할을 할 제갈량을 영입해 조조와 맞서는 '적벽대전' 편은 많은 이들이 가장 극적인 장면으로 꼽는다. 2009년에 개봉한 중국 영화 〈적벽대전(최후의 결전)〉을 보면 제갈량은 전략만으로 불리했던 전쟁을 승리로 이끈다. 안개가 자욱한 새벽시간 볏짚으로 덮은 스무 척의 배를 띄워 조조의 군대가 무차별적으로 쏘아댄 화살 10만 개를 얻어낸다. 제갈량은 안개가 시야를 가리고 불안감이 커져 적군이 제대로 상황을 알아볼 틈도 없이 우왕좌왕할 것이라는 것을 미리 알아챈 것이다. 싸우지도 않고 거저 얻어낸 화살 10만 개는 정보를 활용한 전략이 승패를 가를 수 있다는 것을 잘 보여준다.

한편, 화살을 잃은 것도 모자라 주유의 이간계離間計에 당해 장수를 잃은 데 분노한 조조는 이틀 후 강을 건너 적벽을 치려는 최후의 전투를 준비한다. 제갈량은 풍향에 따라 승패가 갈릴 것이라는 것을 알았다. 동쪽의 짙은 구름이 해를 감싸는 것을 본 제갈량은 곧 바람의 방향이 바뀔 것이라는 것을 알게 된다. 주유는 "늘 날씨가 역사를 좌우했으니 이를 아는 자가 이길 것이오"라고 말한다. 주유의 아내인 소교가 조조의 공격을 늦추기 위해 그녀를 흠모한 조조를 찾아가기까지 한다. 하늘은 스스로 돕는 자를 돕는다고 했던가! 결국, 기다렸던 바람의 방향이 바뀌게 된다. 곧이어 유비와 손권이 이끄는 10만 연합군은 조조의 80만 대군과 양쯔강 적벽에서 맞닥뜨린다. 드디어 남동풍을 이용한 화공火攻이 시작되고, 불길은 바람을 타고 조조 진영으로 빠르게 번져간다. 누가 봐도 이 전쟁은 조조에게 기울어 있었다. 수적 열세인 유비와 손권의 연합군이 조조의 군대를 상대하는 것은 무모해 보였다.

하지만 제갈량은 동짓날(음력 11월 20일)을 기점으로 남동풍을 이용해 화공으로 승리를 이끌겠다고 생각한다. 제갈량은 동짓날 즈음이면 강한 북서풍이 불지만 얼마 지나지 않아 남동풍으로 바람의 방향이 바뀔 것이라는 것을 알고 있었다. 제갈량은 길게 뻗은 새털구름의 모양과 춥다가 따뜻해지는 삼한사온三寒四溫의 특징을 보고 바람의 방향을 예측한다.

과연 제갈량이 바람의 방향을 바꾸는 신통한 능력이 있었던 것일까? 과거부터 별자리, 구름의 모양 등의 정보만으로 앞날을 예측하는 예언가들이 있어왔다. 실제로는 예언으로 보이지만 경험치를 가지고 해석해서 유용한 정보로 만든 것이다. 조조의 80만 대군은 날아드는 불화살을 미처 피할 새도 없이 남동쪽에서 강하게 불어오는 바람으로 인해 전장이 불바다가 되어 대패하고 만다. 조조가 도망칠 때는 입김이 나올 정도로 춥고 비가 내렸던 것으로 보아

제갈량이 공격의 시점을 잘못 정했다면 오히려 강한 북서풍으로 인해 유비와 손권의 연합군이 대패했을지도 모른다.

현대 전쟁은 정보전이라고 해도 과언이 아니다. 태평양전쟁 중 벌어진 미국과 일본의 전투인 미드웨이 해전은 전쟁사에서도 중요하게 여겨진다. 1942년 6월 4일부터 6월 7일까지 벌어진 미드웨이 해전은 일본군의 진주만 공습이 벌어진 6개월 후에 승기를 다시 미국 쪽으로 돌린 대표적인 전투로 꼽힌다. 영화 〈미드웨이〉를 보면 미군이 전세를 뒤집는 결정적인 장면으로 암호를 해독하는 장면이 나온다.

진주만 공습으로 인해 엄청난 피해를 입었던 미군은 하와이 주둔 미국 해군 정보부의 암호 해독반을 통해 일본군의 무전이 급격히 증가한 상황을 알게 된다. 그러던 중 암호 해독반은 일본군의 무전에서 'AF'라는 문자가 자주 등장하는 것을 알아챘다. 'AH'가 진주만을 뜻한다는 것을 알고 있던 암호 해독반은 'AF'가 미드웨이 섬일 것이라고 추측한다. 무선 보고 내용과 일본군의 정찰기의 비행경로를 추정한 결과가 'AF'는 미드웨이 섬을 가리킨다는 심증을 확신으로 바꾸게 된다. '니미츠' 제독은 이 정보를 바탕으로 일본군에게 오히려 미드웨이 섬의 정수 시설이 고장났다는 거짓 정보를 흘린다. 거짓 정보를 판독한 일본군이 'AF'의 정수 시설이 고장났다는 무선 교신을 하는 것을 알게 된 미군은 일본군이 미드웨이 섬을 공격할 것이라는 것을 미리 알아챘다. 수적 열세였던 미군은 즉시 일본 함정을 선제 공격했고 이 전투에서 미군은 일본군 함대에 돌이킬 수 없는 피해를 입히고 대승하게 된다. 결국 이 전투로 인해 전세는 다시 미국으로 기울게 된다.

일본군의 교신 데이터를 확보하고 정확히 해석함으로써 치열한 전투에서 승기를 잡은 미군은 어찌 보면 군사력보다 정보력으로 승부를 뒤집은 것이 아닌가 생각된다. 전투에서도 정보가 승부를 가를 만큼 중요한 것처럼 비즈니스의 세계에서도, 스포츠에서도 정보가 전략적으로 차지하는 비중이 매우 높다.

데이터 연금술사

연금술은 금속물질이 아닌 것으로 인공적 수단을 더해 귀금속을 빚어내는 것을 말한다. 기원전 알렉산드리아에서 시작해 이슬람을 거쳐 중세 유럽에 퍼진 주술적 성격의 사상이자 신앙의 한 형태다. 비금속 물질을 귀금속으로 만들어 내는 일은 마치 무無에서 유有를 창조하듯 험난한 여정이었을 것이다. 그 과정에서 새로운 물질의 발견과 물질 생성의 원리를 깨닫는 것만으로도 대단한 성과였을 것이다. 기존의 물질을 새로운 것으로 재탄생시키기 위해서는 다양한 방법으로 실험을 거쳤을 것이고, 과학적 검증을 통해 점차 체계가 수립되었을 것이다.

연금술은 아리스토텔레스가 주장한 4원소설에 따라 자연계의 물질을 구분하고 그 특징을 정의하는 데서 출발했다. 네 가지 원소인 물, 흙, 불, 공기는 차가움, 건조함, 따뜻함, 습함의 성질을 가진다. 이러한 각각의 원소를 적당한 비율로 섞거나 결합시키면 새로운 물질이 생겨날 것이라는 생각에서 연금술이 발달했다. 연금술은 궁극적으로는 완전한 물질인 금으로 만들어 내기 위한 과정이었다. 비록 연금술을 통해 금을 만들어 내지는 못했지만 그 과정에서 화학적 지식과 물질을 만들어 내는 기술이 비약적으로 발달한 것만은 사실이다.

4차 산업혁명 시대는 가히 데이터 중심 세계라 불릴 만하다. 최근 앞다투어 논의되는 신기술들도 그 기반을 들여다보면 데이터가 핵심이다. 인공지능, 머신러닝, 빅데이터, 클라우드 등 요즘 각광받고 있는 기술들은 데이터를 연료 삼아 발전하고 운영되는 기술이다. 이러한 신기술은 기술로서도 의미를 갖지만 세상을 변화시키는 촉매제 역할을 하기 때문에 이들을 4차 산업혁명을 주도하는 기술이라 보는 것이다.

그러한 발전의 과정에서 데이터는 어떻게 쓰일까? 마치 연금술사가 금을 만들기 위해 다양한 물질을 섞고 결합하듯이 데이터도 섞이고 엮어야 더욱 가치 있는 정보가 된다. 대단히 많은 양의 데이터가 축적된다고 해서 그것을 빅데이터라고 말하는 시대는 지났다. 양의 많고 적음을 떠나 지속적으로 축적되고 연결되면서 가치를 높여나갈 수 있어야 진정한 빅데이터로서 의미가 있다.

데이터도 나름의 속성이 있다. 데이터 구조를 보면 숫자로 되어 있기도 하고, 문자로 되어 있기도 하다. 숫자는 집계해서 크고 작음을 판단할 수 있고, 문자는 해석에 따라 의미가 부여되기도 하며 다른 데이터와 연결되었을 때 비로소 가치 있는 정보로 쓰이기도 한다. 마치 물, 흙, 불, 공기라는 원소를 섞거나 결합시키는 연금술처럼 데이터도 축적하는 데서 그치지 않고 섞고, 연결하고, 결합하는 과정을 통해 금과 같은 높은 가치를 지닌 고밀도의 지식이 될 수 있을 것이다.

우리 속담에 '구슬이 서 말이라도 꿰어야 보배'라는 말이 있다. 구슬이 구슬로만 존재하기보다 꿰고 엮다 보면 보배가 되듯이 데이터도 연금술처럼 다루다 보면 보배가 되고 경쟁력이 될 수 있다. 개인의 경우 노트북을 포함해 PC에 저장된 각종 문서와 메모, 보고서, 이메일 등의 데이터를 평소에 얼마나 활용할까? 일반적으로 사람이 뇌 용량의 10%도 채 사용하지 못한다는 연구 결과가 있듯이 우리 PC에 저장된 데이터 활용도 마찬가지다. 아마도 가지고 있는 각종 자료를 50%만 매일 사용할 수 있어도 엄청난 새로운 정보가 탄생하고 그러한 정보들이 모여 지적 수준을 향상시켜 줄 것이다. 기업도 마찬가지다. 기업마다 보유하고 있는 엄청난 양의 데이터를 얼마나 활용하고 있는지 들여다볼 필요가 있다. 가지고 있는 데이터를 잘 활용하기만 해도 가치 있는 정보가 끊임없이 생성될 것이고, 이를 바탕으로 샘솟는 아이디어와 결합해서 경쟁력으로 이어지게 만들 수도 있다. 그러나 데이터를 아무리 많이 쌓아 놓는다 해도 활용도가 높지 않으면 그저 저장하고 관리하는 데 비용만 소요될 뿐, 꿰어 놓지 않은 구슬에 불과할 수밖에 없다.

우리는 종종 소중한 것을 잊고 살 때가 있다. 공기나 물이 없다면 살 수 없지만 주변에 늘 있기에 소중함을 때때로 잊고 산다. 이제는 데이터도 마찬가지다. 단순히 데이터베이스에 저장되어 있는 데이터만이 아니라 스마트폰으로 메시지를 전송하고 사진을 주고받으며, 동영상을 보는 것도 데이터의 이동과 활용으로 가능한 일이다. 야구를 보다 재미있게 볼 수 있는 것도 선수들과 관련된 각종 통계 수치와 데이터가 풍부하게 제공되기 때문이다. 4차 산업혁명 시대는 데이터가 돈이 되고 공기가 되며 물이 되는 시대다. 오래전 많은 이들이 비금속 물질로 금을 만들어 내려고 노력했듯이 데이터를 가지고 금에 버금가는 지혜와 통찰력을 얻을 수 있다면 그것 또한 데이터 연금술이라 할 만하다.

4차 산업혁명 시대, 새롭게 펼쳐질 세상

요즘 미디어를 비롯해 많은 사람들이 4차 산업혁명을 이야기한다. 4차 산업혁명 시대가 무엇인지 명쾌하게 정의를 내리기보다 그 특징을 살펴봄으로써 변화될 앞으로의 세상을 조금이나마 그려 볼 수 있을 것이다.

4차 산업혁명이 처음 언급된 것은 2016년 6월 스위스에서 열린 다보스 포럼에서 의장이었던 클라우스 슈밥Klaus Schwab이 처음 언급하면서 본격적으로 공론화되기 시작했다. 이전의 1차, 2차, 3차 산업혁명이 세상을 혁신적으로 변화시킨 것처럼 다시 또 새로운 기술들을 통해서 엄청난 변화가 시작될 것이라는 주장이었다. 이러한 변화를 통해 세상의 질서가 재편되고 사람들은 그 질서에 순응하게 되는데 이를 일컬어 '뉴 노멀New Normal'이라 부른다. 뉴 노멀은 4차 산업혁명에만 국한되는 이야기는 아니지만 급진적이고 혁명적인 세상의 변화를 통한 새로운 세상의 탄생이라는 측면에서는 뉴 노멀을 이끄는 변화의 주역으로 4차 산업혁명만큼 파괴력이 큰 변화도 없을 것이다. 4차 산업혁명을 이해하기 위해서는 지난 1차, 2차, 3차 산업혁명의 특징을 살펴볼 필요가 있다.

첫 번째, 1차 산업혁명은 1784년 증기에너지의 발명으로부터 촉발되었다. 인간의 힘을 대체할 수 있는 에너지를 통해 생산성이 향상되었고, 이를 통해 수공업의 기계화가 가능해졌다. 이 시기에 방적, 제련 기술이 발달하기 시작했다. 농업과 가내 수공업 위주의 세상에서 새로운 에너지의 발명은 인간이 다른 영역에 노동력을 투입할 수 있는 계기를 마련해 주었다.

두 번째, 2차 산업혁명은 1차 산업혁명으로부터 약 100년 가까이 흐른 1870년에 전기에너지의 발명과 함께 시작되었다. 전기에너지는 에너지의 효율화가 가능해지면서 대량생산체제로 변화를 촉발했다. 대량생산이 가능해지면서 드디어 수요보다 공급이 앞서는 공급 주도 성장체제가 마련된 것이다. 이 시기에는 대량생산이 가능한 사업자의 경우 규모의 경제를 통해 더욱 낮은 원가로 경쟁력을 갖추게 되고, 생산량은 더욱 늘어나는 구조였다. 그러다 보니 자연스럽게 산업자본이 성장하였다. 전기에너지라는 신기술이 대량생산을 가능하게 하면서 산업이 발전하게 되었고 이전 시대와는 극명하게 다른 변화를 이끌었다.

세 번째, 3차 산업혁명은 2차 산업혁명이 시작된 이래로 1차 산업혁명과 2차 산업혁명 사이에 100년이 흐른 것과 마찬가지로 또 다시 100년이 흐른 1969년, 인터넷이 발명되면서부터 시작되었다. 월드 와이드 웹WWW의 발명은 인터넷이라는 정보 유통 기술의 발전을 불러왔고, 전자공학과 맞물려 다양한 정보 기술이 발전하기 시작했다. TV도 인터넷을 통한 방송 서비스가 가능해졌고, 인터넷을 통해 시간과 공간의 제약을 뛰어넘는 상거래가 활발해졌다. 그 이전 시대를 생각해 보면 상거래는 보통 유동인구가 많은 지역에 건물을 세우고 상점들이 입점하여 상품을 진열하고 사람들이 상점을 방문해서 구매하는 방식이었다. 그러나 3차 산업혁명을 거치면서 서울과 부산 간에 상거래가 가능해졌고, 만나지 않아도 배송을 통해 상품을 받을 수 있게 되었다. 또한 24시간 언제든지 상품을 주문할 수 있게 되었다. 이러한 변화는 상거래 전체 시장규모를 비약적으로 증가시켰을 뿐만 아니라 택배산업, 온라인 마켓 시장과 같이 새로운 산업이 발전하는 토대가 되었다. 또한 인터넷을 통해 정보가 유통되기 시작하면서 더 이상 정보가 힘이 되는 시대가 아닌 정보 공유와 참여가 힘이 되는 시대가 열리게 되었다. 이제 더 이상 집에 백과사전을 갖고 있는 사람은 없을 것이다. 인터넷에서 검색만 해도 찾지 못할 지식은 없을 정도로 정보의 유통이 활발해졌고 접근성이 좋아졌다. 3차 산업혁명 역시 2차 산업혁명 시대와는 본질적으로 다르고, 이전 세대와는 단절적인 변화를 이끌었다는 것이 특징이다.

그렇다면 마지막으로 4차 산업혁명은 어떠한가? 4차 산업혁명은 3차 산업혁명의 연장선상에 있다고도 볼 수 있다. 정보 유통의 혁신이라는 측면에서 그렇고, 시간과 공간의 제약을 초월하는 수준이 단순히 온라인을 넘어 실시간, 초연결이라는 측면에서 그렇다. 그러나 4차 산업혁명 역시 이전과는 다른 큰 변화를 이끄는 가장 큰 원동력은 따로 있다. 바로 데이터 중심 사회로 변화한다는 것이다. 모바일 중심으로 모든 일상생활이 변화하고, 산업 간의 경계가 모호해지거나 무너지며, 비즈니스 전 영역에 걸쳐 디지털 혁신이 추진되고 있다. 이러한 변화의 기저에는 데이터가 기반이 되고 있다. 기업들이 데이터를 확보하고 활용하며, 디지털 기술을 통해 경쟁력을 만들어 가는 모든 일들이 4차 산업혁명 시대의 비즈니스 특징이다. 이전 세대에서는 제품을 만들고 마케팅을 하며, 고객을 유치하고, 서비스를 제공하는 방식이 일반적이었다면 이제는 데이터와 분석, 예측, 맞춤형 서비스, 산업을 넘나드는 다양한 가치를 제공하는 것이 4차 산업혁명 시대의 특징이다.

| 산업혁명 단계별 특징 |

구분	1차 산업혁명	2차 산업혁명	3차 산업혁명	4차 산업혁명
시기	1780년대	1870년대	1970년대	2021년 현재 진행 중
기술	• 증기에너지 • 방적, 제련 기술	• 전기에너지	• 인터넷 • 월드 와이드 웹 (WWW)	• 인공지능, 머신러닝, 빅데이터, 애널리틱스, IoT, 클라우드, 블록체인, 인지컴퓨팅
변화 방향	• 가내 수공업의 기계화	• 대량생산체제 • 분업화	• 시공간 초월 • 정보 유통 • 투명성 • 참여형 컨텐츠	• 모바일 중심 사회 • 초연결 사회
특징	• 인력 중심의 노동에서 기계의 도움을 얻어 생산성 향상 • 노동력 대체	• 대량생산 • 노동력 증가 • 생산성 향상 • 공급 주도 성장 • 산업자본 성장	• 상거래상의 시간과 공간의 제약 해소 • 온라인 시장 활성화 • 정보 유통 활성화 • 디지털 기술 발달	• 언제 어디서나 정보 접근 및 활용이 가능한 모바일 중심 사회 • 데이터 중심 비즈니스 활성화 • 산업 간 경계의 종말 • 비즈니스 전 영역에서 디지털 기술 적용

4차 산업혁명은 미래의 이야기가 아니고 지금 우리의 문제다. 지금 우리가 사는 세상이 4차 산업혁명 시대이고, 우리는 그 한복판에 서 있다. 변화는 거스를 수 없는 대세이고, 우리는 이러한 변화를 맞아 능동적이고 유연하게 적응하면서 생존해야 한다. 생존은 번영의 전제조건이다. 생존 전략을 생각하지 않으면서 성장 전략을 논할 수 없기 때문이다. 모바일 중심의 초연결 사회에서 고객으로부터 나오는 가치는 이전과는 매우 다르다. 기업들이 제공할 수 있는 서비스 역시 이전과는 전혀 다른 형태로 전개되어야 한다. 시나브로 고객도 모르는 사이 맞춤형 서비스가 제공되고, 필요한 정보가 집중되며, 인공지능 기술은 불확실한 미래에 대비하는 도구가 될 것이다. 하루에도 수없이 쏟아지는 데이터를 저장하고 분석해서 비즈니스에 활용하는 것만으로도 엄청난 경쟁력이 되는 시대가 되었다. 데이터가 곧 원유가 되는 시대가 열린 것이다. 이를 귀중하게 여기고 변화를 촉진하는 촉매제로 활용하는 개인이나 기업은 4차 산업혁명 시대의 변화의 파도에 올라타게 되는 것이고 변화에 적응하지 못하면 파도에 휩쓸리게 되는 것이다.

자원이 부족한 나라에서 자원이 풍부한 나라로

천연자원 부족 국가인 대한민국이 더욱 부강해질 수 있는 방법은 고도의 기술력으로 만들어진 제품을 수출하고, 고품질의 서비스를 제공하는 등의 고부가가치산업을 발전시키는 것이다. 이를 위해 많은 기업들이 품질로 경쟁하고 기술 경쟁력을 갖추어야 한다. 그런데 세상은 급변하고 있고 코로나19로 인해 그 속도가 더욱 빨라지고 있다.

클라우스 슈밥Klaus Schwab에 의해 2016년 6월 처음 언급된 이래로 4차 산업혁명은 한동안 그 실체가 명확하지 않다는 지적을 받아왔다. 거대한 변화의 흐름에서 당연히 있을 수 있는 질문이고 문제제기라고 볼 수 있다. 하지만 이제는 현실화되고 있으며, 인공지능, 머신러닝, 클라우드, 빅데이터, 블록체인과 같은 기술들이 주도하는 변화의 한복판에 놓여있다. 코로나19는 이러한 변화를 더욱 빠르게 가속시키는 역할을 했고 사회구조와 비즈니스 형태, 노동의 변화, 공급망 유지의 방식 등이 혁신적으로 변화하고 있다. 이러한 변화의 중심에는 모바일 기술을 비롯한 각종 IT 기술이 총망라되어 있고, 그러한 IT 기술은 데이터가 원료 역할을 하고 있다.

대한민국의 경제성장을 가리켜 '한강의 기적'이라 말하기도 한다. 6.25 전쟁이 끝나고 부지런하고 값싼 노동력이 경쟁의 원천이었던 고도 성장기를 거치면서 산업이 급속도로 발달하기 시작했고, 1990년대 이후 반도체와 자동차, 석유화학, 전자 등의 산업에서 글로벌 경쟁력을 갖추게 되면서 그야말로 눈부신 발전을 이루었다. 그 사이 샴페인을 일찍 터뜨렸다는 말로 대변되는 압축성장의 폐해로 IMF로부터 구제금융을 받는 외환위기가 찾아오기도 했다. 위기 때마다 대한민국은 놀라운 응집력과 결속력을 보여주면서 위기를 극복했고, 세계로부터 찬사를 받았다. IMF 시절 금모으기 운동이 국민들의 응집력과 단결력으로 위기를 극복한 대표적인 예이다. 유독 부침이 심했던 대한민국의 근현대사를 보면 어려움을 극복해 나가는 과정에서 국민들의 피땀과 눈물이 원료가 되었다고 해도 과언이 아니다. 세계적으로도 인정받는 근면성실함은 대한민국의 눈부신 성장의 밑거름이자 자원이라 해도 될 만하다.

과거부터 대한민국의 산업과 경제를 논할 때 늘 전제되는 주제가 있었다. 바로 대한민국은 자원이 부족하다는 사실과 노력으로 이러한 어려움을 극복해야 한다는 것이었다. 과거 고도성장 시절 많은 전문가들은 대한민국은 자원이 부족해 기본적으로 가진 것이 없으니 다른 나라에 비해 출발선상이 뒤처질 수밖에 없었고 이를 극복하기 위해서는 양질의 노동력과 기술력으로 격차를 따라 잡아야 한다고 주장했다.

1970년대 이후 산업화 시대에는 같은 노동력이라고 하더라도 경쟁력을 갖추고 생산성을 높이기 위해서는 더욱 성실하고 꼼꼼하게 일해야 했다. 그 와중에도 기술을 개발해서 제품을 생산하고 수출을 해야 부강한 나라가 될 수 있다는 목소리가 늘 있어왔다. 이러한 근면 성실한 노동력과 기술력의 중요성에 대한 주장은 교과서에서도 언급될 정도로 국민 대다수가 받아들이는 상황이었다. 6.25 전쟁 이후 물자는 부족하고 가진 자원도 없는 상황에서 오로지 노동력과 특유의 성실함이 우리 경제를 견인했다고 해도 과언이 아니다.

우스갯소리로 한반도를 다리미로 쫙 펴면 지금 면적의 11배가 된다는 말이 있다. 혹자는 미국의 면적과도 맞먹을 것이라는 주장도 있다. 그러나 정말로 한반도가 평평한 대지로만 이루어졌다고 상상해 보라. 그렇다면 지금의 산과 들이 조화롭게 이어지는 풍경도 볼 수 없을 것이고, 봄, 여름, 가을, 겨울의 사계절이 없어지니

무척 덥거나 추운 날씨만 지속될 것이다. 굽이굽이 흐르는 강줄기도 없어질 것이고, 깊은 산속에서 솟구쳐 올라 계곡을 지나 하천으로 흐르는 맑은 물도 사라질지 모른다. 어디 그뿐이랴. 4계절은 각 계절마다 생존하기 위한 적응력을 높이기 위한 기술을 체득하게 했다. 옷을 만드는 기술도 사시사철을 고려해 만들게 되니 한 계절만 가진 나라의 기술력과 비교할 바가 못 된다. 만일 온 국토가 평평하다면 터널을 뚫는 기술도 필요가 없을 것이고, 구불구불하고 높이의 편차가 있을 경우를 고려한 정밀한 토목 설계도 불가능했을 것이다. 지형에 맞게 건축하는 기술과 더위와 추위 속에서 건설해 본 경험이 해외에서 빛을 발하기도 한다.

산업화를 거치면서 대한민국은 기름 한 방울 나지 않는 나라이니 기름을 아껴야 한다는 말을 많이 했다. 맞는 말이다. 우리나라는 기름이 나지 않는다. 그러나 기름이 나지 않기 때문에 원유를 가공해 산업용이나 차량용, 가정용으로 사용할 수 있는 석유화학제품을 만드는 기술을 개발했다. 지금은 대한민국의 석유화학제품이 세계에서 경쟁하고 있고 품질의 우수성을 인정받고 있다. 기름이 나지 않지만 기름을 들여와서 가공해 다시 수출하는 국가가 되었다. 반도체 기술은 어떠한가? 젓가락을 자유자재로 쓸 만큼 세밀한 손기술이 좋은 민족답게 초정밀 기술을 발전시켜 이제는 명실상부한 세계 최고의 반도체 수출 국가가 되었다.

대한민국은 이제 자원이 부족했던 최빈국에서 GDP 기준 세계 10위권 경제 대국으로 성장했다. 면적 기준으로는 세계 100위권 밖이고, 인구 기준으로도 세계 28위다. 이러한 척박한 환경에서 이렇게 경제 대국이 되기까지 수많은 이들의 노력과 희생이 뒷받침되었다. 대한민국은 자원의 부족과 평평하지 않은 국토, 계절의 변화가 가져다주는 다양성이 있는 나라다. 이러한 불편함을 극복하고, 환경을 이겨내기 위한 노력은 곧 경쟁력이 되었다. 뛰어난 인적자원과 수많은 노동자들의 헌신, 그리고 자원 부족이 오히려 보이지 않는 자원이 되었다. 아마도 인적자원만큼 지속가능한 자원도 없을 것이다. 석유나 천연가스, 금을 비롯해 각종 광물자원도 매장량이 한정되어 있어 언젠가는 고갈되고 말 것이다. 그러나 축적된 지식과 지혜는 더욱 빛나는 보석처럼 연마되어서 가치가 더해질 것이다. 대한민국의 우수한 인적자원과 지식은 그 누구도 넘볼 수 없는 경쟁력의 원천이 될 것임은 의심할 여지가 없다. 다만 지식에서 그치지 않고 지혜로 발전시켜 4차 산업혁명 시대에는 명실상부한 글로벌 리더로 자리매김하는 것을 기대해 본다.

이제 우리는 4차 산업혁명 시대를 지나고 있다. 4차 산업혁명 시대를 관통하는 가치는 초연결 사회다. 연결의 힘은 강력하다. 정보가 빠르게 공유되고 소비되는 과정에서 더 나은 의사결정이 쌓이고, 간접적으로라도 성공의 경험이 전파되면서 지혜로운 다수가 탄생한다. 기본적으로 많은 정보를 갖고 있거나 획득할 수 있는 능력을 갖춘 인간의 출현은 세상을 다시 한번 업그레이드하는 계기가 될 것이다. 그렇기 때문에 우리는 작금의 현상을 4차 산업혁명이라 부른다. 사유하는 인간, 도구를 사용하는 인간, 사회성을 갖춘 인간, 문명을 가진 인간을 넘어 지혜로운 인간의 출현은 세상을 더욱 풍요롭게 변화시키고 발전시킬 것이다.

초연결 사회로 변화하면서 사람 간에 물리적 구분은 지금보다 다양해질 것이다. 직접 만나고 대화하고 나누는 등의 일상은 점점 줄어들고 눈에 보이지 않는 형태의 온라인 연결이 사람 간에 이어질 것이다. 이렇게 되면 디지털 양극화가 우려되기도 한다. 디지털 자산이 많거나 활용 능력이 뛰어난 사람이 더욱 많은 정보에 접근하고 독점적으로 누릴 수 있다면 이로 인한 폐해도 생길 수 있다. 따라서 앞으로 변화하는 사회구조 속에서 초연결이 갖는 의미를 다시 한번 되새길 필요가 있다. 연결이 느슨해지거나 연결에서 도태되는 사람이 나오지 않도록 보다 촘촘하고 따뜻한 연결 사회로 가는 것이 바람직하다.

우리는 시간과 공간의 제약을 뛰어넘는 세상에서 살고 있다. 최근 코로나19를 겪으면서 사무실이라는 한 공간에 모여서 일하지 않아도 업무가 가능하다는 것을 경험하고 있고, 그 경험이 가능하게 하는 도구는 IT 기술이다. 이러한 경험이 쌓이면서 예전으로 돌아가는 것은 쉽지 않아 보인다. 기업들은 비대면 업무나 원격 업무로 인해 생산성이 저하되거나 업무 품질이 떨어질 것이라고 우려했다. 그러나 2020년 1년간 경험한 결과 오히려 비용은 줄고 업무 효율도 우려했던 것처럼 나빠지지 않았다. 이러한 우려를 메우는 데 디지털 기술이 활용되었기 때문이다. 현재 왕성하게 활동하는 이삼사십대의 경우 대체로 디지털 기술에 익숙한 연령층인 것도 이러한 변화의 적응에 한몫했다.

상거래에 한해 시간과 공간의 제약을 뛰어넘었던 3차 산업혁명 시기를 거쳐 4차 산업혁명 시대에는 일상생활과 업무까지도 시간과 공간의 제약을 뛰어넘기 시작했다. 특히, 비즈니스에서 시간과 공간의 제약을 뛰어넘기 위해서 반드시 필요한 기술이 강력한 네트워크 기술과 안정적인 데이터 처리다. 원격으로 서로 화면을 공유하고 대화하며, 자료를 주고받는 것은 IT 기술을 활용하는 것이기도 하지만 거대한 데이터의 흐름이 실시간으로 가능한 환경이 구축되었다는 것을 의미한다.

과거 데이터에 대한 기술을 논할 때 데이터의 축적이 중요했다. 낮은 디스크 효율을 고려해서 어떻게 저장하고 백업할 것인지, 그리고 대용량 데이터를 처리하기 위해 어떻게 데이터 구조를 설계할 것인지가 매우 중요했다. 그런 반면 최근에는 데이터의 활용에 초점을 맞추고 있다. 데이터 저장은 정형 데이터와 비정형 데이터를 가리지 않고 최대한 모아둔다. 이를 최근에는 데이터 레이크Data Lake라는 기술로 해결하려는 시도가 계속되고 있다.

데이터 레이크는 데이터의 유형을 가리지 않고 최대한 수집한 후에 이를 활용하려는 사용자가 편리하게 접근해서 가공하고 활용하도록 하는 것이 목적이다. 마치 물을 가두어 두고 농업용수이든 생활용수이든 필요할 때 사용하도록 하는 저수지와 같은 개념이다. 이러한 개념이 생겨나게 된 이유는 데이터의 유형이 다양화된 측면도 있고, 데이터의 활용이 매우 중요한 이슈로 떠오르고 있기 때문이다. 저장해 두기만 하는 데이터는 비용만 소요될 뿐 비즈니스에 도움이 되지 않는다. 따라서 많은 기업들이 적극적인 활용을 통해 비즈니스에 직접적인 도움을 얻고자 하는 노력을 기울이고 있다. 4차 산업혁명 시대에서는 데이터의 빠른 유통과 활용이 중요한 시대로 넘어가고 있으며, 이러한 환경은 디지털 혁명을 더욱 가속화시키는 매개체가 되고 있다.

| 데이터 관리 기술 |

관련 기술	특징	데이터 유형
• 관계형 데이터베이스 • DBMS(데이터베이스 관리 시스템) • 저장 매체(하드 디스크)	• 기업 내의 ERP 및 기타 레거시 시스템을 통해 생산된 데이터 또는 외부에서 수집된 데이터 • 파일, 이미지 등의 비정형 데이터의 경우 저장은 하지만 가공하기 어렵고 활용도는 매우 낮음	• 정형 데이터
• 데이터 레이크(Data Lake) • 빅데이터(Big Data) • 데이터 애널리틱스(Data Analytics)	• 기업 내에서 생산된 각종 데이터뿐만 아니라 이미지, 스캔파일과 같은 비정형 데이터를 포함하며, 데이터 크기가 매우 큰 빅데이터 • 가공되지 않은 데이터도 수집하여 정형 데이터와 함께 축적 • 사용자 필요에 따라 접근이 용이하고 인메모리(In-memory) 기술을 활용해 데이터 탐색 기능이 매우 뛰어남 • 가공되지 않은 데이터를 데이터 가공(Data Curation)을 통해 정제된 데이터로 만들어서 실제 활용이 가능한 형태로 저장함 • 데이터 분석(Data Analytics)을 통해 비즈니스에 활용할 수 있도록 지원함	• 정형 데이터 • 비정형 데이터

데이터의 현재가치와 미래가치

경영학 원론 교과서에 보면 기업의 혈액은 '돈Money'이라는 표현이 나온다. 기업의 가장 기본적인 존재의 이유는 이윤 창출이며, 기업활동의 목적은 이윤 추구에 있기 때문에 돈은 기업이 존재하는 한 끊임없이 흘러야 한다. 부채가 있으면 이자비용을 지급해야 하고, 차입한 돈으로 투자와 운영비를 충당해서 매출을 발생시키고, 돈이 들어오면 자산을 구매하거나 비용을 지출한다. 이러한 일련의 활동이 지속될 때 비로소 기업으로서 유지가 되는 것이다. 기업은 이윤을 추구하기 때문에 보유하고 있는 돈의 가치가 매우 중요해진다. 현재 보유하고 있는 돈의 가치는 물론이고 미래 시점에 현재 보유한 돈의 가치까지 매긴다. 현금의 현재가치와 5년이 지난 뒤 가치가 동일하지 않기 때문에 기업은 끊임없이 지금 현재의 자산가치와 미래가치를 계산하려고 한다.

현재 시점에서 가치가 높은 자산을 비즈니스에 어떻게 활용하느냐는 경영에서 매우 중요한 의사결정 사항이기도 하다. 그 이유는 현금자산을 포함한 자산가치의 계산 결과에 따라 향후 투자계획이나 자본조달계획이 달라질 수 있기 때문이다. 만일 지금의 자산을 잘 운용해서 미래가치를 더 높게 만들 수 있다면 자산을 매각하거나 현금을 사용하는 것보다 현금 자산을 보유하고 투자하는 것이 더 나은 선택일 수 있다. 반대로 미래가치가 더 낮을 경우에는 현재 시점에서 자산을 매각하는 것이 더 나은 선택일 수 있다. 이처럼 기업의 경영전략에 있어서 돈이 미치는 영향이 매우 크다는 것을 알 수 있다.

최근 기업의 혈액은 '데이터'라는 주장이 설득력을 얻고 있다. 데이터가 일상생활에서 차지하는 비중이 매우 크다 보니 고객이든 기업이든 데이터를 확보하고 활용하는 것이 곧 경쟁력과 직결된다는 의식이 확산되는 추세다. 기업의 운영과정을 보면 주요 업무는 ERPEnterprise Resource Planning(전사적 자원관리) 시스템과 같은 기간계 시스템에서 입력되고, 처리되며, 출력되는 과정을 거친다. 이

과정에서 수많은 데이터가 쌓이게 되지만 기업들이 이러한 데이터를 활용하고 비즈니스에 연결시키는 데는 많은 어려움이 따르는 것이 현실이다. 그럼에도 불구하고 데이터가 가지는 무한한 잠재력에 주목할 필요가 있다. 양질의 데이터는 마치 축적된 자원과 같아서 축적될수록 경영 전략에 직간접적으로 영향을 미칠 수 있다. 과거 데이터를 분석함으로써 앞으로의 추세를 예측하거나 반복적이고 특이한 패턴에 대해 원인과 영향을 분석할 수 있게 해준다. 이때 반드시 선행되어야 하는 것이 데이터의 정합성Completeness과 정확성Accuracy이다. 최근에는 여기에 더해 확장성Extendibility과 연계성Connectivity을 추가로 고려함으로써 데이터의 가치를 높이는 방안에 주목하고 있으며, 이러한 관점에서 데이터를 저장하는 방식으로서 클라우드Cloud와 데이터를 활용하는 방식으로서 애널리틱스Analytics가 4차 산업혁명과 관련하여 핵심 기술로 떠오르고 있다.

IT 인프라 환경의 변화

최근 IT 인프라 환경을 클라우드 기반으로 전환하는 추세다. 많은 기업들이 차세대 IT 투자 전략 중 가장 우선순위를 높게 두는 것 중 하나가 클라우드 기반으로 IT 환경을 전환하는 것이다. IT 서비스가 탄력적으로 운영되면서 운영비도 절감할 수 있는 방법으로 클라우드가 선호된다. 이미 많은 기업들이 클라우드 환경으로 전환했거나 전환할 계획을 갖고 있다. 2025년 이후에는 90% 이상의 기업들이 클라우드 환경으로 전환할 것이라는 조사 결과도 있다. 클라우드는 IT 인프라를 아웃소싱하는 데 복잡한 네트워크나 서버 구성을 사용자가 알 필요 없이 언제 어디서나 원하는 만큼의 서비스를 받는 것을 의미한다. 기존의 IT 인프라를 아웃소싱하는 방식은 특정 사업자를 선정하고 네트워크, 서버 환경 등을 확정해서 위탁 운영하는 방식이다. 그러다 보니 갑자기 IT 수요가 폭증할 경우 이를 대처하는 것이 어렵거나 반대로 예상했던 IT 서비스 수요가 적을 경우 불필요한 비용 지출이 불가피하다. 클라우드는 이러한 단점을 보완하고 유연하게 IT 인프라를 사용할 수 있도록 해준다.

| 데이터 저장 및 운영 방식 |

운영 방식	운영 주체	특징
자체 운영 (On-premise)	해당 기업	기업 내 자체 서버실을 운영하며, 장기간 운영 시 유지보수비용 외에 추가로 소요되는 비용이 적어 비즈니스 규모가 작거나 변동성이 낮은 경우에 선호됨
위탁 운영 (Outsourcing at IDC)	데이터센터 운영 사업자	사내에 물리적 서버 공간을 두지 않으며, 위탁 운영업체의 서버를 일부 할당받거나 공간을 임차하여 입주하는 방식이며, 서비스 사업자가 서버 운영 및 유지보수 서비스를 제공함
클라우드 (Cloud)	클라우드 사업자 (AWS, Google Cloud, MS Azure)	시스템 구현 시간이 짧고 사업자로부터 보안 및 기타 서비스를 제공받아 운영이 편리하며, 사용량에 따른 비용예측이 가능함. 그러나 트래픽이 많을 경우 비용이 급격히 상승할 수 있고 서비스 사업자의 내부통제에 의존할 수밖에 없음

인터넷을 사용할 수 있는 환경이라면 컴퓨팅 자원을 원할 때 원하는 만큼On-demand 사용하고, 사용한 만큼만 요금을 지불하는Pay as you go 서비스를 받을 수 있게 되면서 클라우드를 사용하는 기업들은 IT 인프라 활용의 효율성과 더불어 탄력적 운영을 통한 비용절감효과도 거둘 수 있게 되었다. 클라우드 전환을 통해 절감한 비용을 다른 용도로 활용하거나 기존 IT 인프라 운영과 유지보수를 담당하던 인력을 재배치해 분석적 업무에 활용하면서 비즈니스에 도움을 얻는 기업도 생기고 있다.

데이터를 저장하는 방식이 자체 운영On-premise에서 클라우드 환경으로 바뀌고 있는 데는 비용절감 측면도 있지만 보다 적극적인 데이터 활용이 필요하다는 공감대가 형성되기 때문이다. 향후 10년 내로 90% 이상이 클라우드 환경으로 이전할 것이라는 전망이 나오고 있으며, IT 투자 전략 외에도 차세대 ERP 시스템 구축을 계획하고 있는 많은 기업들이 IT 인프라를 클라우드 기반으로 전환하려는 움직임이 활발하게 일어나고 있다. IT 인프라를 탄력적이고 수요자 중심으로 운영하는 한편, 운영비를 절감해서 데이터 확보와 분석, 활용과 같은 응용 부분에 투자하려는 목적도 클라우드 환경에 대한 투자를 서두르게 하고 있다.

기업들이 날로 높아져 가는 정보보호 규제를 충족시키는 것도 어려울 뿐만 아니라 외부 침입과 해킹 시도, 랜섬웨어와 같은 보안 취약점에 적극 대응하는 데도 한계가 있다. 따라서 보다 높은 수준의 보안관리체계를 갖추고 기술적 지원이 가능한 클라우드 환경으로 전환하는 사례가 늘고 있다. 클라우드를 활용하는 이유는 데이터의 저장과 보호도 중요하겠지만 활용과 공유도 경영 성과 달성에 매우 중요한 전략의 하나로 인식되고 있기 때문이다.

IT 기술을 통해 데이터를 적극 활용함으로써 비즈니스에 도움을 얻을 수 있다는 믿음이 커지면서 재무, 마케팅, 영업, 생산 등 주요 영역의 데이터를 클라우드 환경으로 이전해야 한다는 목소리가 커지고 있다. 클라우드 환경에서는 빠른 네트워크 응답과 탄력적인 인프라 운영을 통해 데이터 분석과 활용이 가능한 환경에 보다 적합해질 수 있다. 따라서 현재 대용량 데이터를 분석함으로써 현상을 이해하고 숨어 있는 이상징후를 탐지해 내고, 성과를 모니터링할 수 있는 데에서 그치지 않는다. 잘 축적된 데이터를 통해 미래를 예측하고 빠르고 객관적인 의사결정을 할 수 있도록 대시보드를 만든다면 통찰력을 갖춘 경영이 가능해질 것이다.

데이터Data는 그 자체만으로도 중요하지만 다양한 다른 데이터와 연계되거나 오랜 시간 축적될수록 그 가치가 더해진다. 데이터가 가치를 가질 때 비로소 정보Information라고 부른다. 데이터는 정보를 이루는 최소한의 단위이기 때문이다. 정보의 가치는 데이터의 품질에서부터 출발한다. 데이터의 품질이 낮을수록 정보는 왜곡되거나 가치 없는 데이터의 나열이 될 수도 있다. 위에서 언급한 정합성, 정확성, 확장성, 연계성을 고려하지 않고 파편화되어 수집된 데이터일 경우에 데이터 품질이 낮다고 말할 수 있다. 이러한 왜곡되거나 품질이 낮은 데이터가 축적될수록 기업 입장에서는 비용일 뿐, 지식으로 발전하고 경쟁력으로 이어지는 고부가가치의 무형자산이 될 수 없다.

잘못된 정보는 잘못된 데이터에서 기인하는 경우가 많다. 흔히 쓰레기가 입력되면 쓰레기가 결과로 나온다Garbage in, garbage out는 말이 있다. 사실과 다르게 왜곡된 데이터가 정보로 가공되거나 정보로 만들어지는 과정에서 축적된 데이터의 일부가 누락될 경우 그 정보는 더 이상 정보로서 가치를 잃게 된다. 실제로 많은 기업들이 이러한 잘못된 데이터의 축적으로 인해 데이터 활용도가 떨어지는 경우가 많다. 향후 확장성을 고려하지 않은 데이터 아키텍처 설계로 인해 필요한 정보를 수집하고 분석하는 데 어려움을 겪는 경우도 있고, 입력과 처리, 출력 통제가 제대로 설계되지 않아 입력되는 데이터와 프로세싱을 거쳐 생성되는 데이터의 정확성이 떨어지는 상황이 발생하기도 한다.

만일 옷과 잡화류를 생산해서 판매하는 기업이 있다고 가정해 보자. 이 기업은 전국 매장에서 옷이 판매될 때마다 POSPoint of Sales 단말기를 통해 매출 데이터가 집계되는 과정에서 매출액 외에도 부가세VAT와 매출액에서 부가세를 제외한 금액을 순이익으로 집계하고 있다. 이때 순이익이 집계되는 과정에서 자릿수 오류로 인해 금액의 일부가 절사되거나 올림이 되는 현상이 반복되면서 순이익 집계에 오류가 발생한다고 가정해 보자. 잘못된 데이터가 집계되면서 지속적으로 축적되다 보면 해당 기업의 순매출액은 과소계상되거나 과대계상될 가능성이 생긴다. 이때부터 매출액은 신뢰할 수 있을지 몰라도 순이익은 신뢰할 수 없는 상황이 될 수 있다.

데이터를 분석하다 보면 이러한 정합성이나 정확성 문제에 봉착해서 데이터를 전처리하거나 데이터가 집계되는 로직Logic을 재설계해서 시스템을 개선해야 하는 상황이 발생하기도 한다. 그보다 더 큰 문제는 경영진이 데이터를 한번 신뢰하지 않기 시작하면 지속적인 의구심을 갖게 되고 별도의 보고를 요구하면서 기업의 효율성이 매우 떨어질 수 있다.

| 데이터의 주요 특징 |

데이터 특징	설명	예시
정합성	데이터가 시계열적 특성을 가지거나 집계가 필요할 경우 일부라도 누락되어서는 안 됨(총합계, 총건수)	1년간 매월 매출 집계가 될 경우 12개월치 매출이 모두 포함되어야 하며, 집계 시 누락되는 데이터가 없어야 함
정확성	원천 데이터와 집계된 데이터가 정확히 일치해야 함(합계, 평균, 편차, 부분합계, 날짜 차이 등)	실제 매출액과 집계된 매출액이 정확히 일치해야 하며, 불일치할 경우 정합성 체크 필요
확장성	데이터와 관련된 추가 데이터가 포함되거나 삭제될 수 있으며, 데이터의 범위, 형태, 크기 등이 변경 가능함	날짜는 요일 정보를 추가로 가질 수 있고, 문자 형태 또는 숫자 형태로 변환이 가능함
연계성	다른 데이터와 연계하여 추가 정보를 식별할 수 있어야 하며, 자유로운 연계를 위해 데이터의 무결성 및 키 값이 관리되어야 함	구매 정보는 단가 정보와 연계되어 구매의 적절성을 검토할 수 있어야 함

데이터 가치를 높이는 전략

데이터에도 가치가 있다. 데이터의 품질이 높을수록 그 가치는 배가 된다. 고품질의 데이터를 많이 확보한 조직일수록 그것을 활용해서 할 수 있는 일의 범위가 넓어질 수밖에 없다. 데이터 품질은 비즈니스 역량을 강화하는 데 도움이 되기도 하지만 무형자산의 가치가 높아지기 때문에 기업의 가치를 높이는 데도 도움이 된다. 최근 M&A를 할 때 인수기업이 피인수기업이 가진 무형자산 가치에 주목하는 경우가 많다. 눈에 보이는 유형자산의 경우 가치 측정 방법에 따라 현재가치와 미래가치를 추정할 수 있지만 눈에 보이지 않는 무형자산의 경우 측정하는 방법이나 고려하는 변수에 따라 측정가치가 달라질 수 있다.

예를 들면, 100만 명의 회원을 보유한 온라인 게임회사를 인수했다고 가정해 보자. 이때 100만 명의 회원을 금액적 가치로 환산하면 얼마일까? 단순하게 1인당 10만 원의 가치를 매겨 1,000억 원으로 산정할 수도 있다. 반면에 100만 명의 회원 중 무료회원(80만 명)과 유료회원(20만 명)으로 나누고 무료회원은 1인당 5만 원, 유료회원은 1인당 20만 원으로 가치를 산정한다면 무료회원 400억 원과 유료회원 400억 원으로 산정되어 총 800억 원이 된다.

이러한 차이 때문에 인수기업은 피인수기업의 무형자산에 대한 가치 평가에 신중할 수밖에 없다. 더군다나 데이터 자산일 경우 중요성 기준에 따라 등급을 나눠 가치를 산정할 수도 있고, 비즈니스 관련성, 향후 영업에 미치는 영향 등을 고려해서 가치를 산정할 수도 있다. 따라서 데이터 가치를 높이는 전략은 기업가치를 높이고 주주가치를 극대화하는 하나의 전략이 될 수도 있다. 이제 경영진은 데이터 가치를 높이기 위한 비전을 세우고 데이터 거버넌스 체계를 수립하며, 데이터 품질 제고를 위한 관리와 보호 전략을 수립해야 한다. 이와 더불어 데이터의 가치가 반감되거나 가치 증대에 한계가 생기지 않도록 활용도를 높이려는 노력이 필요하다. 데이터는 조직 내에서 활발하게 사용되고 많은 사람들이 서로 공유하고 확대 재생산할수록 그 가치가 높아지기 때문이다.

| 데이터 가치를 높이기 위한 전략 과제 |

데이터 가치를 높이기 위한 전략 과제	
데이터 비전 수립	• 데이터 관리가 비즈니스에 미치는 영향을 재무적으로 표현 • 데이터가 수익 창출에 기여하는 바를 금액으로 환산 • 데이터가 조직에 미치는 긍정적인 가치체계 수립
데이터 품질 확보	• 데이터 품질 측정과 지속적인 개선활동 • 데이터 사용자로부터 피드백 및 개선 • 비즈니스 가치 향상을 위한 노하우 축적
마스터 데이터 관리	• 비즈니스 프로세스별 필수 데이터 식별 • 필수 데이터 입력 여부 모니터링 • MDM(Master Data Management) 수행 • 마스터 데이터 오류 주기적 점검
데이터 거버넌스	• 경영진이 데이터 관리가 이익 극대화에 필요한 요소임을 이해 • 데이터의 가치와 중요성에 대한 경영진의 적극적인 메시지 • M&A 시 데이터 가치 평가 • 전사 차원의 데이터 아키텍처 설계 • 데이터 표준화(Data Standardization) • 데이터 최신화(Data Modernization)
데이터 자산	• 데이터의 자산가치 평가 • 데이터의 논리적 보안 강화를 통한 자산 보호 • 무형자산 관리체계 수립
데이터 보안	• 정보보안 및 개인정보보호 정책 강화 • 데이터 라이프사이클 관리 • 관리적 보안체계 수립 • 논리적 보안체계 수립 • 물리적 보안체계 수립 • 물리적 보안설비 투자 • 정보보안 내부통제 강화
데이터 사용 활성화	• 데이터 관리 장애 요소 식별 • 데이터 활용도 평가 • 데이터 활용 장려 캠페인 • 데이터 중심 조직에 인센티브 제공

4차 산업혁명과 데이터 비즈니스

최근 4차 산업혁명이 화두로 떠오르고 있다. 사물인터넷IoT, Internet of Things, 빅데이터Big Data, 인공지능AI, 머신러닝Machine Learning, 사무자동화Robotic Process Automation, 블록체인Blockchain, 인지 컴퓨팅Cognitive Computing, 인메모리 컴퓨팅In-memory Computing, 클라우드Cloud 등으로 대표되는 기술적 진보가 이전 세대와는 다른 차원의 단절적이고 급격한 변화를 주도하고 있다. 이는 데이터 기반 비즈니스 환경으로 빠르게 변화하는 패러다임 대전환을 의미한다.

3차 산업혁명은 인터넷의 등장으로 정보의 빠른 유통과 웹을 통한 비즈니스로 인해 거리와 시간을 극복해 왔다. 4차 산업혁명은 모바일 중심으로 장소에 구애받지 않고 실시간으로 서비스를 요구하고 제공받으며, 언제 어디서나 강력한 네트워크로 연결된 초연결 사회로 진화해 온 특징이 있다. 초연결 사회의 특징은 컴퓨터, 모바일뿐만 아니라 가전제품과 같은 우리 주변에 있는 모든 디바이스가 네트워크로 연결되고 상호 데이터를 주고받는 상황을 말한다. 심지어 벽면, 창문, 가정용품, 인테리어 소품까지도 IoT 기술로 연결되어 데이터를 생산해 내고, 그로부터 의미 있는 정보를 조합해서 비즈니스 기회를 창출하는 데 도움을 준다.

이러한 기술의 진보는 라이프 스타일을 급격히 변화시키고, 기업 경쟁력의 핵심이 데이터인 세상을 만들었다. 데이터 홍수의 시대에서 기업은 양질의 데이터를 모으고Aggregation, 분석하고Analysis, 통찰력Insight을 갖추는 것이 경쟁력인 시대가 되었다. 즉,

데이터가 비즈니스의 근간이 되고 돈이 되는 시대가 된 것이다. 1차 산업혁명의 수공업 중심에서 기계화, 2차 산업혁명의 전기를 이용한 대량생산체제, 3차 산업혁명의 인터넷 기반 정보화 사회 및 IT 기반 자동화 시스템이 그러했듯이 4차 산업혁명도 이전 세대와는 다른 급격하고 단절적인 변화가 산업 전반에 걸쳐 지대한 영향을 끼칠 것이다. 4차 산업혁명의 주요 특징인 빅데이터 기반의 인공지능, 로봇 중심의 일자리 대체와 생산성 극대화로 인해 비즈니스의 형태와 자본의 흐름이 실로 혁신적으로 변화하는 상황이 곧 도래할 것이다. 4차 산업혁명이라는 아젠다Agenda는 이미 던져졌고 큰 파도에서 생존하기 위해 몸부림치는 기업들의 혁신과정에서 4차 산업혁명의 모습이 구체화될 것이다.

우리 앞에 다가온 4차 산업혁명이 과연 무엇이고, 어떤 변화를 이끌기에 이렇게 뜨거운 이슈가 되었는지 들여다볼 필요가 있다. 우선 전 세계가 인터넷 기반의 네트워크로 연결되면서 더 이상 정보Information의 독과점이나 정보 불균형Information Asymmetry으로 이윤을 추구하는 폐쇄적 경영이 어려운 시대가 되었다. 여전히 마찬가지겠지만 과거에는 더욱더 정보가 곧 돈이 되고 권력이 되었다. 상거래에서 우위를 점하는 방법 중 하나가 정보 우위다. 공급과 수요가 동일하다고 가정했을 때, 제품의 생산과정이나 품질, 유통경로에 대해 정보가 부족할수록 공급자 우위가 될 수밖에 없다.

대표적인 사례가 조립식 컴퓨터다. 1990년대 초만 해도 조립식 컴퓨터의 적정 가격이라는 것이 없을 정도였다. 비싸게 사도 비싼지 알 수 없을 정도로 폐쇄적으로 유통되었다. 그러다가 인터넷이 발전하면서 가격 정보가 대중에게 오픈되기 시작했다. 어떤 부품이 얼마인지, 어떤 부품이 좋은지, 어떤 제조사의 제품이 어떤 목적으로 사용할 때 좋은지 등의 정보까지도 공개되기 시작했다. 거기에 더해 일반 사용자들의 사용 후기와 구매 정보가 공유되면서 조립식 컴퓨터 시장은 더 이상 폐쇄적으로 운영될 수 없게 되었다. 이렇게 되면서 자연스럽게 가격은 내려가고 유통의 투명성은 높아지는 긍정적인 효과가 나타나기 시작했다.

정보는 참여를 통해 확대 재생산되고, 또 다른 정보와 융합할 때 새로운 비즈니스 기회를 얻을 수 있도록 하는 비즈니스 동인Business-driver으로서 역할을 하고 있다. 기업이 양질의 정보를 얻기 위해서는 내 · 외부 가릴 것 없이 대량의 데이터가 필요하다. 산재해 있는 빅데이터를 어떻게 조합하고 분석해서 비즈니스 통찰력Insight을 도출해 내느냐에 따라 생존과 번영의 기회를 잡을 수 있다.

데이터와 함께 승리하라Winning with Data

중국 최대 IT 기업인 알리바바의 마윈 회장은 "세상의 중심은 데이터가 될 겁니다"라는 말을 했다. 데이터를 분석해 보면 어디에 투자하고 역량을 집중해야 할지 판단하는 데 도움이 되고, 소비자 행동 분석을 통해 비즈니스 기회가 어디에 있는지 실마리를 얻을 수 있기 때문이다. 마윈의 이런 생각은 알리바바의 경영목표와 전략 수립에도 그대로 드러난다. 알리바바는 데이터 비즈니스를 실험하기 위해 무인마트 '타오카페'를 런칭했다. 타오카페는 기존의 물류, 매장관리, 결제, 배송 등의 밸류체인과 다른 혁신적인 방법으로 운영한다. 타오카페를 이용하기 위해서는 마트 입구에서 타오바오 앱을 열고 QR코드를 스캔해 입장 코드를 받는다. 모바일로 데이터 이용, 개인정보보호, 알리페이 결제 등에 관한 약관에 동의한 후 검색대를 통과해 들어가서 쇼핑을 즐긴다. 결제는 매장에서 퇴장하기 위해 두 개의 문을 통과할 때 고객의 퇴장 여부를 인식한 후 자동으로 결제된다. 퇴장하는 고객의 경우 셀프 감지 센서 기술을 이용해 상품 스캔 후 알리페이로 자동 결제하는 시스템이다.

타오카페 운영을 위해서는 IoT 기술을 이용한 고객의 동선 확인, 매장 내 진열된 제품의 이동, 가격 검색 등이 가능해야 하고 고객 정보와 구매 품목의 정보를 조합하여 최적의 쇼핑 정보를 사전에 제공해야 한다. 이를 위해 AI, 머신러닝, 위치추적, 이미지 · 음성 인식 등의 기술이 활용된다.

마윈이 이야기한 데이터가 중심이 되는 사회는 반복적이고 단순한 일은 로봇이 처리하는 비대면 서비스, 구매 결정 이전에 최적화된 정보 제공을 통해 구매를 유도하는 비포 서비스Before Service 등이 생활 전반에 안착되는 것을 말한다. 이러한 사회 변화는 기업들의 비즈니스 환경이 데이터 기반으로 변화해야 한다는 것을 의미한다. 그로 인해 비즈니스와 업무 전반에 걸쳐 디지털 파괴Digital Disruption 현상이 가속화되고 산업 간 구분이 모호해지는 이종산업 간 융합Industry Convergence이 강력하게 추진될 것이다.

4차 산업혁명에서 빼놓을 수 없는 키워드가 '이종산업 간 컨버전스'다. 자동차의 가치는 무엇일까? 과거 자동차는 이동수단으로서 내연기관을 갖추고 좀 더 빠르고 연료 효율이 높게 설계되고 만들어졌다. 하지만 구글카, 애플카 등의 화두가 던져지면서 미래에는 더 이상 자동차가 이동수단으로서만 역할을 하지 않게 되었다. 자동차는 하나의 네트워크 디바이스로서 역할을 하게 되고, 수많은 전자장치가 집약된 달리는 모바일 기기가 되는 시대가 다가오고 있다. 완성차업체가 자동차 시장을 이끄는 시대는 저물고 데이터를 수집하고 유통하는 플랫폼을 가진 기업이 자동차 시장을 주도하는 시대가 되었다. 구글과 애플의 자율주행 자동차 개발과 삼성전자의 자동차 전자장치업체인 하만 인수를 보아도 자동차산업이 더 이상 수직 계열 구조가 아닌 이종산업과의 융합으로 시장이 재편되는 것을 알 수 있다.

'우버겟돈'이라는 말이 있다. 우버가 진출한 국가에서는 대중교통산업에 급격한 변화가 일어나고 비즈니스 생태계가 많이 바뀐다고 한다. 우버로 인해 대중교통 관련 각종 규제 개혁이 진행되고 운송산업의 시장규모가 급격히 증가하기 때문에 생겨난 말이다. 우버 서비스는 미리 등록한 카드 정보에서 거리 비례로 요금을 지불하기 때문에 기사와 요금에 대해 이야기할 필요가 없다. 평점에 따라 배차 기회가 달라지기 때문에 기사 간 경쟁이 유도되어 서비스 품질도 높다. 또한 우버X와 같이 차량 등급에 따라 요금을 차별화하여 운영한다. 고객 세분화와 고급 차량을 소유한 우버 기사에게 더 높은 수익을 올릴 수 있도록 한 것도 결국 고객 탑승 정보를 분석하여 서비스를 개선했기 때문에 가능한 일이다. 우버의 개발자들은 1초를 위해 수많은 밤을 세워가며 끊임없이 노력한다. 데이터 중심Data-driven 비즈니스는 데이터를 어떻게 생산하고 저장하며 조합해서 인사이트Insight를 만들어 내느냐가 승부를 가르기 때문이다. 우버의 차량 공유 서비스의 기반은 데이터다. 차량 제공자와 사용자 간에 매칭을 위해서는 실시간으로 데이터를 처리하는 기술이 필요하다. 그리고 위치 정보와 목적지 정보가 실시간으로 이동하는 중에도 수집되고 처리되어야 한다.

국내에서는 아직 우버와 같은 차량 공유 서비스가 활성화되기 위해서는 사회적 합의가 필요하고 관련 규제가 정비되어야 서비스가 가능하다. 기존 운송업계와 신규 서비스의 이익이 강하게 충돌할 수 있는 문제이기 때문에 합의가 쉽지 않을 것이다. 그럼에도 불구하고 기존 업계와 새로운 기술로 인해 생겨나는 시장 간에 상생이 이루어질 수 있도록 지혜를 모으고, 기술이 이를 뒷받침할 수 있도록 끊임없는 연구와 노력이 필요하다. 사회의 변화는 거스를 수 없겠지만 구성원들에게 피해가 최소화될 수 있도록 하는 노력은 계속되어야 한다.

에어비앤비의 CEO인 브라이언 체스키Brian Chesky는 "우리에겐 방이 하나도 없지만 엄청난 양의 데이터를 갖고 있다. 그것이 우리의 비즈니스다We have no room but, we have huge data. That is our business"라는 말로 에어비앤비의 비즈니스를 정의했다. 에어비앤비는 화려하고 멋진 호텔 건물과 깔끔하게 정돈된 방은 없지만 전 세계에 수많은 숙박 공유 정보를 통해 글로벌 숙박업을 하고 있다. 에어비앤비는 전 세계에 집이나 별장, 방 등 사람이 지낼 수 있는 모든 공간을 임대할 수 있게 하는 서비스다. 임대를 통해 공간 제공자는 수익을 창출할 수 있다. 가능한 기간 동안만 단기 임대를 하기 때문에 필요할 경우에만 탄력적으로 운영할 수 있다. 서비스 이용자는 호텔이나 콘도 외에도 다양한 형태의 공간에서 숙박이 가능하고, 가격도 저렴하기 때문에 2008년 8월 서비스가 시작된 이래로 지속적으로 이용자 수가 증가하고 있다. 에어비앤비의 서비스도 결국은 데이터가 핵심이다. 서비스 제공자와 이용자의 데이터를 매칭해 주는 것이 서비스의 기본 방향이다. 따라서 데이터를 매칭하기 위해 수많은 데이터를 처리하는 역량이 매우 중요한 서비스다.

이처럼 글로벌 유니콘으로 성장한 우버와 에어비앤비는 영업용 차량과 객실 하나 없이도 운송산업과 숙박업 분야의 글로벌 기업이 되었다. 앞으로의 비즈니스는 산업적 특성이나 경계가 모호해질 것이다. 차량 운송 서비스 기업이 데이터가 핵심 자산이고, 숙박 서비스 기업의 핵심 역량이 데이터다. 방은 데이터가 될 수 없지만 데이터는 방이 될 수 있다. 그것을 임대하고자 하는 제공자의 데이터와 임차를 하고자 하는 서비스 이용자의 데이터가 모이면 그것이 곧 방이 되고, 서비스로 이어진다. 반대로 이야기하면 기존의 호텔을 비롯해 숙박업체들도 전통적인 방식의 영업으로는 한계에 부딪힐 수밖에 없기 때문에 영업 채널을 다양화할 필요가 있다. 또한 숙박업은 재고가 정해져 있기 때문에 온라인 채널이나 모바일 앱을 통해 예약 시스템을 다양화하는 동시에 일일 숙박 현황 데이터를 분석해서 공실을 줄일 수 있도록 탄력적인 프로모션 전략과 운영 전략이 필요하다.

최근 아마존은 입어 보고 마음에 들면 구매하는 아마존 프라임 옷장Amazon Prime Wardrobe 서비스를 런칭했다. 이렇게 고객이 요청하기 전에 고객의 욕구나 불만을 먼저 해결해 주는 서비스를 비포 서비스Before Service라고 한다. 비포 서비스는 한발 앞서 수요를 창출하는 서비스로 데이터 기반 비즈니스 중 하나로 자리 잡고 있다. 비포 서비스가 가능해지기 위한 전제조건이 데이터 분석을 통한 커스터마이징된 컨텐츠 제공과 고객 경험을 분석한 최적화된 제품 추천이 뒷받침되어야 한다. 이는 모두 대량의 데이터를 수집하고 분석하여 통찰력을 얻는 일련의 활동을 통해 가능해진다. 고객의 구매 의향도 이제는 맞춤형 정보 제공을 통해 어느 정도는 조절이 가능해진 것이다. 어찌 보면 매일 점심 메뉴를 단번에 고르지 못해 고민하는 많은 사람들에게도 메뉴 걱정 없는 비포 서비스가 제공된다면 어떨지 궁금해진다. 의사결정을 내리기 어려운 상황에서 맞춤형 정보 제공은 빠른 의사결정을 도울 수 있기 때문이다. 그리고 이러한 편의에 대한 경험이 지속적으로 쌓일 경우 고객은 기꺼이 돈을 지불할 의사가 높아질 것이다.

마이클 조던으로 유명한 미국 프로농구NBA의 시카고 불스는 데이터 애널리틱스Data Analytics를 비즈니스에 접목시킨 것으로 유명하다. 시카고 불스의 애널리틱스 담당 임원Analytics Director이었던 매튜 코비는 데이터 분석을 통해 구단 운영의 전략적 방향성을 설정했다. 프로 스포츠도 결국은 비즈니스이기 때문에 수익 창출을 위한 비즈니스 모델이 매우 중요하다. 그러기 위해서는 단순히 인기 있는 팀으로 만드는 것이 아니라 팬들의 만족도를 높이는 동시에 수익 모델로 연결 짓는 고리를 만드는 것이 필요했다.

매튜 코비는 고객 데이터 분석을 통해 팬 차원의 심리적 참여요인 분석, 만족을 느끼는 부분, 개선이 필요한 부분에 대해 심층 분석함으로써 개선이 필요한 부분을 가려내고 개선하기 위한 노력을 기울였다. 이를 위해 팬들로부터 다양한 의견을 청취하기 위한 세심한 설계를 했고 고객의 피드백을 데이터화하여 관리했다. 이를 통해 팬심을 두텁게 하는 이른바 락인Lock-in 전략과 함께 팬들을 팀의 일원으로 소속감을 갖게 하는 마케팅 전략을 구사할 수 있었다. 또한 코비는 티켓 판매, 프로모션 등의 거래 분석을 통해 수요를 유발시키는 접점을 최적화하는 작업을 수행했다. 팬들의 티켓팅 성향이나 마케팅을 위한 프로모션의 효과를 분석했다. 팬들이 경기장에 방문해서 지출하는 패턴도 관찰했다. 이를 통해 팬들과 구단이 거래하는 이유를 찾게 되었고 팬의 시각에서 비즈니스를 바라보는 관점을 키울 수 있었다. 코비는 디지털 채널도 활용했다. 소셜 네트워크SNS를 통해 시카고 불스 구단에서 제공하는 각종 디지털 컨텐츠 중 어느 것에 긍정적인 반응을 보이는지 분석했다. 이렇게 분석된 결과는 다시 경기장에서 팬들을 위해 사용되거나 유니폼과 같은 각종 상품 판매 시 마케팅 포인트로 활용하기도 했다. 이렇듯 최근에는 스포츠에서도 데이터 분석을 통한 전략 수립이 대세가 되어가고 있다.

삼성전자, 현대자동차, LG, SK와 같은 국내 굴지의 대기업이 모두 기존의 비즈니스를 버리고 데이터 자체를 비즈니스 모델로 삼을 수는 없을 것이다. 그렇다고 해서 데이터를 비롯해 디지털 기술을 외면한 채 비즈니스를 하는 것도 쉽지 않다. 이들 대기업 역시 디지털 기술을 비즈니스에 접목시켜야 살아남을 수 있다는 위기의식을 느끼고 있다. 최근 대기업 총수들의 발언을 보면 이들 대기업의 향후 디지털 트랜스포메이션Digital Transformation에 대한 방향성을 어느 정도 읽을 수 있다. SK그룹 최태원 회장은 "SK그룹 상당수 계열사들은 전통적 사업에서 벗어나 인공지능AI, 빅데이터,

정보통신기술ICT 등을 활용해 체질 개선을 준비해야 한다"고 했고 "그동안 SK텔레콤이 데이터를 팔아 이윤을 남겼다면 앞으로는 데이터를 다루고, 사업화하는 회사가 되어야 한다"고 말했다. LG 구광모 회장은 사장단 워크샵에서 "디지털 트랜스포메이션이 더 나은 고객가치를 창출하는 핵심 수단이자 우리의 경쟁력을 한 차원 끌어올리기 위해 꼭 필요한 변화 중 하나다"라고 말하며, LG의 미래 방향으로 디지털 트랜스포메이션을 제시했다. 이렇듯 변화의 흐름은 조직의 규모와 관계없이 거대한 파도처럼 밀려오고 있다.

결국은 사회구조가 디지털 중심으로 변화하고, 고객의 눈높이와 경험이 이를 요구하기 때문이다. 전자제품을 비롯해 자동차도 최근에는 디지털 기기처럼 바뀌고 있다. 머신러닝 기술을 활용해 최적의 밥맛을 만들어 내는 인공지능 밥솥이 출시되는가 하면, 자율주행차와 같이 인공지능 기술이 적극적으로 적용되고 있는 자동차도 있다. 산업계를 중심으로 들여다보면 많은 제조기업들이 스마트 팩토리Smart Factory 구축을 적극적으로 검토하고 있다. 기업들은 스마트 팩토리를 통해 업무의 효율성을 높이고 생산성을 증가시키고자 한다. 고비용 구조 혁신과 품질 제고를 위해 스마트 팩토리를 구축하려는 기업들이 점차 늘고 있다. 또한 금융 및 디지털 혁신을 이루고 있는 기업들은 고객을 둘러싸고 있는 데이터를 광범위하게 수집하고 활용하려는 노력이 지속되고 있다.

고객 경험Customer Experience이 데이터로 축적되기 위해서 인프라가 잘 구비되어 있는 것도 중요하다. 그래서 많은 기업들이 경쟁력 확보와 신규 시장 진출을 모색하기 위해 데이터를 분석하여 활용하려는 움직임이 많아질 것이다. 그런 의미에서 기업의 규모, 산업의 종류와 관계없이 디지털 파괴Digital Disruption 혁신이 지속될 것이다.

디지털 뉴딜, 데이터 기반 산업구조로 변화하다

코로나19로 인해 극심한 경기침체가 이어지고 세계 경제의 불확실성이 가중되고 있으며 점차 사회구조가 디지털 환경으로 변화하면서 상거래를 비롯해 업무환경, 교육 등에 대한 수요가 급증하고 있다. 이렇게 변화하는 환경에 적극 대응하고 경기회복 시 빠르게 경쟁력을 갖추기 위해 정부는 2020년 7월 14일 '디지털 뉴딜 정책'을 발표했다. 과거의 대규모 SOC(사회간접자본)사업이나 양적 완화를 통한 경기부양과 같은 방식이 아닌 산업구조의 체질을 바꾸고 4차 산업혁명 시대의 본격적인 주도권을 쥐기 위한 방안으로 디지털 뉴딜 정책이 추진되었다. 주춤해진 경제에 활력을 불어넣고 성장 동력을 갖추기 위해 이제 본격적인 시동을 건 한국판 뉴딜 정책을 들여다보면 그린 뉴딜과 함께 디지털 뉴딜이 중요한 축으로 추진된다. 디지털 뉴딜 정책에서는 온라인 비즈니스, 친환경 미래 모빌리티, 빅데이터, 5G 이동통신 등 디지털 기술이 총망라되는 국가사업이 제시되었다.

핵심 사업 중 하나인 '데이터 댐'사업에는 18조 1천억 원이 투입되는데 이 사업의 핵심은 데이터를 수집하고 가공하며, 비즈니스에 활용하는 기반을 만드는 것이다. 민간이 주도하는 것이 아닌 국가 주도사업이라는 점이 아쉽기는 하지만 국가 전체에 인프라를 갖추고 데이터 역량을 강화한다는 측면에서는 긍정적이라 볼 수 있다. 민간에서도 공공의 IT 인프라 지원을 마중물 삼아 적극적으로 투자하고 활용하려는 노력이 필요하다. 데이터를 활용한 민간 영역의 신사업 발굴과 세계 시장으로 진출을 통해 침체된 경제에 활력을 불어넣을 수 있기를 기대해 본다.

인공지능AI을 활용한 지능형 정부사업에도 9조 7천억 원가량 투입될 예정이다. 디지털 기술을 통해 맞춤형 공공 서비스를 제공하겠다는 취지다. 앞으로는 정부가 제공하는 각종 행정 서비스를 모바일을 통해서 사용하기 편리한 환경이 구축되고 스마트 오피스 구현을 통해 업무 효율성을 높일 계획이다. 투자 대비 효율은 나중에 생각하더라도 전자정부에서 4차 산업혁명 시대 기조에 맞게 업그레이드된다면 향후에 공공 서비스 플랫폼을 수출할 수도 있을 것이다.

이 밖에도 스마트 의료 서비스, 디지털 트윈Digital Twin, SOC 디지털화, 교육 인프라 디지털화 등을 통해 보다 안전한 환경을 만들고 디지털 빈부 격차 해소나 지역 간 불균형을 해소하기 위한 노력도 병행될 것으로 기대된다. 또한 디지털 뉴딜 정책을 통해 국가 균형 발전이 추진되어야 한다. 전국을 도로망과 철도망으로 연결했듯이 앞으로는 디지털 기술을 활용해 거점별 디지털 혁신 도시를 만들고 네트워크와 미래 모빌리티(미래형 자동차)를 활용해 지역간 균형 발전도 함께 추진해야 할 것이다. 디지털 기술을 통해 사람과 사람 간, 지역과 지역 간, 기업과 기업 간, 정부와 국민 간 연결이 보다 빠르고 긴밀해진다면 국가 균형 발전에 밑거름이 될 것이다.

데이터로 바라보는 세상

2020년 4월 15일 제21대 국회의원 선거가 치러졌다. 본격적으로 선거가 시작되면서 방송과 신문, 인터넷 미디어마다 앞다투어 여론조사를 공표했다. 선거일의 6일 전까지는 여론조사 결과를 공표할 수 있으니 수개월 전부터 진행되어 온 여론조사 결과를 통해 민심의 향배를 읽는 데 그만한 도구도 없을 것이다. 특히 민감한 이슈가 불거질 때마다 각 정당의 콘크리트 지지층을 제외하고는 지지율이 요동치는 현상을 볼 수 있었다. 그러한 변화는 부동층으로 분류되는 유권자의 표심에 영향을 미칠 수 있기 때문에 민심의 변화 흐름을 보여주는 여론조사는 선거에 임하는 후보자들이나 지역 일꾼을 뽑아야 하는 유권자에게나 공히 중요한 도구가 아닐 수 없다. 그렇다면 여론조사는 과연 왜 하는 것일까? 어떤 의미가 있는 것일까?라는 생각을 해볼 필요가 있다.

투표가 종료되는 오후 6시가 되자마자 각 방송사는 출구조사 결과를 동시에 발표했다. 단순히 출구조사 결과뿐만 아니라 그간의 여론조사 결과, 이슈, 인물 적합도, 정당 지지율 등 다양한 변수를 활용해 당선 예측 결과를 발표했다. 정확히 말하자면 시청자들에게 누가 당선될 것이라는 확신을 전달한 것이라 할 수 있다. 수년간 시행착오를 겪어오긴 했지만 이번 개표방송에서 발표한 예측 결과는 놀라울 정도로 정확했다. 즉, 밤새워 개표방송을 보지 않아도 될 만큼 예측을 넘어 확신을 보여줬다. 표본오차를 벗어날 만큼 여론조사 결과상의 격차가 컸던 경우가 많았지만 그렇다고 해도 이번 선거의 예측 결과의 정확성은 인정할 만하다. 후보들 간에 치열한 각축을 벌이는 상황에서 미래를 예측해 보는 것은 민심의 흐름과 사회의 변화를 읽는 중요한 도구로서 데이터가 활용되고 있음이 틀림없다.

예측 결과는 각종 여론조사를 통해 수집된 데이터와 현장 출구조사를 통해 얻어진 데이터에 기반하고 있다. 저명한 학자나 정치평론가, 각계각층의 전문가들의 주관적 판단에 근거한 예상이 아니라 표본 조사에 따른 과학적 통계 분석에 의한 예측이다. 데이터가 모여 정보가 되고, 의미 있는 통찰력을 도출해 낼 때 데이터의 합은 객관적 근거로서 각 개인의 주관적 판단을 보정하는 기능을 한다.

이렇듯 민심을 읽는 도구로서 데이터의 역할이 커지고 있는 반면, 정치인들은 과연 얼마나 데이터를 이해하고 활용하고 있는지 생각해 볼 필요가 있다. 지난 미국 45대 대통령 선거에서 대부분의 사람들이 힐러리 클린턴의 당선을 예측했으나 정작 구글, 트위터, 페이스북에서는 트럼프의 당선 가능 징후가 곳곳에서 나타났다. 소셜 미디어상에서 회자되는 횟수나 관심도, 데이터의 분석적인 측면에서 보면 트럼프의 당선이 충분히 가능했다는 것이다. 그 후부터 미국에서는 각종 데이터 분석 결과를 정치활동에 반영하고자 하는 노력이 계속되고 있다. 그에 비해 우리나라 정치는 여전히 관계 중심, 조직 중심, 문서 중심이 아닌지 되돌아볼 필요가 있다. 이제는 정책 개발과 입법과정에서도 여론의 추이와 이슈를 폭넓게 분석하려는 노력이 필요하다. 아젠다별로 여론이 긍적적인지, 부정적인지 분석을 하거나 정치인 관점과 정당 관점, 지역 관점, 정책 관점 등으로 다차원 분석을 해보면 보다 세밀한 법안이 만들어지는 데 도움이 될 것이다.

명확한 정의와 범위에 대해서 의견이 분분하지만 확실한 것은 이미 4차 산업혁명 시대로 접어들었다는 것이다. 우리의 의지와 상관없이 세상의 흐름은 매우 빠르게 변화하고, 이전 세대와는 전혀 다른 차원의 세상이 펼쳐지고 있다. 정치권에서도 4차 산업혁명 시대에 맞게 데이터를 활용한 분석적이고 과학적인 접근을 통해 민심을 읽고 그에 맞는 정책을 펼치며, 객관적인 사실을 뒷받침하기 위해 데이터 분석을 적극 활용한 국회의원을 보게 된다면 신선하게 느껴질 것 같다. 이렇듯 4차 산업혁명 시대에 정당하게 유권자들의 정보를 얻고, 효과적으로 관리할 수 있는 데이터베이스를 구축하여 다양하고 과학적인 방법으로 데이터를 분석해서 알맞은 대상에게 정책과 비전을 제시하는 스마트한 정치인이 나타나는 것을 기대해 본다.

도량형의 통일과 데이터 관리

지금으로부터 약 2000여 년 전인 기원전 220년 무렵 진시황이 춘추전국시대의 종지부를 찍고 중국 최초의 통일왕조를 세우면서 시행했던 대표적인 제도로 도량형의 통일을 꼽는다. 진나라 이전의 각 나라들은 문자, 화폐, 도량형이 서로 달랐으나 이를 통일하면서 지역 간의 교류가 활발해지는 계기가 되었다. 아무리 통일이 되었다고는 하나 각기 다른 도량형을 갖고 있다면 실질적인 통합이 어려웠을 것이다. 하드웨어적인 영토의 통일도 중요하지만 소프트웨어적인 사회, 문화, 경제의 통일도 매우 중요하기 때문이다. 통합은 항상 그 이후가 중요하기 때문에 어떻게 하면 실질적 통합을 이루느냐가 진시황으로서는 중요한 과제였을 것이다. 진시황에 의해 중국이 통일된 이후 길이, 무게, 부피 등을 재는 기본 단위인 도량형이 통일되니 자연스럽게 상거래도 활성화되었다. 통일 이전과 같이 각 지역마다 도량형이 다를 경우 상거래할 때 사용하는 단위가 서로 달라 마찰이 잦아진다면 당연히 교류가 줄어들고 사회, 경제적으로도 발전이 더딜 수밖에 없었을 것이다.

진시황의 도량형 통일과 마찬가지로 기업 간 M&A에서도 기업 인수 후 통합 작업에 많은 공을 들이는 것도 같은 이유다. 물론 진시황의 도량형 통일보다 훨씬 이전부터 고조선이 먼저 도량형을 통일했다는 문헌도 있으나 적어도 중국 내에서는 진시황이 도량형을 통일한 것을 정설로 받아들이고 있다. 진시황이 살던 시대는 유럽으로 따지면 지중해 패권을 두고 로마와 카르타고가 이른바 '포에니 전쟁'을 치열하게 벌이던 때이고, 유럽에서는 진시황만큼이나 유명한 한니발 장군이 활약하던 때이니 정말 오래전 이야기다.

국내에서는 1894년 갑오개혁 때 도량형에 대한 통일을 발표했다. 그 당시에만 해도 물건의 가치를 매길 때 사용되는 도량형이 통일되지 않으니 제멋대로 물건의 가치를 늘였다가 줄였다가 할 수 있었기 때문에 일반 백성들 입장에서 보면 반드시 기준이 마련되어야 하는 일이었다. 그러나 여전히 국제 표준과 상이하고 국내에서도 단위가 표준화되지 않아 분쟁이 발생하곤 했다. 그러다가 2007년 6월 29일부로 도량형 표준화 정책이 시행되었다. 대표적으로 바뀐 단위가 면적을 재는 '평' 개념이다. 도량형 표준화 이후부터 제곱미터 기준의 단위가 사용되고 있다. 관습에 의해 법정개량 단위인 도량형이 지켜지지 않는 부작용도 있었으나 점차 정착되었고 이제는 어느 정도 자리 잡았다.

1970년대만 해도 신발을 살 때 "10문짜리 하나 주세요"라는 말이 흔했다. 문은 길이를 재는 단위로 흔히 신발 사이즈를 잴 때 사용하던 단위다. 1문은 약 2.4cm를 의미한다. 미국의 경우 신발 사이즈를 재는 단위가 여성용과 남성용이 다르다. 여성용 270mm는 10이고, 남성용 270mm는 9로 표기한다. 30여 년 전 한국의 신발을 재는 단위와 현재 한국의 신발을 재는 단위 그리고 현재 미국의 신발을 재는 단위가 모두 다르다. 이렇듯 일원화되지 않은 단위는 공급자나 소비자 모두에게 혼란을 가져올 수밖에 없다.

1986년 1월 미국은 우주왕복선 챌린저호 발사 실황을 전 세계에 중계했다. 카운트다운이 시작되고 얼마 지나지 않아 우주선에 이상이 생기고 폭발하는 장면이 전 세계인에게 생중계되었다. 챌린저호는 발사 73초 만에 동체에 불이 붙어 폭발했다. 사고 원인을 분석한 결과, 외벽 이음새 설계를 다른 부분과 같은 미터m가 아닌 인치inch로 설계해 차이가 발생한 것이다. 그로 인해 틈새가 벌어졌고 이 틈새로 흘러나온 액체수소 연료에 불이 붙으면서 동체로 불이 옮겨 붙으면서 곧 폭발로 이어졌다.

2007년부터 정부는 비非법정계량 단위 사용을 단속하기로 하고 평, 돈, 근 단위를 사용할 경우 과태료를 부과하기 시작했다. 소비자 보호 및 공정한 거래질서 확립을 위해 시행한 조치였지만 한동안 혼란을 겪었다. 여전히 부동산중개소를 가면 제곱미터와 평형을 병기하여 사용하는 것을 흔히 볼 수 있다. 시장에서도 여전히

근 단위가 사용되고 있다. 1근을 말할 때 보통 야채는 200g, 과일은 400g, 고추나 고기는 600g으로 제각기 다르게 사용된다. 무게를 재는 단위인 그램g이나 킬로그램kg을 사용하지 않고 '쌀 한 말', '콩 한 되'라 할 경우 얼마만큼인지 헷갈리기 쉽다. 그만큼 단위는 일상생활과 상거래에 밀접하게 관련되어 있다고 해도 과언이 아니다.

기준 데이터 관리의 중요성

2018년 11월 16일(현지시간) 프랑스 파리 베르사이유에서 개최된 제26차 국제도량형총회에서 기본 단위인 킬로그램kg, 암페어A, 캘빈K, 몰mol의 재정의가 공식적으로 의결되었다. 국제단위계SI의 7개 기본 단위 중 질량kg, 전류A, 온도K, 물질량mol 총 4개 물리량에 대한 단위가 새롭게 정의되었다. 바뀐 정의는 2019년 세계 측정의 날인 5월 20일부터 공식 사용되고 있다. 기본 단위가 바뀌는 이유는 기존의 단위가 측정의 기준으로 삼을 정도로 충분히 안정되지 않다는 사실이 밝혀졌기 때문이다.

단위 측정의 안정성과 불변에 대한 신뢰는 보편성이 확보된 상거래를 가능하게 함으로써 산업 발전을 위해 매우 중요한 역할을 한다. 시간 단위 측정이 있었기에 위성항법장치GPS가 개발되었고, 내비게이션 개발로 자동차산업 발전과 서비스산업 발전에도 크게 기여했다. 산업표준은 일관되고 예측 가능한 제품의 품질을 기대하게 한다. 글로벌 기업들과 경쟁해야 하고, 해외 수출이 많은 우리나라 기업들의 현실을 볼 때 도량형을 국제기준에 맞추는 것은 반드시 필요한 일이다.

기업에 있어 기준 데이터Master Data 관리가 중요한 이유도 도량형 통일과 무관하지 않다. 측정 단위가 일관되고 신뢰성이 있어야 그 결과가 의미가 있다. 인사평가의 기준이 객관적이어야 수용성이 높은 것과 마찬가지다. 만일 기업의 성과를 측정하는 도구인 데이터 관리가 제대로 이루어지지 않는다면 왜곡된 정보로 경영활동을 하게 될 수 있다. 비즈니스에 어떤 데이터를 활용할지도 중요하지만 데이터 자체에 신뢰성이 떨어질 경우, 이를 활용하는 것도 제약이 따를 수밖에 없다. 특히 기준 데이터의 경우 집계되는 모든 데이터와 관련된다. 기준 데이터인 단위, 일자, 분류코드, 코드명칭 등에 오류가 있을 경우 심각한 정보의 왜곡이 발생할 수 있다.

상거래의 중요한 도구인 도량형만큼이나 기준 데이터 관리가 중요함은 아무리 강조해도 지나치지 않다. 4차 산업혁명 시대는 데이터의 시대라고 해도 과언이 아닐 만큼 빅데이터, 인공지능, 머신러닝, 블록체인 등 주요 기술들이 데이터와 관련되어 있다. 기업의 혈액과도 같은 데이터를 분류하고, 집계하는 기본 단위인 기준 데이터 관리는 시스템 운영에 앞서 반드시 이행되어야 할 일이다. 기준 데이터 관리는 4차 산업혁명 시대의 도량형 통일과 마찬가지로 그 중요성이 인식되어야 할 것이다.

4차 산업혁명 시대, 데이터에 투자하라

기업은 하루에도 수많은 데이터를 생산하고 저장한다. 기업 내에 금맥이 있고, 원유가 매장된 유전이 있는 것과 마찬가지다. 그러나 금맥을 찾았더라도 시간과 노력을 투자해야 금을 채취할 수 있는 것과 마찬가지로 기업들은 데이터 생산, 저장, 처리, 분석, 활용 등을 효과적으로 할 수 있도록 빅데이터 플랫폼을 구축하는 데 투자해야 한다. 최근 데이터의 효율적인 관리와 즉각적인 활용, 시각화를 위한 아키텍처 구축이 화두가 되고 있다. 데이터의 효율적인 저장을 위한 스토리지로 가공되지 않은 상태로 저장하는 방식인 '데이터 레이크Data Lake'가 주목받고 있다. 효율적인 저장소로부터 분석과 활용을 위해서는 데이터 웨어하우스로 연결되어야 하고, 기업은 데이터 분석 역량을 갖춘 인력을 확보하고 비즈니스에 활용하기 위해 지속적인 투자를 해야 한다.

미래산업의 자원인 데이터에 대한 투자가 새로운 성장 동력으로 기회를 창출하고 경쟁력을 강화하는 도구가 될 수 있을 것이다. 1970년 서울과 부산을 잇는 428km의 경부고속도로가 완공되었다. 산업화의 상징인 경부고속도로 개통을 시작으로 우리나라는 고속성장을 거듭했다. 이제 전국 방방곡곡, 더 나아가 세계로 뻗어나가는 '데이터 고속도로'를 잇는 데 투자하는 것이야말로 4차 산업혁명 시대를 맞아 또 한 번의 도약을 이루는 초석이 될 수 있을 것이다.

월마트의 '맥주와 기저귀' 이야기는 '데이터마이닝' 기법을 활용한 고객 데이터 분석의 성공 사례로 유명하다. 월마트는 고객 장바

구니 안에 들어있는 물건들 간에 어떤 상관관계가 있는지를 분석하기 위해 영수증 데이터를 분석했다. 월마트는 분석과정에서 20~30대 젊은 남성들이 기저귀를 살 때 맥주를 같이 구매하는 비중이 높은 패턴을 발견했다. 어린아이가 있는 젊은 남성의 구매 패턴을 눈치 챈 월마트는 기저귀와 맥주를 같은 구역에 진열하는 실험을 했고, '상품조합Product Mix' 프로모션을 진행한 결과는 대성공이었다. 고객 영수증 데이터 속에 숨어 있는 특징을 찾음으로써 상품 간 시너지를 일으킬 수 있는 최적의 '상품조합'을 통해 매출을 증가시킬 수 있었다.

2004년 8월, 미국 플로리다에는 허리케인 '프랜시스'가 상륙하고 있었다. 월마트는 허리케인으로 인한 매출의 영향을 파악하기 위해 허리케인 상륙이 예상되는 시점을 기준으로 빅데이터 분석을 시작했다. 그 결과 허리케인이 상륙하는 시기에 맥주 판매량이 급격히 증가하는 패턴이 발견되었고, 동시에 '켈로그Kellogg'사의 '팝타르트(딸기가 들어간 과자)' 매출도 약 7배가량 증가하는 것으로 분석되었다. 추가로 '휴대용 랜턴' 매출도 급증하는 패턴을 보였다. 월마트는 빅데이터 분석 결과를 바탕으로 허리케인 프랜시스가 상륙하는 플로리다 점포들의 맥주, 팝타르트, 휴대용 랜턴 재고를 전략적으로 대폭 늘렸다. 월마트의 예상은 적중했고 매출은 증가했다. 월마트는 판매량 증가가 예상되는 상품의 안전 재고량을 일시적으로 상향 조정하고, 상관관계가 높은 상품끼리 매장 내 배치를 하거나 맞춤형 프로모션 전략을 실행함으로써 허리케인이라는 큰 변수를 극복할 수 있었다.

글로벌 커피 프랜차이즈 기업인 스타벅스는 모바일 주문 결제

시스템인 '사이렌오더'를 운영하고 있다. 최근 스타벅스는 사이렌오더를 통해 수집된 고객 정보와 매출 정보를 분석해 고객 맞춤형 프로모션 정보를 푸쉬 알림을 통해 제공하고 있다. 또한 스타벅스는 고객별 최근 구매 이력을 분석해서 시간대별 맞춤형 상품을 추천한다. 예를 들면, 출근 시간대에는 아메리카노와 간단한 샌드위치와 같은 푸드 메뉴를 추천하고, 저녁 시간에는 고객이 이미 충분히 커피를 많이 마셨을 것을 고려해 커피가 아닌 음료를 추천한다. 스타벅스는 여기서 그치지 않고 고객의 매출 정보 분석에 더해 매장별 상권 정보, 날씨 정보 등을 접목해 매출 최적화를 위한 전략을 수립한다.

글로벌 기업들은 데이터에서 기회를 찾는다. 빅데이터 분석을 통해 숨어 있던 매출을 올리고, 고객에게 매력적인 정보를 제공하여 지갑을 열도록 유도한다. 4차 산업혁명 시대를 맞아 데이터가 곧 돈이 되는 시대가 되면서 데이터가 갖는 가치에 대해 이해하고 집중 투자해야 하는 이유가 여기에 있다.

빅데이터 분석: 도어버스터를 찾아라!

매년 11월 11일이면 중국에서는 중국판 '블랙프라이데이'라 불리는 독신자의 날인 '광군제光棍節'가 열린다. 2019년 '광군제'에서 단 하루 만에 알리바바가 올린 매출은 2,684억 위안(한화 44조 6,242억 원)에 달했다. 2020년 광군제에서는 하루 만에 4,982억 위안(한화 83조 9,000억 원)의 천문학적 매출 기록을 달성했다. 무려 전년 대비 85.6% 증가한 어마어마한 수치다. 알리바바는 단 하루 동안 진행되는 2020년 '광군제'를 위해 세계 75개 국가, 1만 9,000개가 넘는 브랜드들이 알리바바가 운영하는 온라인 쇼핑몰에 참여한다고 밝혔다. 특히 코로나19로 인해 외출이 어려워진 사람들이 온라인 쇼핑에 많이 몰렸을 것이라는 분석이 지배적이다. 최근에는 스마트폰으로 쉽게 가격 비교와 정보 검색을 할 수 있기 때문에 점점 더 온라인 매출 비중이 높아지는 추세다. 유통기업의 경우 온라인을 통해 수집된 고객의 정보를 분석해 맞춤형 정보를 추천함으로써 매출을 높이는 전략을 구사하기도 한다.

미국에서는 매년 추수감사절 다음날인 11월 네 번째 금요일을 '블랙프라이데이'라 부른다. 이때부터 연말까지 메가 세일Mega Sale 행사가 시작된다. 대부분의 주요 쇼핑몰에서는 블랙프라이데이를 맞아 60%에서 최대 90%까지 할인하는 행사를 진행한다. 블랙프라이데이에 아침부터 매장 앞에 줄 서 있는 사람들이 매장 문이 열리자마자 달려가 서로 주먹다짐을 하면서까지 상품을 카트에 담는 장면을 TV를 통해 본 적이 있을 것이다.

'광군제'와 '블랙프라이데이'에 참여하는 기업들은 매출 극대화를 위해 일명 '미끼 상품'이라 불리는 '도어버스터Doorbuster'를 활용한다. 앞다투어 달려가는 사람들 대부분은 할인폭이 가장 큰 도어버스터를 차지하기 위해 전력 질주한다. 판매자 입장에서 보면 얼마나 매력적인 상품을 도어버스터로 정하느냐에 따라 소비자들의 구매 욕구를 자극할 수 있다. 도어버스터는 고객을 끌어들이는 촉매제 역할을 하기 때문에 그로 인해 다른 상품 매출 증가로 이어지게 할 수 있기 때문이다.

최근 광군제나 블랙프라이데이에 참여하는 기업들이나 온라인 쇼핑몰은 어느 상품이 도어버스터로서 매력적인지 알아내기 위해 빅데이터 분석을 적극적으로 활용하고 있다. 최근 경기가 둔화되고 내수가 침체되는 악순환이 지속되고 있다. 내수 활성화를 위해서는 소비자의 지갑을 열 수 있게 만드는 다양한 형태의 혁신이 필요하다. 빅데이터 분석을 활용함으로써 개인화된 맞춤형 정보 제공이 가능하고 이를 통해 소비를 촉진할 수 있다. 단순히 수요와 공급 관점이 아닌 잠재된 가치를 더하는 기술이 질 좋은 상품과 접목될 때 소비자들은 기꺼이 지갑을 열 수 있다.

침체에 빠진 기업들이 돌파구를 찾기 위해서는 빅데이터 활용을 위한 장기적인 로드맵을 수립하고 인프라 구축에 투자를 늘리며, 데이터 애널리틱스를 담당할 인력을 확보해 기업 운영 전반에 데이터 경영이 녹아들 수 있도록 하는 것이 필요하다. 무궁무진한 기회가 담긴 빅데이터 활용은 경쟁력 강화를 위한 필수 요소가 되고 있다. 4차 산업혁명 시대를 맞아 많은 기업들이 데이터를 활용하려는 노력을 기울이고 있다. 이제 기업들은 기회를 놓치는 것 또한 리스크의 일종이라는 것을 이해하고 빅데이터를 통한 경쟁력을 키우는 노력이 필요한 시점이다.

ESG 경영: 보이지 않는 가치를 데이터화하라

최근 비재무ESG, Environment, Social and Governance 경영이 화두다. 성장 일변도의 사회에서 경영은 재무적 가치가 우선이었다. 그러나 점차 전 세계가 연결되고 공급망이 글로벌화되면서 기업이 사회에 미치는 영향이 과거에 비해 훨씬 커졌다. 그러다 보니 기업의 가치를 평가할 때 재무적인 요소 외에도 보이지 않는 가치에 주목하게 되었다. 기업을 경영하는 입장에서도 연간 재무적인 성과 외에도 사회적 가치를 고려하는 것이 필요해졌다. 이러한 이유로 최근 많은 기업들이 사회적 가치Social Value를 얼마나 창출했는지를 산정해서 외부에 공개하기도 한다.

사회적 가치는 기업이 경영활동을 하면서 사회 발전에 기여하고 사회가 당면한 문제를 경영활동과정에서 해결하고 개선하는 것을 말한다. 사회적 가치를 지표화할 때는 고용, 배당, 납세와 같은 '경제 간접기여 성과'와 환경, 구성원, 지역사회, 안전보건, 동반성장과 같은 '비즈니스 사회 성과', 기부, 자원봉사와 같은 '사회공헌 사회 성과' 등으로 구분한다.

이러한 사회적 가치를 얼마나 창출했고 사회에 기여했는지를 금액적으로 환산하려는 것을 '더블바텀라인Double Bottom Line'이라고 한다. 이러한 시도를 통해 경영 성과를 재무적 성과만으로 측정하지 않고 사회적 가치를 동시에 고려함으로써 기업이 가진 가치를 다양한 각도에서 바라보고 지속가능경영을 위해서는 재무적 가치 외에도 고려해야 할 것들이 많다는 것을 주지시키는 효과가 있다. 사회공헌활동을 통해 사회적 가치 창출에 힘쓰는 기업일수록 기업

이미지에 긍정적인 영향을 미치기도 한다.

사회적 가치에 주목해야 하는 이유는 과연 기업을 둘러싼 이해관계자들이 지속가능한 기업으로 인식하는 데 있어서 어떤 면을 중요하게 여기는지 이해할 수 있기 때문이다. 기업이 경영활동을 하는 과정에서 수많은 이해관계자가 만들어진다. 이해관계는 직접적일 수도 있고 간접적일 수도 있다. 고객이 될 수도 있고 공급망 내에서 해당 기업이 고객이 될 수도 있다. 고용은 사회, 경제를 지탱하는 핵심 기능이기도 하다. 환경문제도 빼놓을 수 없다. 최근 세계 최대 자산운용사 블랙록BlackRock의 설립자이자 최고경영자CEO인 래리 핑크는 화석연료 개발이나 이를 활용한 비즈니스에 대해 지속가능한 경제성장에 문제를 제기하며 투자 철회를 할 것이라는 발표를 하기도 했다. 미래의 비즈니스는 글로벌 기업일수록 사회적 문제에 관심을 갖고 동참하기를 호소하는 한편, 행동하지 않으면 투자자들의 분노에 직면하게 될 것이라는 경고를 한 것이다. 철저하게 투자자 입장에서 보면 기업이 지속가능해야 하고 재무적 성과뿐만 아니라 사회적 가치를 창출함으로써 부가적인 이미지 개선과 더불어 또 다른 가치 창출을 보다 적극적으로 실행에 옮겨야 한다는 것이다.

이처럼 이해관계자의 요구가 복잡하고 다양해짐에 따라 기업은 스스로 가치를 평가하는 기준을 제시하고 이를 지속적으로 모니터링해야 하는 과제가 생겼다. 예를 들면, 공정무역과 같이 구매를 할 때 불공정 무역구조를 묵인하고 개발도상국의 노동력 착취, 환경파괴, 인권침해 등을 방조하지 않았는지를 따져 보는 것이다. 그 외에도 공급망의 환경, 안전을 얼마나 고려해서 계약을 유지하는

지를 모니터링하는 것이다. 이러한 이해관계자들의 요구사항은 결국 기업이 지속가능하며 사회에 기여하는 만큼 더 많은 지지를 보낼 수 있다는 시그널이기도 하다.

지속가능경영에 대한 논의는 활발히 진행되어 왔으나 이제는 이를 보다 객관적이고 합리적으로 평가하는 것이 중요한 이슈가 되고 있다. 특히 지주사 입장에서는 계열사들이 동일한 기준으로 객관적으로 사회적 가치를 평가하고 이를 공개하는 것이 중요하다. 이를 위해서는 기준 마련과 더불어 과연 어떻게 측정할 것인지에 대한 고민이 필요하다. 비재무ESG 관련 지표가 만들어지면 이를 객관적으로 측정하기 위한 데이터가 필요한데 과연 기업들이 얼마나 체계적으로 비재무 관련 데이터를 수집하고 축적하고 있는지는 아직 의문이다. 따라서 앞으로는 비재무 평가를 위한 정밀한 측정 지표를 개발하고 데이터 아키텍처를 설계해서 지속적으로 운영할 수 있도록 전략을 수립해야 한다. 결국 가치에 대한 기준을 세우고 평가하고 이를 공개하는 일련의 과정은 비재무 데이터 전략과 함께 추진되어야 한다.

사회가 발전한다는 것은 그 사회의 구성원들의 가치판단 기준이 높아지고 의식이 개선되며 공동체의 지속적인 발전에 많은 비중을 둘 때 가능해진다. 비재무ESG 가치를 중요하게 인식하는 이유도 여기에 있다. 사회, 경제, 문화가 발전하면서 기업을 둘러싼 이해관계자들의 기업을 보는 시각도 함께 발전했기 때문이다. 기업의 겉모습과 외형적 규모만으로 기업을 판단하거나 재무적 가치로만 기업의 현재가치와 미래가치를 평가하는 시대는 지났다는 것을 의미한다. 앞으로 다양한 이해관계자들도 기업의 지속가능성을 면밀히 들여다보기 위해 보이지 않는 가치까지 고려해서 판단하려는 노력이 필요하다. 그러한 요구는 결국 건강한 기업지배구조 개선과 지역사회를 비롯해 공급망, 안전한 작업환경, 환경문제 해결을 위해 사회구성원 모두가 나서서 선순환구조를 만드는 데 기여하게 될 것이다.

CHAPTER 02

디지털 혁명과 호모 디지털쿠스의 탄생

Chapter 02

디지털 혁명과 호모 디지털쿠스의 탄생

새로운 호모 파베르, 호모 디지털쿠스의 탄생

인류 문명사를 보면 인류는 끊임없이 발전해 온 것만은 사실이다. 인류가 언제부터인가 지혜를 갖기 시작하면서 다른 동물과 다르게 도구를 사용하게 되고, 도구는 인간으로 하여금 효율성을 깨닫게 해주었다. 도구의 사용은 오로지 인간의 힘으로 버텨내야 했던 삶에서 여유시간을 갖게 하고, 편리하게 필요한 것들을 만들 수 있게 해줬다. 그것만으로도 인간이 다른 동물과 다른 점이지만 더욱 큰 차이는 더 큰 변화를 만들어 낼 수 있도록 깊이 있게 생각하도록 만들었다는 점이다. 생각의 깊이가 어느 지점에 이르면 통찰력이 된다. 눈에 보이는 것 이외에도 숨겨진 의미와 이유를 논리적이고 객관적으로 파악할 수 있다면 그것을 우리는 통찰력이라고 말한다. 통찰력은 내적인 영역으로 사물과 현상의 보이는 것 외에도 내면적인 부분까지 꿰뚫어 보는 것을 말한다. 파편적으로 모여 있던 지식과 통찰력이 더해질 때 지혜가 되고, 지혜는 더 나은 인간으로 이끄는 강한 원동력이기도 하다.

프랑스의 철학자 베르그송에 의해 정의된 호모 파베르Homo Faber는 도구를 사용할 줄 아는 인간을 뜻한다. 슬기로운 또는 지혜로운 사람이라는 뜻의 호모 사피엔스Homo Sapiens에서 파생된 인간에 대한 정의로서 호모 파베르는 매우 중요한 의미를 지닌다. 인간이 도구를 사용할 줄 안다는 것은 지구상에서 인류가 번성하고 진화하는 과정에서 매우 중요한 변화의 촉매제로 도구가 사용되었다는 것을 의미한다. 도구를 사용하고 이를 활용해서 수렵과 농사를 짓고 문명을 발전시킨 인류의 역사를 보면 도구의 활용은 인간을 여타 동물과 다르게 정의하는 데 있어 매우 중요한 차이라고 볼 수 있다.

도구가 인류 문명 발전사에서 갖는 의미가 매우 크고, 더 나은 가치를 만드는 중요한 촉매제였던 만큼 새로운 도구의 발명과 활용은 또 한 번의 인류 문명 발전에 있어서 중요한 부분이라고 할 수 있다. 호모 파베르에서 도구가 갖는 의미는 돌도끼나 불을 사용하는 정도에서 그치지 않는다. 끊임없이 새로운 도구를 만들어 내고 도구는 또 다른 도구를 만들어 내는 데 사용되고, 더욱 활용도가 높은 도구로 발전시키는 데 의미가 있다.

인간이 도구화되지 않는 한 도구를 통해 풍요로운 세상을 만드는 것은 지혜로운 인간이 문명 사회를 이루는 방식이다. 그동안 증기에너지, 전기에너지, 인터넷 발명 등과 같이 새로운 도구가 탄생될 때마다 인류는 비약적인 발전을 이루어왔다. 풍요는 과학과 문화의 발전을 이끌고, 다시 진보된 기술로 풍요가 선순환되는 과정을 겪은 인류는 앞으로도 새로운 도구를 통해 인류 문명 발전에 기여할 것이다.

4차 산업혁명 시대의 인류는 데이터를 도구로 활용해서 다시 한 번 비약적인 발전을 이루게 될 것이다. 마치 호모 파베르의 재탄생이라 할 만큼 새로운 형태의 디지털 도구를 활용하는 인류의 탄생이라 할 수 있다. 최근에는 데이터를 도구 삼아 삶을 영위하고 문명을 발전시키는 인류를 '호모 데이터쿠스Homo Datacus'라고 표현하기도 한다.

꼭 새로운 도구를 데이터로만 한정 짓지 않는다면 4차 산업혁명 시대의 다양한 신기술을 적극적으로 개인생활이나 비즈니스에 활용하는 인간을 '호모 디지털쿠스Homo Digitalcus'라고 표현할 수 있을 것이다. 즉, 디지털 기술을 인류 문명 발전을 이끌어 가게 될 만큼 중대한 기술적 진보로 볼 수 있다. 그런 이유로 디지털 기술을 활용해 세상을 바꾸어 나가는 새로운 인류의 탄생, '호모 디지털쿠스'의 출현이 시작되었다고 볼 수 있다.

호모 디지털쿠스가 인류를 정의하는 또 다른 형태로 의미가 있으려면 디지털 기술을 발명하는 데 그치지 않고 이를 활용하는 것이 중요하며, 끊임없는 개선을 통해 인류 문명이 발전적으로 변화해야 한다. 앞으로는 4차 산업혁명 시대를 맞아 디지털 기술이라는 도구를 활용해 인류의 건강, 일상생활, 비즈니스, 경제, 문화, 산업 등 전반에 걸쳐 변화가 일어나게 될 것이다. 돌도끼나 철의 생산이 인류에게 가져다준 변화 못지 않게 디지털 기술은 인류 문명 전반에 매우 큰 영향을 끼치게 될 것이다. 호모 디지털쿠스가 세상을 변화시키는 첫 걸음은 시작되었고 이러한 변화를 우리는 4차 산업혁명 시대라 할 수 있다. 이전 세대와는 다르고, 획기적인 발전과 문명의 발전을 이루는 4차 산업혁명 시대가 기대된다.

디지털 도구, 또 한 번의 인류 문명의 발전을 이끌다

4차 산업혁명 시대를 겪으면서 이제 기업들은 세계 시장을 석권하기 위해 데이터를 자원으로 생각하는 의식의 전환이 필요하다. 개인도 마찬가지로 데이터 중심 사고와 세상에 넘쳐나는 데이터로부터 만들어지는 각종 정보를 활용하는 지혜가 필요하다. 최근 시장조사기관들의 연구에 따르면, 전 세계 인구의 70%가량이 휴대폰을 사용하고 있으며, 이 가운데 절반은 스마트폰을 사용하고 있는 것으로 조사되었다. 2019년 기준으로 선진국 대부분의 스마트폰 보급률이 70%를 상회했고, 그중에서도 대한민국은 스마트폰 보급률이 95%에 가까운 것으로 조사되었다. 아동과 극히 일부를 제외하고 대부분의 국민들이 스마트폰을 사용하고 있다는 것으로 스마트폰은 이제 일상생활에서 떼려야 뗄 수 없는 도구가 되었다.

그렇다면 스마트폰이 미치는 영향이 개인에게만 국한되는 것인가? 물론 아니다. 스마트폰을 활용한 모바일 쇼핑이 활성화되면서 온라인 매출이 유통 시장의 절반 이상을 차지할 정도로 비즈니스 생태계도 지각변동이 일어나고 있다. 오프라인 유통의 매출이 더 이상 증가하지 못하고 맥을 못추는 데 반해 온라인 유통 매출은 급격히 증가하고 있다. 그로 인해 배송 서비스의 치열한 전쟁이 벌어지고 있고 새벽배송, 로켓배송과 같이 다양한 형태로 진화하고 있다. 온라인 시장의 폭발적 증가에 힘입어 전체 유통 시장의 시장 규모는 커졌지만 상대적으로 오프라인 시장은 침체의 늪에 빠졌다.

업무 형태는 어떠한가? 코로나19를 겪으면서 비대면 업무가 일상화되고 있다. 비대면 업무를 위해서는 필연적으로 온라인 미팅과 협업, 모바일 결제, 가상 오피스 활용이 필요해졌다. 비대면이라고 해서 상호 간에 접점이 없을 수는 없기 때문에 그 자리를 온라인이 대체하고 있는 것이다. 많은 사람들이 코로나19를 겪으면서 이러한 비대면 환경에 적응해 나가기 시작했다. 중요한 만남이나 보고는 반드시 모여서 진행했던 것과 달리 최근에는 화상회의가 일상화되었다. 과거에 비해 이러한 가상 오피스 환경이나 모바일 환경이 많이 개선되었고, 통신 네트워크의 발전과 더불어 대용량 데이터 처리 기술도 비약적으로 발전했다. 비대면 환경을 구축하는 데 디지털 기술이 뒷받침되지 않았다면 아마도 매우 큰 불편을 겪으면서 업무 효율성은 낮아졌을 것이다.

그러나 각종 디지털 기술과 데이터 처리 기술이 그러한 공백을 메워 주면서 사실상 전 세계는 연결이 끊어지지 않고 있다고 봐도 무방할 것이다. 사람들은 디지털 경험Digital Experience을 통해 시간과 공간의 제약을 넘어 안전하고 편리하게 업무와 일상생활을 영위할 수 있다는 것을 자연스럽게 받아들이고 있다. 앞으로는 이러한 경험을 토대로 비대면 업무가 활성화될 것이며, 이러한 상황이 당분간 지속되거나 고착화될 가능성이 높다. 기업들은 비대면으로 하더라도 업무 효율성과 비용절감에 도움이 된다는 것이 학습될수록 더욱더 이러한 환경을 유지하려는 의지가 강해질 것이다. 기업에게 유연성은 위기 상황에서 회복탄력성을 높게 해주기 때문에 단순히 비용절감만을 이유로 비대면 환경이 선호되지는 않을 것이다.

인간은 늘 척박한 환경 속에서도 적응하면서 지금껏 생명을 유지해 왔다. 변화에 적응하는 능력이야말로 인간이 가진 위대한 특성이 아닐까 생각된다. 어려운 환경을 극복하는 방법은 여러 가지가 있겠지만 인간은 늘 도구를 활용해 위기를 극복하고 문명을 발전시켜 왔다. 디지털 기술이 코로나19로 인한 전 세계적 위기 상황을 넘어 또 한 번의 인류의 비상을 위해 활용될 것이다. 비누도 청결을 유지하기 위한 도구이고, 페니실린도 인간을 괴롭히던 세균에 의한 병으로부터 수많은 생명을 구한 도구였다. 불은 음식을 익혀 먹거나 추위를 피하게 해주는 도구이며, 문자와 종이는 지식을 축적하고 시간과 공간을 초월해 소통이 가능하게 함으로써 인류 문명을 발전시켜 왔다.

내비게이션의 발명은 어떠한가? 불과 이십 년 전에만 해도 멀리 운전해서 가려면 지도를 보면서 길을 물어 물어 가야 했다. 지금은 내비게이션이 정말 친절하게도 길은 물론 주변에 과속적발 카메라가 있는 위치도 알려주고, 실시간으로 교통체증이 심한 구간도 알려준다. 덕분에 길에서 허비하는 시간도 많이 줄일 수 있게 되었고, 길을 몰라서 헤매는 일도 사라졌으며, 약속시간을 예측하는 데 큰 도움을 얻게 되었다.

앞으로는 인공지능 기술이 적용된 자율주행차가 스스로 학습하면서 안전하게 운행되는 날이 곧 올 것이다. 로봇은 사람이 하기 힘든 일이나 위험한 일을 대신해 줄 것이고, 대체에너지는 지구환경을 지키고 에너지 고갈로 인한 재앙을 막아줄 것이다. 이처럼 인간은 새로운 도구를 만들고 더 나은 환경을 스스로 만들어 내는 능력을 갖고 있다. 4차 산업혁명 시대의 디지털 기술은 인류 문명을 발전시키는 데 선한 목적을 갖고 효과적으로 사용된다면 우리에게 풍요로운 세상을 가져다줄 것이다.

지식을 넘어 지혜를 추구하다

인류는 오랜 세월 경험을 통해 얻은 지식을 대대로 물려주면서 남들보다 먼저 알거나 남들은 모르는 정보를 나만 알게 되었을 때 그것을 힘으로 여겼고, 권력으로 활용해 왔다. 경험을 통해 축적된 정보는 지식으로 발전해서 지식이 많을수록 무리에서 우두머리가 될 확률이 높았다. 물리적 힘과 지식의 결합은 경쟁환경에서 최고의 무기가 아니었을까? 지식이 올바른 방향성과 철학적 사색이 더해져 통찰력이 되고, 모두에게 이롭게 형성되면 그것을 지혜라고 부를 수 있다.

선견지명先見之明은 어떤 일이 일어나기 전에 미리 앞을 내다보고 아는 지혜라는 뜻이다. 미리 내다보고 안다는 것은 축적된 지식에 통찰력을 더해 세상의 이치를 두루 아는 능력이다. 이러한 선견지명은 대체로 지혜로운 사람이 가진 능력이기도 하다. 지혜로운 사람은 수많은 지식을 자신의 것으로 만들기 위해 끊임없이 노력하기 때문이다.

〈논어〉에 보면 "학이시습지學而時習之, 불역열호不亦說乎?(배우고 때때로 그것을 익히면 기쁘지 아니한가?), 유붕자원방래有朋自遠方來, 불역낙호不亦樂乎?(벗이 있어 멀리서부터 온다면 이 또한 기쁘지 아니한가?), 인부지이불온人不知而不慍, 불역군자호不亦君子乎?(남이 알아주지 않아도 화를 내지 않으면 이는 군자가 아닌가?)라는 구절이 나온다. 배우고, 익히고, 나누는 것을 기쁘게 생각했던 공자가 살던 시대와 지금은 엄청난 시차가 있다. 하지만 그때나 지금이나 지식을 대하는 올바른 태도는 배우고, 익히고, 나누는 것이라 할 수 있다. 그 이유는 지식은 나누고 더 나은 지식으로 확대 재생산해야 공동체 전체의 지식 수준이 높아질 수 있기 때문이다. 그로부터 지혜로운 사람이 나오는 것은 당연한 이치이다. 지혜로운 자가 모두를 이롭게 하고 주변을 풍요롭게 하는 것을 보면 지혜의 가장 작은 단위인 정보Information가 얼마나 중요한지 짐작하게 한다. 그런데 이러한 정보 역시 더 작은 단위인 데이터가 없이는 만들어지지 않는다.

데이터는 어떠한 현상이나 사건을 설명할 수 있는 단순한 사실이나 값을 말한다. 이러한 데이터가 체계적으로 모여 의미를 갖게 되고 그러한 의미의 조합이 필요한 것이 되었을 때 비로소 정보로서 역할을 한다. 정보는 알 필요성에 기인하기 때문에 수요가 중요하다. 그렇기 때문에 필요한 정보를 많이 가지면 가질수록 그로부터 얻어지는 지식이 풍부해지고 응용해서 만들어 낼 수 있는 것들도 다양해진다. 데이터의 원래 의미가 재료, 자료, 논거라는 뜻인 '데이텀datum'의 복수형이다. 즉, 데이터는 그 하나로만 의미를 갖기보다 여럿이 모여 상황, 상태를 알 수 있게 한다.

따라서 데이터는 단순한 하나의 사실보다 여러 자료가 조합되고 연결될 때 가치가 있음을 알 수 있다. 데이터를 구조화하고 체계적으로 수집하며, 정보화하고, 이를 활용해 새로운 지식으로 만들 수 있는 능력이 앞으로 우리가 겪게 될 4차 산업혁명 시대의 핵심 화두가 될 것이다. 결국 디지털 기술은 사람을 이롭게 하되 그 이롭게 되는 과정이 정보와 지식으로 채워질 것이다. 정보와 지식은 다시 세분화해서 나누어 보면 데이터의 조합이다. 하루에도 하늘의 별만큼이나 무수하게 많은 데이터를 마치 별자리로 구분해서 보듯이 구분하고 그 안에서 의미를 찾고, 미래를 예측하는 도구로 사용한다면 인류의 미래는 지금보다 더 나은 환경이 될 것이다.

| 지혜의 형성과정 |

4차 산업혁명 시대와 디지털 도구

4차 산업혁명 시대에 이른 지금, 인류는 스마트폰을 비롯해 각종 디지털 기술들을 활용해 새로운 문명의 세계를 열어 나가고 있다. 산업혁명이라고 명명하기 위해서는 반드시 세상을 변화시키는 도구로서 '기술Technology'이 필요하다. 그런 의미에서 디지털 기술은 4차 산업혁명을 논할 때 핵심 키워드다. 디지털 기술이 가져다줄 새로운 세상을 그려 보면 다양한 의견이 제시될 것이다. 많은 전문가들은 4차 산업혁명 시대에는 노동의 형태가 지금과는 많이 바뀔 것이라 예측한다. 기술 발전으로 새로운 도구가 발명되고 그 도구는 인류 문명을 풍요롭게 해줄 것이기 때문이다.

여기서 풍요의 의미는 두 가지로 해석될 수 있다. 첫 번째는 물질적 풍요다. 우리가 먹고, 마시고, 옷을 입고, 좋은 집에 사는 것들은 모두 물질적 풍요다. 기술의 발전은 지금보다 훨씬 더 발전된 사회를 만들어 가는 도구로 쓰일 것이다. 두 번째는 시간적 풍요다. 인류의 발전은 인류의 생각하는 시간과 비례한다고 할 수 있다. 인류가 생각을 통해 문명을 발전시키고 더 나은 도구를 만들어 낸 것처럼 디지털 기술은 인류를 또 한 번 비약적인 발전을 이루기 위한 시간적 여유를 제공할 것이다. 도구의 활용은 이전에 비해 많은 편의를 가져다주고 그로 인해 남는 시간을 다른 생산적인 일에 몰두할 수 있게 해줌으로써 또 다른 발전을 야기한다. 만일 아직까지도 장작을 패서 불을 피우고 물을 길어다 밥을 짓고, 냇가에서 빨래를 한다고 상상해 보라. 불과 수십 년 전만 해도 이상할 것 하나 없는 풍경이었지만 지금은 그때로 돌아갈 수 없다.

불을 피우고 물을 긷는 시간을 줄이면서 요리가 늘게 되고, 세탁기를 이용해 빨래를 하면서 여가시간을 갖거나 다른 일을 할 수 있게 되었다. 최근에는 식기세척기를 비롯해 다양한 가전제품 덕분에 여가시간이 늘면서 취미생활을 하거나 보다 생산적인 일을 하는 데 시간을 쓸 수 있게 되었다. 또는 시간적 여유를 활용해 사유思惟의 시간을 늘리거나 보다 생산적인 일에 몰두하는 것이 가능하게 되었다. 생각은 어쩌면 인간이 가질 수 있는 가장 강력한 무기이다. 생각의 크기만큼 깊은 성찰과 고뇌를 통해 윤리적이고 도덕적인 인간으로 거듭날 수도 있고, 논리적 생각으로 과학과 수학을 발전시켰으며, 이를 통한 기술의 발전을 이룰 수 있었다. 앞으로도 인간이 생각을 하는 시간만큼 지식은 축적될 것이고, 그로 인한 발전은 제동 없이 계속될 것이다.

최근 인간이 발명한 최고의 도구를 꼽으라면 스마트폰을 꼽을 수 있다. IBM은 1992년 최초의 스마트폰인 사이먼Simon을 처음 시장에 선보였다. 뒤를 이어 1996년에 노키아에서 휴대전화와 HP의 PDA를 결합한 스마트폰을 출시했지만 비싼 가격 탓에 대중화에는 실패했다. 그러다가 지금의 스마트폰 형태를 갖추기 시작한 애플의 아이폰이 2009년에 출시되면서 본격적인 스마트폰 시대가 열리게 되었다. 현재 스마트폰 시장은 삼성전자와 애플이 주도하고 있다. 그 이면에는 치열한 플랫폼 싸움이 벌어지고 있다. 하드웨어 못지 않게 스마트폰 선택의 이유가 소프트웨어 때문이기도 하다. 애플의 iOS와 구글의 안드로이드 운영체제 선호에 따라 스마트폰을 선택하기도 하는 것이다. 스마트폰 내에서 구동되는 각종 앱(애플리케이션)들은 다양한 서비스와 정보를 제공한다.

결국, 스마트폰은 세상의 모든 정보가 집결되는 장소 역할을 하는데, 특히 스마트폰이 대중화되면서 가장 큰 변화를 보인 시장이 온라인 유통 시장이다. 사람들이 스마트폰을 이용해 모바일 쇼핑을 하게 되면서 언제 어디서나 편리하게 주문이 가능해졌다. 주문 자체의 편의성은 그동안의 디지털 경험보다 더욱 강력한 유인이다. 또한 가격을 비교하거나 각종 정보를 얻거나 리뷰를 통해 품질을 확인할 수 있는 기회가 더욱 많아졌다. 참여형 컨텐츠의 보급과 정보의 유통은 양질의 정보를 얻게 하였다. 그로 인해 상품을 더욱 저렴하게 구매하는 것이 가능해졌고, 서비스 품질에 대한 평가를 통해 선택의 기준이 높아졌다. 온라인 채널 강화에 따라 이제 웬만큼 규모를 갖추고 있는 대형 유통사들은 온라인과 모바일 채널을 갖고 있다. 이를 통해 굳이 상점까지 가지 않아도 집에서 상품을 받아 볼 수 있게 되었으니 그만큼 시간을 아낄 수 있게 되었다.

스마트폰을 비롯해 편의성이 높아진 각종 제품들을 보면 놀랄 만큼 기술 발전을 이룬 부분도 있지만 인간으로 하여금 또다시 더욱 깊이 사유하고 생산성 높은 일에 투자할 수 있는 동기를 제공해준다. 도구의 발견은 그만큼 인류 역사에 매우 중요한 일이며, 이를 활용하는 것은 인류 문명의 발전에 크나큰 공헌을 했다고 해도 과언이 아니다. 이러한 기술의 진보가 앞으로도 지속적으로 일어나서 세상을 풍요롭고 안전하게 만들 수 있을 것이다. 따라서 4차 산업혁명을 단순히 IT 기술의 발전 정도로 인식할 것이 아니라 디지털 기술이라는 도구를 활용해 인류 문명을 발전시키는 중요한 변곡점으로 인식하는 것이 필요하다. 그래야만 디지털 기술을 인류 문명 발전에 있어서 긍정적이고 윤리적이며 모두를 이롭게 하는 방식으로 활용하는 공감대가 형성될 것이기 때문이다.

디지털 기술과 변화하는 미래

눈부시게 발전하는 디지털 기술이 가져올 미래는 우리가 상상하는 그 이상이 될 수 있다. 지금까지 우리가 보고, 듣고, 경험한 것들과는 다른 새로운 세상이 펼쳐질 것이다. 새로운 세상은 인간에게 편리함을 주는 동시에 스마트한 일상을 선사할 것이다. 단순히 노동에서 해방시켜 주는 것이라면 기계가 인간을 대체하는 것밖에 되지 않지만 디지털 기술은 인간에게 더욱 많은 지식과 지혜를 짧은 시간에 전달해 줄 것이고, 특정 부류의 사람들만 차지하던 지식의 향유를 일반 사람에게까지 확대시켜 줄 것이다. 즉, 디지털 기술은 이전보다 많은 사람들 그리고 다양한 사람들을 보다 더 똑똑하게 만들고 편리하게 정보를 습득하고 활용할 수 있게 한다.

기업들 역시 이러한 디지털 환경을 활용해 고객의 경험을 정보화시켜 수요를 더욱 빠르게 파악하고 정확하게 이해할 수 있으며, 맞춤형 전략을 수립할 수 있게 된다. 고객과 관련된 많은 정보를 체계적으로 확보하고 비즈니스에 활용하려는 노력이 더해지면서 세상의 모든 환경은 친親디지털, 친親네트워크 기반으로 변화할 것이다. 금융도 디지털화되면서 비대면 서비스가 늘어나는 대신 획득하는 고객 정보는 이전보다 훨씬 많아지고, 이를 기반으로 새로운 서비스와 차별화된 전략을 수립해서 고객에게 제공할 수 있게 된다.

이러한 방식의 디지털화는 이전에 비해 보다 급격히 진행될 것이고, 코로나19가 이를 더욱 앞당길 것이다. 사회구조와 사람들의 인식, 안전에 대한 새로운 패러다임은 대면보다는 비대면을 선호하게 될 것이고, 그렇다고 비대면이 정말로 아무런 접촉이 없이 일상생활을 영위하는 것을 의미하지는 않을 것이다. 비대면은 언택트Un-tact, 온택트On-tact로 바뀌고 디지털 기술이 접촉의 접점이 될 것이기 때문이다. 앞으로 이러한 변화는 산업 전반에 광범위하게 확산되면서 산업 간 경계가 허물어지고 디지털 기술은 허물어지는 경계를 잇는 또 하나의 도구가 될 것이다.

앞으로 산업 간 경계가 허물어지고 디지털 기술이 그러한 변화를 이끌어 가는 상황은 여러 곳에서 목격될 것이다. 예를 들면, 건축 기술과 디지털 기술의 접목이 빠르게 진행될 것이다. 지금은 건물이나 집을 지을 때 벽면은 콘크리트나 벽돌로 시공하고 벽지를 바르거나 페인트 칠을 해야 한다고 생각한다. 그렇지만 다가올 미래에는 온 벽면과 천장이 디스플레이 화면으로 구성되고 네트워크로 연결되어 어디서나 소통하고 정보를 얻으며, 서비스를 받을 수 있는 시대가 올 것이다. 벽면이 인테리어의 한 요소가 되기도 하지만 디지털 기술을 활용한 생활의 편의를 제공해 주고 디스플레이를 통해 다양한 디지털 서비스를 제공해 주는 도구가 될 수 있다.

그렇게 되면 건축 기술은 구조물을 짓는 데 그치지 않고 인간이 누려야 할 각종 서비스를 고려할 수 있다. 이때 건축 기술은 집을 지을 때 디지털 기술을 어떻게 접목시킬지를 고민해야 한다. 왜냐하면 디지털 기술의 수요와 공급되는 서비스가 넘쳐나면서 집이라는 공간이 하나의 디지털 디바이스가 되기를 바라는 수요자가 폭발적으로 증가할 것이기 때문이다. 오피스 공간도 마찬가지다. 기왕이면 업무 공간이 다양한 형태로 정보를 제공해 주거나 서류 뭉치를 뒤져 보지 않아도 되도록 빠르고 직관적으로 파악할 수 있는 정보를 시각화해서 보여준다면 직원들의 업무 효율성이 극대화될 수 있기 때문이다.

기업들도 이러한 성공 경험이 쌓이다 보면 투자를 하게 되고, 이러한 투자는 곧 경쟁력으로 이어질 수도 있다. 지금도 물론 건물의 벽면을 디스플레이 화면으로 구성할 수 있지만 TV 패널을 덧붙이는 수준이기 때문에 한계가 있다. 하지만 앞으로의 건축 패러다임은 디지털 기술과 더욱 밀접해질 수밖에 없다. 단지 화면을 재생하기 위한 목적이 아니라 각종 정보와 비대면 의사소통, 업무처리가 가능해지고, 개인은 일상생활에서 많은 편의를 제공받는 것이 목적이 될 것이기 때문이다. 즉, 어떠한 기술을 활용할 때는 그 목적에 따라 기술의 진보가 동시에 진행되는데, 지금의 디지털 기술은 인간의 생활과 업무 생산성, 효율성을 모두 고려한 방식으로 진보가 진행되고 있다.

자동차는 어떠한가? 지금까지 자동차는 운송수단이라는 목적에 한정되어 있었다. 그러나 앞으로 펼쳐질 4차 산업혁명시대의 자동차는 운송수단의 개념을 넘어 디지털 네트워크 디바이스Digital Network Device로 활용될 것이다. 이미 유럽을 비롯해 선진국들은 화석연료를 사용한 자동차를 판매 금지할 계획을 발표했다.

프랑스 정부는 2040년 이후 화석연료 자동차 판매를 금지했고, 노르웨이는 2025년부터 내연기관 자동차 판매를 금지하는 법안이 통과되었다. 독일을 비롯해 유럽 각국은 2030년 이후 화석연료를 사용하는 자동차 판매 금지를 적극 추진하고 있다. 유럽연합EU이 도입한 경유차 배기가스 규제단계인 유로6 기준에 따라 상용차의 배출가스 기준이 매우 엄격해졌다. 유로6 기준을 맞추려면 신형 엔진을 개발하거나 공해저감장치를 추가해야 하기 때문에 주요 완성차업체들은 전기차를 비롯해 화석연료를 대체하는 새로운 형태의 에너지원으로 운행이 가능한 자동차를 만드는 데 막대한 규모의 투자를 거듭하고 있다.

이제 머지 않아 화석연료를 사용하는 자동차는 더 이상 볼 수 없게 되고 전기 자동차나 다른 재생에너지를 사용하는 자동차가 거리를 돌아다니게 될 것이다. 단순히 에너지원이 바뀌는 데 그치지 않고 자동차의 가치와 사용 목적이 바뀌게 될 것이다. 만일 자동차가 단순히 운송수단이 아닌 일정을 체크해서 알려주는 비서 역할을 하고, 집안 냉장고에 비어있는 식료품 정보를 제공해서 쇼핑 정보까지 제공하며, 내뿜는 숨에서 건강 정보를 수집해 주치의에게 전송하고, 필요한 건강관리 정보를 제공해 주는 기능을 한다면 어떨까?

더 이상 자동차는 운송수단이 아닌 일상생활에서 동반자가 될 것이다. 이때 사람과 주고받는 데이터는 어마어마하게 증가하고 다시 이를 활용한 서비스 역시 다양해지고 품질도 높아질 것이다.

| 미래의 자동차 |

노동의 미래

4차 산업혁명에 따른 가장 큰 변화 중 하나로 노동이 꼽힌다. 노동이란 인간에게 필요한 것들을 얻기 위해 노력하는 활동으로 온전히 인간의 힘으로 무언가를 만들어 내거나 변화시키는 것을 의미한다. 노동 이외에도 많은 부분들이 변화하겠지만 이전의 산업혁명을 들여다보면, 결국 기술 발달과 함께 노동의 질이 바뀌었고, 노동의 방식도 많은 변화를 가져왔다. 노동의 범위를 어디서부터 어디까지 할 것인지의 논의는 나중에 하더라도 기본적으로 사람의 힘과 노력이 들어가서 인간생활에 필요한 것으로 변화시키는 모든 행위를 노동이라 한다. 따라서 노동은 최소한의 투입으로 최대한의 결과를 얻는 것이 중요하다.

산업화와 정보화 시대를 거쳐 이제 초연결 사회로 진화하면서 노동의 질과 형태는 달라질 수밖에 없다. 노동의 질은 삶의 여유와 관련되고, 노동의 형태는 유연한 삶과 다양성과 관련될 것이다. 인공지능과 머신러닝, 빅데이터, IoT 등과 같은 기술은 노동의 질을 높이고 유연한 삶이 가능하도록 만드는 촉진제 역할을 하게 될 것이다.

농작물을 수확하기 위해 밭을 갈고 물을 주는 행위도 노동이고, 보석을 만들기 위해 원석을 캐내고 다듬는 활동도 노동이다. 사무실 내에서 이루어지는 노동을 예로 들어 보자. 김대리는 매일 아침에 출근하자마자 전날까지 거래된 주식, 채권, 금, 원유 등의 시세를 조회하여 엑셀에 붙이고, 당일 날씨 정보를 추가로 붙인다. 그리고 전날까지 전국 매장에서 발생한 매출을 집계하고 매장별 매출 순위를 매긴다. 매출 순위에 따라 상위 10개 매장에는 축하 메시지와 함께 격려 차원에서 지점장에게 5만 원 상당의 모바일 상품권을 지급한다. 하위 10개 매장에는 프로모션을 독려하는 메일과 함께 쿠폰을 발행할 수 있는 권한을 부여한다. 다시 또 다음날이 되면 일련의 업무를 반복하여 수행한다.

'미래 노동의 특징'에서 보는 상황은 복잡한 듯하지만, 실제로는 매우 단순하고 반복적인 일이며, 대량의 일을 처리하는 것이 필요할 때로 한정된다. 고도의 판단이 필요하거나 복잡한 로직이 설계되어 있는 일이 아니기 때문에 누구나 교육만 받으면 할 수 있는 일이다. 이러한 단순하고 반복적인 일은 앞으로 로봇이 대신하게 될 가능성이 높다. 특히 실제 사람의 힘으로 하는 일이 아닌 컴퓨터를 활용한 업무일 경우에 더욱 그러하다. 사람을 대신해 주는 소프트웨어의 발전이 매우 빠르게 진행되어 왔고 이제 웬만한 조회나 정리, 단순 보고는 로봇이 대신할 수 있는 수준이 되었다.

앞으로 4차 산업혁명 시대에서 노동은 어떻게 변화할까? 위의 사례에 나오는 일들의 대부분은 다른 형태로 대체가 가능하다. 단순히 조회하고 문서에 붙여서 메일로 보고하는 정도의 일은 로봇사무자동화RPA, Robotic Process Automation를 통해서 대체할 수 있다. 로봇사무자동화는 소프트웨어 형태로 되어 있는 로봇이 프로세스를 자동화해서 반복적이고 단순한 일을 대신해 주는 것이다. 프로세스를 표준화할 수 있는 반복적이고 단순한 일은 이제 로봇이 대신해 주는 세상이 된 것이다. 전날 인터넷뱅킹을 통해 지급 처리된 내역을 다시 수집하고, 승인된 지급전표 리스트와 함께 대사하여 차이가 있는지 여부를 정리한 보고서를 CFO(재무담당 임원)에게 이메일로 송부하는 일은 이제 사람이 하지 않아도 로봇이 정해진 시간에 척척 해내는 세상이다.

특정 키워드를 검색해서 주요 미디어에서 뉴스를 스크랩하거나 주요 관심사 기준으로 공공 조달 사이트에서 입찰공고를 수집하는 일 역시 이제 로봇이 대신해 준다. 단순히 조회하고 수집해서 보고하는 일은 그 순서와 처리 방식만 정의하면 표준화하기 쉽고 단순하다. 그렇기 때문에 로봇에게 단순하고 반복적인 일은 로봇에게 맡기는 것이 훨씬 효율적일 수 있다. 실제 이러한 수준의 일은 로봇이 약 200명분의 일을 처리할 수 있다고 하니 기업 입장에서는 인건비절감과 동시에 효율성과 정확성을 확보할 수 있으므로 로봇의 도입을 고려하지 않을 수 없다. 최근 많은 기업들이 앞다투어 로봇사무자동화RPA를 도입하는 이유도 직간접적으로 성공의 경험이 있기 때문이다.

그러나 여기서 간과하지 말아야 할 것은 효율성만을 지나치게 추구하다 보면 기업의 가장 기본적인 구성 요소인 사람People을 놓칠 수 있다는 것이다. 사람이 제공하는 노동력은 단순히 힘에 의한 것만이 아닌 깊은 고뇌와 분석을 통한 통찰력을 얻는 과정도 있고, 협력을 통한 시너지도 있다. 로봇이 인간의 노동력을 대체하는 것을 고민하기에 앞서 남는 노동력을 어떻게 활용할지를 함께 고민해야 한다.

그리고 남는 노동력을 그대로 다른 곳으로 전가시키는 것은 바람직하지 않다. 그것은 효율성만을 추구한 나머지 일자리만 감소시킬 뿐, 생산성 향상이나 고부가가치제품 개발과는 거리가 먼 비용절감 전략에 그칠 수 있다. 노동력의 대체나 노동력의 수평 이동은 결국은 제로섬 게임이 될 수 있기 때문에 남는 노동력을 활용해 더 가치 있는 일에 투입함으로써 마치 은행에 예금한 돈에 이자가 붙듯이 가치를 더할 수 있는 방안을 모색해야 한다. 따라서 단순히 사람이 하던 일을 로봇으로 대체해서 고용을 줄이기보다는 교육과 훈련을 통한 재배치가 필요하다.

또한 로봇으로 대체된 자리에도 사람의 판단이 필요한 경우가 있을 수 있기 때문에 가치판단이 필요하거나 조금 더 복잡한 일에 사람의 노동력을 투입하는 것이 필요하다. 여기서 고려해야 하는 것이 바로 노동력의 생산성과 부가가치다. 단순한 노동력의 이동은 아무런 부가가치가 없다. 오히려 일자리 감소로 인한 사회적 혼란만 가중시킬 수 있다. 그리고 노동력과 생산성을 일대일 개념으로 생각하기보다 로봇으로 인해 대체되는 노동력은 생산성이 더 높은 일로 이동하고, 부가가치를 높이기 위한 일을 할 수 있도록 투자가 뒤따라야 한다.

로봇을 비롯한 4차 산업혁명의 주요 기술들이 인간의 노동력을 대체함으로써 발생하는 잉여 노동력을 생산성이 높은 다른 업무로 배치하거나 창의적인 업무에 배치하는 것이 필요하다. 당장 눈에 보이는 성과가 나오지 않을 수도 있으나 이러한 변화의 시도가 결국은 노동의 미래를 이끌어 갈 수 있는 중요한 열쇠가 될 것이다. 이는 사회구조의 변화와도 관련된 문제이기 때문에 정부도 관심을 갖고 지속적인 지원 대책을 마련하는 것이 필요하다. 노동의 미래는 기업과 노동자 그리고 정부가 함께 나설 때 풍요로운 세상을 만드는 원천이 되기 때문이다.

| 미래 노동의 특징 |

유형	과거의 노동	미래의 노동
노동의 주체	• 사람, 기계	• 지능, 소프트웨어, 로봇
노동력 투입	• 정해진 시간 내 집중	• 로봇으로 대체, 로봇에 의한 생산성 극대화
노동 프로세스	• 워킹 프로세스 (Working Process)	• 씽킹 프로세스 (Thinking Process)
노동의 방식	• 표준화된 작업 프로세스 • 정해진 룰(Rule)에 맞추어진 노동력 투입	• 단순, 반복적인 업무는 로봇이 대체 • 인간의 사유와 분석이 필요한 업무는 인간 고유의 업무로 유지
필요한 인재상	• 긍정적인 태도 • 일에 대한 열정 • 숙련된 기술	• 개방형 태도(협업, 정보 취득) • 분석적 사고 • 디지털 활용 능력
노동의 가치 극대화	• 암묵적 지식의 활용 • 폐쇄적 숙련 지식 전수	• 정보 공유 및 활용 • 자발적 학습 참여

찰리 채플린이 감독과 주연을 맡아 1936년 개봉한 영화 〈모던 타임즈〉에 보면 거대하고 육중한 기계가 즐비한 공장에 노동자들이 출근해서 하루 종일 일만 하는 장면이 나온다. 주인공인 찰리는 하루 종일 공장에서 나사못을 조이는 일을 하고, 음식을 자동으로 먹여주는 기계의 테스트 대상이 되는 장면이 나온다. 사장은 하루 종일 노동자들을 화면을 통해 감시하고 화면상으로 업무 지시를 내린다.

〈모던 타임즈〉는 급격히 산업화되어 기계가 인간의 노동력을 대체하면서 인간의 기계화를 우려했던 당시의 시대상을 반영한 영화로 큰 반향을 일으켰던 작품이다. 당시 산업화의 여파로 기계가 생산 현장에 보급되고 사람들은 컨베이어 벨트에서 단순 반복적인 업무를 주로 했다. 대부분의 생산 업무가 분업화되어 일의 효율성만 추구하던 당시의 모습을 보면 지금 우리가 고민하고 헤쳐 나가야 할 노동의 미래에 대해 다시금 생각하게 한다.

편의성과 효율성을 추구하되 인간 고유의 역할과 창의성을 활성화시키기 위한 노력은 인간이 로봇과 함께 동반자로서 상생하는 데 중요한 원칙이 되어야 한다. 인간은 늘 어려운 상황을 헤쳐 나갔으며, 변화에 적응해 왔다. 그 와중에도 성장을 멈추지 않았다. 노동의 변화로 인해 어떤 직업은 사라질 수도 있고, 어떤 직업은 새로 생겨날 것이다. 그 와중에 남들보다 많은 과실을 얻는 사람도 있을 것이고 도태되는 사람도 생겨날 수 있다. 그러나 변화에 적응하는 노력과 더불어 모두에게 이로운 방향으로 기술이 발전해야 하고 윤리적인 성장이 이루어져야 한다. 4차 산업혁명 시대에 변화하는 노동은 투입 대비 결과가 훨씬 더 많아서 모두가 풍요로울 수 있도록 해야 한다.

데이터 친화적 인재를 육성하라

최근 금융권을 중심으로 디지털 기술이 향후 성장을 이끌 것이라는 판단하에 디지털 친화적 인재 영입에 공을 들이고 있다. KB금융그룹, 신한금융지주, 우리금융지주 등을 비롯해 주요 금융기관들은 데이터를 활용한 금융 서비스를 총괄하는 임원을 선임하거나 외부에서 전문가를 영입하고 있다. 이렇게 디지털 인재 영입에 적극적인 이유는 비즈니스 영역 확장을 하기 위한 측면도 있지만 엄청난 양의 데이터를 통해 잠재된 리스크를 줄이기 위한 노력을 체계적으로 시스템화하기 위한 면도 있다. 이러한 변화의 기저에는 금융 서비스가 성장하기 위해서는 데이터에 주목해서 금융 리스크와 운영 리스크를 낮추고, 서비스 경쟁력을 강화해야 한다는 데 목적이 있다. 아무리 훌륭하게 갖추어진 IT 시스템이라 할지라도 그로부터 생산되는 데이터를 비즈니스에 활용하지 못하면 그 가치가 반감될 수밖에 없기 때문이다.

데이터를 활용하지 못한다는 것은 풍부한 자원을 갖고도 활용하지 못하는 것과 같은 상황이다. 최근 실제로 글로벌 기업들을 중심으로 IT 인프라 담당 임원과 데이터 활용과 서비스를 담당하는 임원으로 분리하는 기업들이 늘어나고 있다. 두 가지 모두 기업 운영에 있어서 매우 중요한 요소이기 때문에 균형 있는 시각으로 전략이 수립되고 운영되어야 한다. 만일 IT 담당 임원CIO의 개인적 선

| 4차 산업혁명 시대에 요구되는 인재 유형 |

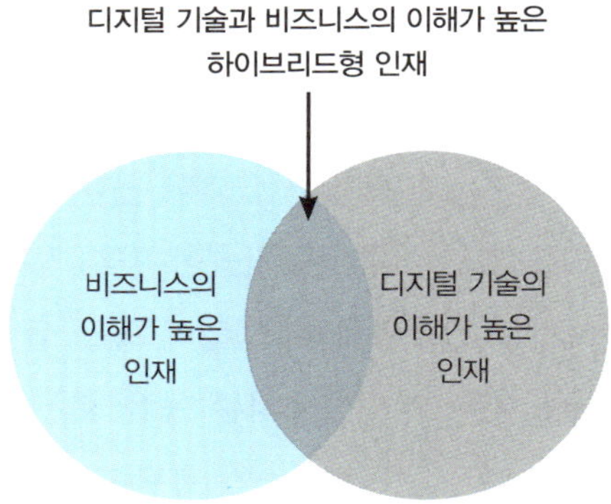

호나 가치관에 의해 한쪽 분야가 소홀해질 경우 오히려 기업의 경쟁력이 약화되거나 적절한 인프라 구축을 하지 못해 손실을 입을 가능성도 적지 않다. 데이터는 IT 시스템에서 생성되고 저장되며 분석되지만 제대로 활용하기 위해서는 데이터를 수집하고 저장하는 단계서부터 연결하고 조합하는 과정이 필요하다. 이를 통해 더 가치 있는 정보로 재탄생시킬 수 있다.

데이터에 가치를 더하기 위한 설계를 '데이터 아키텍처' 설계라고 한다. 데이터 아카텍처 설계의 핵심은 데이터가 생성되고 폐기되는 전 과정인 '데이터 라이프 사이클Data Life Cycle' 관점에서 이루어져야 한다는 것이다. 데이터의 생성과 폐기까지 누가, 왜, 어떻게 데이터를 다루고 활용하는지도 설계에 포함되어야 하며, 데이터의 가치, 정보보안 관점 역시 설계에 반영되어야 한다. 과연 어떻게 하면 비즈니스에 데이터를 접목시켜 더 나은 의사결정을 하는 데 도움을 줄 수 있을지 또는 생산계획이나 마케팅 전략에 활용해서 이윤 창출에 직접적인 영향을 미칠지와 같은 비즈니스 관점에서 고민하는 것도 필요하다.

4차 산업혁명 시대에 적합한 인재는 어떤 사람일까? 일반적으로 비즈니스 프로세스에 대한 이해가 높은 사람은 비즈니스 관련 업무 위주로 담당하게 된다. IT 기술에 이해가 높은 사람은 대부분 IT 부서에 배치된다. 그러나 최근에는 이 둘을 합친 융합형 인재에 대한 수요가 높다. 비즈니스 프로세스를 담당하더라도 IT에 대한 이해가 높아서 디지털 기술을 활용해 업무 생산성을 높일 수 있는 인재를 선호하는 경우가 많다. IT 담당자라고 하더라도 비즈니스에 대한 이해를 요구하는 경우가 늘고 있다. 이러한 이유로 디지털 기술을 활용한 비즈니스에 대한 교육을 통해 임직원들의 디지털 역량을 강화하는 추세다. 과거에는 매출이나 손익에 대한 분석 보고서 작성을 위해서는 IT 부서를 통해 시스템에서 산출된 자료를 받아서 가공하여 자료를 만드는 경우가 많았지만 최근에는 직접 데이터에 접근해서 분석 리포트를 만들거나 데이터 분석 도구를 활용해서 업무에 필요한 대시보드를 만들어 팀 내에서 공유하는 경우도 있다. 이렇듯 디지털 전환 시대에 요구되는 인재상은 비즈니스와 디지털 기술에 대한 이해와 활용 능력을 모두 갖추는 것을 요구하기 때문에 그에 맞는 교육 프로그램과 인재 육성 정책에 변화가 필요한 시점이다.

디지털 인재에 투자하라

인간계 현존하는 최고의 축구선수로 크리스티아누 호날두와 리오넬 메시가 꼽힌다. 호날두는 강한 피지컬로 돌파력이 뛰어나고 슈팅력 역시 뛰어나다. 메시는 체구는 작지만 뛰어난 위치 선정과 공간 침투 능력, 그리고 발재간으로 정확한 슈팅이 장점이다. 이 둘의 능력을 합친 선수는 아마도 당분간 나오지 않을 듯하다. 농구도 마찬가지다. 키가 크면서 발이 빠르고 슛이 정확한 선수는 찾아보기 어렵다. 맡은 포지션에 따라 훈련될 경우 전 포지션에 걸쳐 능력을 발휘하기란 더욱더 어렵다.

미국 메이저리그 LA 에인절스의 오타니 쇼헤이는 투타 모두 가능한 것으로 유명하다. 그는 '이도류'로 불리며 231만 5,000달러라는 거액을 받고 메이저리그로 합류했다. 그러나 최근 투수보다 타자로 전향하려는 움직임이 있다. 투수가 쓰는 근육과 타자가 쓰는 근육이 다르기 때문에 이 둘 모두를 잘한다는 것은 거의 불가능에 가깝기 때문이다. 오타니의 사례는 결국 잘하는 한 가지에 집중할 것인가, 아니면 여러 가지를 고루 적절히 해낼 것인가의 문제다.

호날두와 메시가 한 사람일 수 없고, 오타니가 투타 모두 성공하기 어렵듯이 IT 역시 인프라 운영과 데이터 활용을 동일한 관점에서 생각해 볼 필요가 있다. 이 둘을 하나로 묶기보다 분리해서 거버넌스체계를 수립하고 조직의 전략에 맞게 적합한 투자계획을 수립해야 한다. 그러나 많은 기업들이 인프라 위주로 초점을 맞추다 보니 데이터를 비즈니스에 어떻게 적극적으로 활용할지, 지속 성장 가능한 모델로 만들지에 대해 상대적으로 관심이 적은 것도 사실이다. 이 둘에 대한 균형 잡힌 시각으로 투자와 혁신이 이루어져야 보다 높은 투자효과를 기대할 수 있을 것이다.

4차 산업혁명 시대의 인재상은 과거와 다르다. 농업사회에서 공업사회로 넘어가던 시기에는 산업이 재편되었다면 앞으로는 농업, 공업, 서비스업 가리지 않고 디지털 기술이 변화의 촉매제 역할을 하게 된다. 새로운 산업의 탄생보다 기존 산업이 디지털 기술을 만나면서 급격한 변화를 이루는 것이 4차 산업혁명이 갖는 특징이다. 데이터라는 무궁무진한 잠재가치를 지닌 디지털 자원을 활용하는 것이 변화의 핵심이다.

이러한 변화에는 필연적으로 혼란이 야기될 수밖에 없다. 이를 어떻게 극복해 나갈지는 사회 전반의 고민이 필요하다. 디지털 인재 육성은 학교 교육만으로는 부족하며 기업에서 일정 부분 부담

해야 하는 측면도 있다. 숙련된 산업 기술과 디지털 기술을 접목시킬 때 시너지가 나는 경우가 많기 때문이다. 시스템적인 영역과 예술적인 영역의 조화를 이룰 수 있도록 하는 것이 디지털 트랜스포메이션 과정에서 디지털 인재 육성에 필요한 시각과 철학이다.

디지털 기술은 시스템 측면에서 더욱 강화되어야 하겠지만 여전히 변화무쌍한 비즈니스 환경에서 어떻게 하면 보다 합리적으로 의사결정을 할 수 있을지 다양한 고민이 필요하다. 이와 더불어 예측 불가능한 복잡한 세상에서 미리 변화의 흐름을 예측하기 위한 노력도 필요하다. 그런 의미에서 시스템적인 발전과 더불어 예술적인 발전도 반드시 함께 이루어져야 할 것이다.

디지털 전환에 투자하라

디지털 트랜스포메이션Digital Transformation은 디지털 기술을 적용해 혁신을 추구하는 것을 말한다. 디지털 기술은 일종의 사회현상처럼 붐이 일고 있다. 그러나 이것이 일회성에 그치는 유행은 아니다. 비즈니스에 디지털 기술이 접목되면서 제품과 서비스의 품질이 개선되고, 고객가치와 만족도가 향상되며, 업무 효율성이 증가되는 긍정적인 효과를 기대할 수 있다. 그로 인해 재무적 성과가 개선되고 조직의 역량이 강화될 수 있기 때문에 기업들은 디지털 전환에 투자를 늘리려는 추세다.

최근 글로벌 기업들은 예전과는 다른 방식의 IT 투자계획을 수립하고 있다. IT 인프라는 소유의 개념보다 서비스의 개념으로 접근해서 클라우드 환경으로 전환하고 있다. 클라우드 환경은 빠르고 자주 변화하는 비즈니스 환경과 사용자 요구에 민첩하게 대응하는 데 용이하기 때문에 최근 기업들이 전환을 서두르고 있다. 또한 '디지털 트랜스포메이션'이 가속화되면서 데이터 기반 비즈니스가 중요하게 부각됨에 따라 데이터와 관련된 인프라는 클라우드 환경이 유리하기 때문에 IT 투자전략 중 클라우드의 우선순위가 높다. 데이터는 이제 비즈니스에서 떼려야 뗄 수 없는 필수 요소가 되고 있다. 그런 측면에서 데이터를 활용하는 데 초점을 맞추어 디지털 전환 투자가 이루어지고 있다.

기존의 IT 투자는 업무 프로세스를 시스템화하는 데 초점이 맞추어져 있었다면, 이제는 업무 효율성을 넘어 IT를 통해 비즈니스에 직접적인 도움을 얻을 수 있도록 하는 방안을 고려하는 기업들이 늘어나고 있다. IT 인프라 투자도 물론 중요하지만 이를 운영하는 과정에서 생산되는 데이터에 주목하고, 이를 적극적으로 활용하려는 기업들이 늘어나고 있다. 즉, 컨텐츠를 만들어 내기 위한 시스템과 그로부터 생산되는 데이터라는 컨텐츠를 비즈니스에 활용하고자 하는 것이다. 이를 반영하듯 데이터를 저장, 관리, 활용

| 디지털 전환에 따른 긍정적 영향 |

기대효과	제품 및 서비스 품질개선	고객가치 및 만족도 향상	업무 효율성 증가
원인	효율성 증대	조직구성원의 업무 몰입도 증대	성장 및 혁신 촉진
목적	인적 · 물적 자산과 디지털 역량의 조화		

하기 위해 데이터 거버넌스, 데이터 아키텍처, 데이터 애널리틱스, 데이터 컬처가 디지털 혁신을 추진하는 기업들을 중심으로 중요한 화두로 떠오르고 있다.

플랫폼 전쟁에 돌입한 4차 산업혁명 시대

4차 산업혁명 시대에 들어서면서 플랫폼 비즈니스가 대세다. 플랫폼을 통해 확장할 수 있는 비즈니스가 무궁무진하며, 그 안에서 발생하는 네트워크 효과에 의해 가치 창출이 가능하기 때문이다. 플랫폼 비즈니스 사례를 말할 때 '북청 물장수'를 예로 들기도 한다. 조용호의 〈플랫폼 전쟁〉에 보면 플랫폼 시대를 북청 물장수에 빗대어 설명한다. 북청 물장수의 조직적 사업화를 플랫폼 비즈니스로 본 것이다. 여기에 조금 더 보태서 플랫폼 비즈니스의 중요성을 논하고자 한다.

2016년 인기리에 방영된 드라마 〈응답하라 1988〉에 보면 '반갑구만 반가워요'라는 그 시절 유행어가 나온다. 1986년부터 KBS에서 인기리에 방영된 〈유머1번지〉의 '북청 물장수'에서 나왔던 유행어다. 가난하고 고단했던 시절 북청 물장수들의 삶의 애환을 코믹하게 그려낸 인기 코너였다. 북청 물장수란 깨끗한 물이 귀하던 조선 말기 삼청동三淸洞 공원 안에 있는 약수터 물을 길어다 팔던 함경도 북청 출신 사람들을 일컫는다. 초기 한두 사람으로 시작된 것이 일손이 모자라 고향 사람들을 불러 모아 조직적으로 물장사를 한 것이 북청 물장수의 유래다.

북청 물장수의 조직화된 물 비즈니스는 물을 사고자 하는 수요자와 팔고자 하는 공급자를 연결해 주는 일종의 '플랫폼 비즈니스'였다. 밥을 짓기 위해 깨끗한 물이 필요한 사람들은 북청 물장수 타이틀을 걸고 물장사를 하던 사람들을 찾게 되면서 물을 찾는 사람들과 물장수 간의 '시장市場'을 형성하게 된 것이다. 여기서 중요한 것이 수요자와 공급자를 연결하는 장場을 마련했다는 것이 플랫폼 비즈니스의 핵심이다.

그렇다면 이 플랫폼이 유지되기 위해서는 무엇이 필요할까? 바로 정보의 응집, 흐름, 공유가 플랫폼 비즈니스의 핵심이다. 플랫폼 비즈니스는 일종의 생태계를 형성하는 일이다. 생태계가 유지되기 위해서는 플레이어들이 살아남기 위한 먹이와 경쟁을 통해 얻어지는 이익이 있어야 한다. 북청 물장수 플랫폼에서 정보의 응집은 양질의 서비스가 어디에서 이루어지는지에 대한 효과적인 홍

| 플랫폼 비즈니스의 특징 |

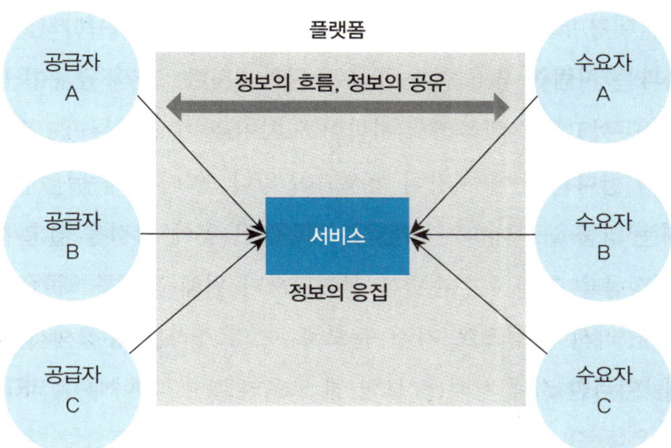

보와 고객의 경험이 '북청 물장수'라는 브랜드를 만들어 낸 것이다. 정보의 흐름에서 고객은 서비스 요청이 쉽게 이루어지고 물장수에게 이러한 수요가 바로 전달되는 것이 중요하다. 수요와 공급은 그 양도 매우 중요하지만 적절한 타이밍도 중요하기 때문이다.

정보의 공유는 투명한 플랫폼 유지에 필수 요소다. 플랫폼 내에서 제공되는 서비스의 품질을 저해하면 바로 고객 리뷰를 통해 정보가 공유되어야 하고, 서비스 공급자인 물장수 역시 수요에 대한 정보와 더불어 서비스가 이루어지는 플랫폼의 운영과정에 대한 정보가 공유되어야 한다. 1920년 무렵 국가 차원의 상수도 시스템이 생겨나면서 '북청 물장수'는 추억 속의 개그 소재로만 남았다. 그러나 이른바 '물 비즈니스'는 여전히 국가가 주도하는 상수도 서비스와 생수 판매, 정수기 판매 등으로 진화되어 왔다.

흔히 기차역의 탑승 대기장소를 '플랫폼'이라고 한다. 플랫폼은 기차를 타고자 하는 사람과 기차가 정차하는 공간으로 한자로 번역하면 장場을 뜻한다. 가장 대표적인 플랫폼이 바로 재래시장, 백화점, 대형마트 등이다. 많은 사람이 모이는 곳에 수요가 생겨나고, 파는 사람이 많을수록 공급이 원활해지며, 가격 균형이 맞게 된다. 동서고금을 막론하고 사람이 넘치며 돈이 오가는 곳, 수요와 공급이 만나는 곳에 시장이 형성되어 왔다. 인터넷이 발달하기 전까지는 상품을 판매하기 위해서는 목 좋은 곳에 상점을 열고 눈에 띄게 상품을 진열하며 손님을 끌어모으기 위해 홍보를 해야 했다. 구매자 역시 상점으로 가서 눈으로 보고 가격을 흥정해서 사야 했다. 이러한 소매 거래를 '브릭 앤 모르타르Brick and Mortar'라고 부른다.

여전히 많은 소매점이 운영되고 있지만 인터넷이 발달하면서 온라인 쇼핑몰인 '클릭 앤 모르타르Click and Mortar'가 생겨나기 시작했다. 최근에는 오프라인과 온라인 판매 채널을 동시에 유지하는 옴니 채널이 유통 비즈니스 전략에 있어서 중요한 요소가 되었다. 스마트폰 보급이 폭발적으로 증가하면서 이제는 온라인 매출이 오프라인 매출규모를 앞지르기 시작했으며, 그중에서도 모바일 채널 비중이 나날이 높아지고 있다. 이러한 변화의 이유로 최근에는 디지털 우선Digital First 전략을 위해 '디지털 트랜스포메이션'을 추진하는 유통기업들이 늘어나고 있다.

온라인 유통사업 발전과정

1995년	2008년	2010년	2015년	2016년	2020년
아마존/이베이 서비스 시작	소셜커머스 그루폰 서비스 시작	모바일 기반 소셜커머스 쿠팡, 티몬 서비스 시작	새벽 배송 서비스 마켓컬리 서비스 시작	신선식품 배송 서비스 본격화	온라인 커머스 매출규모 오프라인 추월

4차 산업혁명 시대에 접어들면서 플랫폼 비즈니스가 더욱 화두가 되고 있다. '승자 독식', 즉 "승자가 모든 것을 가진다The winner takes it all"는 말이 있다. 이 말은 모바일 플랫폼 비즈니스에 딱 들어맞는 말이다. 플랫폼 전쟁에서 승리한다는 것은 플랫폼에 참여하는 플레이어가 수요자이거나 공급자이거나 또는 반대의 경우도 될 수 있고, 그 안에서 활발하게 정보가 유통되고 거래가 일어나는 환경이 구축된 것을 의미한다. 플랫폼은 경제학적으로는 '네

트워크 효과Network Effect' 또는 '망 외부성Network Externalities'으로 설명된다.

쉬운 예로, 마이크로소프트사의 오피스MS-Office를 들 수 있다. 오피스 사용자가 일정 수준을 넘어가면서부터 이제 업무용 문서 편집 소프트웨어는 MS사의 오피스를 사용할 수밖에 없다. 사용자의 수가 어느 임계점을 넘어가면서부터는 자발적인 참여자가 늘어나고, 네트워크 참여자들은 그로 인해 더욱 큰 가치를 느끼게 된다. 플랫폼 비즈니스의 중요성은 모바일 시대로 넘어오면서 더욱 높아졌으며, 경쟁은 더욱 치열해졌다.

국민 모바일 메신저라 불리는 '카카오톡'은 2010년 처음 서비스를 시작한 이래로 2018년 기준으로 시장점유율이 94.4%에 달한다. 사실상 전 국민의 모바일 메신저라고 해도 지나치지 않다. 카카오톡은 기본적으로 무료 서비스다. 모바일 메신저 서비스는 무료이지만 그 플랫폼과 연계된 각종 유료 서비스나 모바일 커머스로 수익을 창출하고 있다. 최근에는 핀테크 사업자로 선정되면서 2019년부터 카카오뱅크를 서비스하고 있다. 카카오페이는 2018년부터 오프라인 결제 서비스가 시작되면서 모바일 커머스 시장과 연계하여 서비스를 제공하고 있다. 카카오톡은 전 국민이 사용한다고 해도 과언이 아니다. 단순히 사용자 수만 많이 확보한 것이 아니라 하루 종일 카카오톡 앱을 사용하는 시간이 매우 길기 때문에 이를 이용한 수익사업을 카카오톡 플랫폼에서 운영하고 있다. 카카오톡에는 '선물하기', '이모티콘', '쇼핑하기', '주문하기' 등 다양한 서비스가 탑재되어 있다. 카카오톡을 매개로 충성고객을 대상으로 유료 서비스로 유도하기 매우 쉽다. 이러한 사례를 보면 모바일 플랫폼의 성공은 무한한 확장력이 있어 매우 매력적인 비즈니스 모델이다.

모바일 플랫폼은 그야말로 총성 없는 전쟁이다. 모바일 기술이 비약적으로 발전함에 따라 일상생활뿐만 아니라 업무, 교육, 쇼핑, 유통, 식품, 여행, 레저 등 다양한 비즈니스가 모바일을 통해 이루어지는 시대가 되었다. 각 서비스의 경쟁력도 중요하지만 어떤 플랫폼과 연계되어 서비스를 공급하는가도 중요한 성공 요인이 된 것이다. 그 이유는 사용자를 끌어모으고, 사용자 간 정보 공유, 플랫폼 내의 타 서비스와 연계를 통한 시너지 등을 통해서 선순환 생태계를 만들 수 있기 때문이다. 모바일 안의 플랫폼을 지배한다면 그 안에 무궁무진한 비즈니스 기회를 얻을 수 있다. 우리 일상생활과 관련된 대부분의 비즈니스가 모바일 플랫폼으로 수렴되고 있다고 해도 과언이 아니다.

2010년 노키아의 CEO로 취임한 스티븐 엘롭은 직원들에게 보낸 이메일에서 "노키아의 플랫폼이 불타고 있습니다. 얼음바다로 뛰어들 각오를 해야 합니다"라는 말을 전했다. 경쟁사들과 플랫폼 전쟁에서 밀려 사업이 휘청거리고 있음을 우회적으로 표현한 것이다. 노키아는 모바일 애플리케이션을 탑재하는 플랫폼이 '안드로이드'와 'iOS'로 양분되는 과정에서 적극적으로 대응하지 못한 것이 모바일 디바이스 시장에서 시장지위를 잃게 만드는 계기가 되었다.

플랫폼 전쟁의 최후의 승자는?

4차 산업혁명 시대의 플랫폼 전쟁은 누가 얼마나 다양한 양질의 서비스와 정보를 손쉽게 사용할 수 있도록 소비자에게 제공할 것인가에 달려있다. 플랫폼의 경쟁력은 '빅데이터' 분석 기술과 '인공지능AI' 기술을 활용한 자가발전형 플랫폼을 구축해 양질의 정보를 생산해 내는 것으로 판가름 날 수 있다. 거기에 더해 동시에 많은 사용자들이 사용하여 데이터가 수집되는 환경을 구축하는 것이 중요하다. 사용자의 참여로 더욱 많은 데이터가 수집되고, 수집된 데이터를 학습시켜 양질의 정보 제공이 가능하다.

매번 명절이 되면 3천만 명 이상이 고향을 찾는 민족 대이동이 시작된다. 일시에 수많은 사람들이 이동하는 만큼 어느 길로 어느 시간대에 가야 조금이라도 더 빨리 갈 수 있을지가 귀성객들의 관심사다. 과거에는 명절 때면 TV나 라디오에서 전해주는 교통 상황에 의지해야 했다. 이때가 되면 모든 귀성객들은 교통 정보에 촉각을 세운다. 그런 사용자 요구를 충족시키기 위해 ICT(정보통신기술) 기업들은 내비게이션 플랫폼 전쟁에서 승리하기 위한 전략들을 내놓고 있다. 주요 ICT 기업들은 기존 내비게이션 서비스를 개선해 '빅데이터'와 'AI(인공지능)' 기술을 활용한 이른바 '똑똑한 내비게이션'을 속속 내놓고 있다.

SK텔레콤의 티맵, 카카오의 카카오내비는 음성인식과 실시간 빅데이터 분석을 통한 정교한 길 안내 서비스를 제공하고, 주변 맛집 정보 제공, 음악 스트리밍 서비스, 지역별 여행지 정보 제공 등을 통해 수익을 창출한다. 내비게이션 자체는 플랫폼으로 무료 서비스지만 각종 광고를 비롯해 내비게이션 사용자들에게 제공하는 다양한 부가 서비스는 연계 사업자들로부터 수익을 얻는 기반이 된다. 양질의 정보는 사용자들에게 귀성시간을 단축시켜 주는 효과도 있지만 통행량 분산으로 에너지 절감, 맞춤형 광고를 통한 상권 지원 등의 순기능도 있다.

그 외에도 내비게이션 사용자들의 운행 정보를 축적해 타 업체에 제공하는 방식으로 기업 간 비즈니스B2B가 가능하다. 플랫폼 사업자는 사용자별로 과속, 급정거 횟수 등의 정보를 분석해 운전습관을 유형화하고 사고 위험성을 평가할 수 있다. 고위험군 사용자 정보를 보험사에 제공하고 보험사는 이를 근거로 개인별 맞춤형 보험료 산정을 하거나 저위험군 사용자들에게는 보험료를 할인해 주는 식의 마케팅을 할 수 있다. 운전습관은 자동차 내구성에도 영향을 줄 수 있기 때문에 유지보수 필요를 사전에 예측해서 알려줄 수도 있을 것이다. 또한 주요 경로를 분석해 맞춤형 상품 정보나 음식점 정보 제공을 통해서 광고 수익도 얻을 수 있을 것이다.

통신사, 모바일업체, 완성차업체 등 다양한 산업에서 '빅데이터' 분석과 'AI(인공지능)' 기술을 적용하여 사용성을 높이기 위한 노력을 하는 이유는 내비게이션이라는 플랫폼 지배를 통해 다양한 비즈니스로 진출하고 데이터 축적을 통해 수익 창출의 기회를 얻을 수 있기 때문이다.

4차 산업혁명 시대를 이끌어 가는 기술로 '빅데이터', 'AI(인공지능)', '머신러닝', 'IoT', '블록체인' 등을 꼽는다. 이 모든 기술은 데이터의 축적, 처리, 분석, 활용을 거쳐 실시간 최적화를 실현할 때 진정한 가치를 창출할 수 있다. 가치 제공은 곧 소비자의 지갑을 열게 하고, 네트워크 효과를 통해 시장 지배력을 강화하는 수단으로 활용될 수 있다.

플랫폼 전쟁에서 승리하기 위해서는 '자가발전'을 위한 임계 사용량(사용자 수, 트래픽)인 '크리티컬 매스Critical Mass'에 도달하기 위해 '빅데이터' 분석 기술과 축적된 데이터를 활용한 'AI(인공지능)' 기술을 고도화하는 데 끊임없는 노력이 필요하다. 앞으로도 명절 때가 되면 각 통신사와 모바일업체의 플랫폼 전쟁터가 될 것이다.

중국의 과거와 현재 그리고 미래

마오쩌둥의 주도로 1976년까지 지속된 '문화대혁명'이 끝나고 개혁, 개방, 실용주의 노선을 주장한 덩샤오핑이 1978년부터 집권하면서 중국은 시장경제를 받아들이기 시작했다. 덩샤오핑의 대외개방 정책에 따라 중국의 경제특구에 입주하는 기업들에게 파격적인 세금혜택과 특혜가 제공되었고, 노동력이 풍부한 중국으로 공장을 이전하는 기업들이 폭발적으로 증가했다. 소위 '인해전술'이라 할 만큼 값싼 노동력으로 인해 노동집약적인 제조업이 중국에 편중된 상황이고, 전 세계에서 유통되는 상당수의 공산품이 중국에서 만들어지다 보니 중국을 '세계의 공장'이라 부를 정도였다. 이로 인해 제조업이 중국 경제를 일으켜 세우는 핵심 산업이 된 것이라고 봐도 무방하다.

지금의 중국은 어떤가? 중국 온라인 쇼핑의 대명사인 '알리바바'

는 2019년 매출이 전년 대비 40% 이상 성장했다. 알리바바는 2020년 광군제에서 83조 9,000억 원의 매출을 달성했다. 단일 기업이 하루 동안 올린 매출이라고 하니 실로 대단한 규모다. 알리바바는 이렇게 온라인 커머스 시장에서 어마어마한 실적을 거두면서 사실상 온라인 시장의 지배자가 되었다. 알리바바 외에도 징둥닷컴이나 텐센트와 같은 IT 기업들의 가치는 날이 갈수록 높아지고 있다. 모바일과 전자제품 기업인 '샤오미'와 '화웨이'는 더 이상 저가 상품 제조사로만 볼 수 없을 정도로 급성장했다. 중국 정부의 강력한 지원 아래 IT 기업들은 고도성장을 거듭했다. 그 결과, 기업가치가 560억 달러에 달하는 '디디추싱'이란 택시 호출 서비스 기업 외에도 다수의 유니콘 기업이 탄생했다. 지금도 수많은 스타트업들이 제2, 제3의 '알리바바'와 '텐센트'가 되기 위해 도전하고 있다.

중국을 방문하면 가장 눈에 띄는 것이 있다. 어느 상점을 가더라도 카운터 앞에 놓인 알리페이(쯔푸바오)나 위챗페이(웨이신쯔푸)라 불리는 모바일 결제 시스템을 사용한다. 중국인들은 지갑에 카드를 넣어 가지고 다니지 않는다. 아무리 작은 상점이라 할지라도 알리페이나 위챗페이와 같은 모바일 결제가 가능하다. 심지어 길거리에서 양꼬치를 사먹을 때도 모바일로 결제한다. 한국의 신용카드 문화와는 많이 다른 중국의 모바일 결제 시스템을 보면 중국의 모바일 기술이 생활 전반에 얼마나 파고들었는지 짐작하게 한다. 우리나라보다 PC 세대를 짧게 거치고 모바일 세대로 빠르게 전환한 중국은 이미 모바일 커머스를 비롯해 각종 모바일 기술이 빠르게 성장하고 있다.

텐센트는 모바일 메신저 위챗과 위챗페이를 서비스하는 기업이다. 위챗은 중국 내의 거의 모든 서비스가 모여 있다고 해도 과언이 아니다. 위챗은 10억 명 이상이 사용 중이고, 하루에 450억 건 이상의 메시지가 오가고 있다. 모바일 메신저 외에도 온라인 게임, 뱅킹, 쇼핑, 각종 O2O Online to Offline 서비스 등을 제공하고 있다. 그 외에도 농산물 거래 플랫폼인 '메이차이', 배달음식 주문 서비스인 '으어러머', 인테리어 가격비교 서비스인 '지찌아' 등 생활과 밀접한 서비스가 모두 모바일을 중심으로 이루어지고 있다. 중국은 지금도 온라인과 오프라인을 가릴 것 없이 모든 정보가 모바일로 집중되고 그 안에서 새로운 서비스가 만들어지는 중이다.

본격화되는 중국 IT 굴기

매년 미국 라스베이거스에서 국제전자제품박람회 'CES Consumer Electronics Show'가 열린다. 2018년 CES에서는 자율주행차, 드론, 로봇, IoT(사물인터넷) 적용 전자제품, 인공지능이 탑재된 제품이 화제가 되었다. 거기에 더해 중국 IT 기업들이 대규모 진출했다. 전체 참가 기업의 35%에 달하는 기업이 중국계였을 정도로 중국의 약진이 두드러진다. 2년이 지난 2020년 CES에서는 한국 기업들의 위상이 많이 달라졌다. 높은 품질과 미래 비전으로 많은 호응을 얻었다. 그러나 여전히 미국, 중국 기업들이 가장 많이 참여하고 있으며, 미래의 디지털 시장을 주도하고 있다. 예년과 달리 2021년 CES에서는 비대면으로 행사가 진행되었다. 1,900여 기업이 참가한 행사에서는 스마트 시티, 모빌리티, 인공지능, 디지털 헬스케어를 핵심 키워드로 선정했고, 많은 기업들이 혁신적인 제품을 선보였다. 포스트 코로나 시대를 맞아 디지털 기술이 일상생활을 변화시키는 촉진제 역할을 하고 있다. 건강과 안전이 중요하게 인식되는 시대인 만큼 이와 관련된 혁신이 두드러진 특징을 보였다. 특히 가상현실과 IoT를 활용한 비대면 혁신제품들은 앞으로 일상생활을 획기적으로 변화시킬 것으로 기대된다.

중국 기업들은 그동안 기술이 앞선 한국이나 일본 기업들의 제품을 벤치마킹하는 방식의 '패스트 팔로워' 전략을 주로 구사해 왔다. 그러나 이제는 상황이 달라졌다. 중국은 한국과 달리 PC 세대를 거치지 않고 바로 모바일 세대로 진입했다. 초연결 사회를 지향하는 4차 산업혁명 시대에는 모바일이 갖는 의미가 매우 크다. 앞으로 중국에서는 역동적인 모바일 생태계를 바탕으로 다양한 산업과 서비스에 IT를 접목해 세계 시장의 판도를 바꿀 만한 기업들이 나올 가능성이 크다. CES에서 삼성전자와 LG전자를 제외하면 주목할 만한 기업이 없었던 우리나라로서는 중국의 IT 굴기가 시사하는 바가 크다.

앞으로 우리나라 기업들이 세계 시장에서 경쟁하기 위해서는 적극적인 디지털 기술 활용이 중요하다. 모바일을 비롯해 각종 디지털 세계 시장에서 중국과 맞붙게 될 우리나라 기업들은 디지털 경험을 상품과 서비스에 내재화시키고 건강과 안전, 편의, 모바일 중심의 초연결 라이프를 가능하게 하는 기술로 승부해야 한다.

디지털 혁명 시대

4차 산업혁명 시대는 또 다른 말로 디지털 트랜스포메이션 시대라 할 수 있다. 영화 〈트랜스포머〉에서 보면 주인공의 낡은 차인 범블비가 옵티머스 프라임으로 변신하는 장면이 나온다. 궁극의 에너지원인 '큐브'를 찾기 위한 '디셉티콘' 군단으로부터 큐브를 지켜내기 위한 범블비와 오토봇 군단의 전쟁을 그린 이 영화에서 낡고 작은 차가 거대하고 강력한 옵티머스 프라임으로 변신하는 장면은 압권이다. 4차 산업혁명 시대의 우리도 디지털 트랜스포메이션을 통해 경쟁력을 더욱 강화시키고 글로벌 무한경쟁 시대에서 살아남아야 한다.

| 디지털 혁신을 위한 과제 |

항목	상세 내용
고도의 보안체계를 갖춘 인프라	개인정보 및 지식재산 보호를 위한 물리적, 논리적, 관리적 보안체계를 갖추고 정보 보호 필요성을 충족하며 객관적 인증 및 유지 필요
유연한 서비스가 가능한 인프라 환경	비즈니스 요구에 따라 유연하게 트래픽 조절이 가능하며, 수요에 맞는 인프라 기능 및 서비스 제공이 가능한 환경 구축 필요(예: 클라우드, 구독 방식의 S/W)
데이터 축적 및 활용	데이터 간 연계가 가능하도록 데이터 표준화가 필요하며, 향후 확장이 용이하도록 데이터 구조를 개선함으로써 빅데이터로부터 통찰력을 얻고 성과관리와 리스크 관리를 연계하여 유연하게 비즈니스 전략을 수립하며 운영할 수 있음
학습 및 예측	축적된 데이터와 외부 데이터를 활용해 데이터를 학습하고 미래 상황을 예측함으로써 맞춤형 매출 증대 및 고객 서비스 전략 수립 필요(인공지능, 머신러닝)

디지털 역량을 갖춘 미래형 인재 확보	업무 영역에 관계없이 디지털 역량을 갖춘 인재를 육성하고 의사결정에 디지털 기술을 활용함으로써 판단의 오류를 줄일 수 있는 미래형 인재 확보 필요
탄력적 디지털 교육 프로그램 운영	디지털 역량 강화를 위해 기존 인력들을 대상으로 디지털 기술 활용을 중심으로 하는 교육 프로그램을 개발하거나 외부 위탁 운영하고, 사업적 필요에 따라 핵심 업무 역량과 디지털 역량을 고루 갖출 수 있도록 핵심 인재를 육성하며, 필요에 따라 탄력적으로 재배치할 수 있는 인력 운영 프로그램 마련(Digital Workforce)
애자일(Agile) 비즈니스 생태계 조성	디지털 역량과 기술을 자체적으로 개발하거나 운영하는 것은 리스크가 크며, 유연한 조직 운영이 어려울 수 있으므로 R&D기관, 대학 연구기관, 스타트업, 기술 중심 기업 등 외부 비즈니스 파트너와 협력하여 다양한 고도의 기술에 대한 접근성을 높이고, 쉽고 빠르게 비즈니스 모델을 테스트하고 발전시킬 수 있도록 함으로써 기업의 혁신 및 성장 가능성을 촉진시킴(Open Innovation)
스마트 업무환경 구축	비대면 업무의 증가로 인한 원활한 정보 공유, 분석 자료 공유 등이 가능하도록 가상의 업무환경 구축이 필요하고, 기술과 인적자원의 최적 활용이 가능하도록 워크플로우(Work flow) 개선이 필요하며, 경영목표 달성 및 고부가가치 사업에 집중을 위해 사내의 인적, 물적 자원이 신속하게 배치될 수 있도록 함(Future of Work)
일관된 고객 경험	고객이 구매하는 상품이나 서비스 이외에도 편리함과 부가가치를 경험할 수 있도록 고객의 이해에 기반하여 설계된 일관성 있는 고객 경험을 제공함으로써 고객들이 몰입하도록 유도함. 이때 디지털 기술은 보다 유용하고 재미있으며 효율적인 가치를 느낄 수 있도록 해야 하며, 디지털 기술과 고객 간 상호작용의 과정을 통해 고객 경험 데이터가 축적되고 이를 활용해 맞춤형 고객 전략을 수립해야 함(Customer Digital Experience)

글로벌 기업들은 디지털 전쟁 중

짐 콜린스의 〈위대한 기업은 다 어디로 갔을까?*How the Mighty Fall?*〉에 보면 기업이 몰락하는 5단계를 정의하고 설명하고 있다. 당시에는 결코 무너질 것 같지 않던 기업이 무너지는 과정을 보면 단계별 특징이 있음을 설명하고 있다. 제록스, HP, IBM, 디즈니, 보잉과 같은 기업은 몰락의 위기에서 벗어나 생존과 번영을 지속해 왔지만 위기를 겪은 과정은 크게 다르지 않았다. 기업이 몰락하는 단계 중 가장 중요하게 눈여겨봐야 할 단계가 '위기 상황을 인식하지 못하고 부정하는 단계' 라고 할 수 있다.

코닥의 사례는 많은 교훈을 준다. 아날로그 필름 카메라와 디지털 카메라를 모두 경험해 본 사오십대라면 필름에서 디지털 파일 형태로 완전히 다른 형태의 기술로 변화하는 거대한 수요와 시장의 변화를 몸소 체험해 보았을 것이다. 그 당시 1980, 90년대 필름 카메라에 익숙한 사람이라면 지금은 휴대폰에도 달려 있을 만큼 흔해진 디지털 카메라로의 변화가 쉽게 받아들여지지 않았을 것이다. 그러나 디지털 기술은 급격하게 진보했다. 화질 개선뿐만 아니라 위치 정보와 각종 사진 정보가 파일에 담기고, 편집 프로그램으로 개인이 직접 보정이 가능한 편리함 등으로 인해 이제 더 이상 필름 카메라는 디지털 카메라의 적수가 되지 못한다.

"과연 그렇게 되겠어?"라는 인식이 변화에 대응하는 것을 막는 요인이다. 세상은 예측한 대로 흘러가지 않고, 비즈니스 환경도 마찬가지다. 최근에는 급격한 변화와 전혀 예상하지 못한 대형 이벤트들이 일어나며, 그로 인한 리스크가 복합화, 지속화되는 특징이 있다. 그렇기 때문에 기업은 끊임없이 예상치 못한 상황들을 가정하여 대응 방법을 고민하고 프로세스에 녹여내는 노력이 필요하다. 그리고 기존 가정을 뒤집어 보는 정반합正反合을 통해 변화하는 세상에 대비하는 훈련이 필요하다.

1990년대까지 브리태니커 백과사전의 모습을 떠올려 보자. 백과사전이라 하면 도서관에 비치된 고급 양장 재질의 표지와 깨알같이 수많은 글자, 정독하기 두려워지게 만드는 두께 등을 떠올릴 것이다. 그러나 지금은 어떠한가? 2001년 선보인 위키피디아는 오픈된 집단지성을 표방하면서 이제는 인터넷 접속만 하면 세상의 모든 궁금증을 풀어주는 백과사전 역할을 하고 있다. 백과사전이라는 의미는 여전히 변하지 않았지만 그것이 만들어지는 과정이나 담기는 그릇이 완전히 바뀌었다.

2000년대까지만 해도 호텔 숙박업은 큰 건물에 수백 개의 객실을 갖추고 식음료를 비롯한 다양한 서비스를 제공하는 산업이었다. 호텔 숙박업은 대규모 투자가 필요하면서도 지역적 한계가 있는 산업이다. 그러나 에어비앤비를 보면 어떠한가? 실제로 에어비앤비는 객실을 보유하고 있지 않다. 단지 숙박 시설을 제공하여 수익을 올리고자 하는 수많은 전 세계인들의 정보와 전 세계 곳곳을 여행하며 저렴하고 현지 문화를 체험해 볼 수 있는 기회를 탐색하는 여행자들의 정보를 매개해 주는 역할만 할 뿐이다.

기업이 처한 위기 상황은 내부에 의한 것일 수도, 외부에 의한 것일 수도 있다. 특히 외부에 의한 위기는 충격이 크고 극복하기 어려운 경우가 많다. 최근 4차 산업혁명하에 일어나고 있는 디지털 혁명을 보면 기업이 원하든, 원하지 않든 비즈니스 모델과 운영 방식을 급격하게 바꾸거나 재설계하도록 유도하고 있다. ERP(전사적 자원관리) 시스템 도입을 통한 업무 프로세스 재설계 및 시스템 중심 관리체계 수립이 1차 디지털 혁명이라면 4차 산업혁명 시대의 디지털 혁명은 이종산업 간의 융복합, 기존 비즈니스 모델의 전면적인 변화를 추구한다. 최근 폭발한 하와이 킬라우에아 화산을 연상시키는 듯한 격변하는 비즈니스 환경에서 위기 상황을 인식하고 적극적인 대응 방안을 모색하는 것이야말로 생존과 번영의 길로 가는 것이라 할 수 있다.

자동차의 미래Future of Mobility

가까운 미래, 어쩌면 곧 우리 앞에 펼쳐질 세상을 가상으로 생각해 보자. "'모빌' 씨는 어제보다 20분 일찍 울린 스마트폰 알람 덕분에 잠을 설쳤다. 오늘 도로교통 상황이 어제보다 좋지 않다는 것을 모빌 씨의 스마트폰은 이미 알고 있기 때문에 조금 더 일찍 일어날 것을 재촉한 탓이다. 모빌 씨는 출근 준비를 하고, 아침식사를 마치자마자 양치질을 하기 전 모바일 앱으로 자동차 시동을 켠다. 더운 여름이기 때문에 미리 자동차 시동을 걸고 에어컨을 켜 둔 것이다. 모빌 씨의 자동차는 이미 시원하게 에어컨 바람을 내뿜고 있다. 모빌 씨가 차에 타자마자 자동차 앞유리에는 오늘의 스케줄이 시간대별로 펼쳐진다. 스케줄 관리 모바일 앱과 모빌 씨의 자동차가 연동되어 앞 유리에 하루 스케줄이 디스플레이되는 것이다. 모빌 씨가 중요하다고 표시해 둔 스케줄에는 특별히 잊지 말

것을 당부하는 목소리가 스피커를 통해 나온다. 자동차 실내에 장착된 센서가 모빌 씨가 내뱉는 숨을 감지해 건강상태를 체크한다. 모빌 씨의 건강상태는 곧바로 지표마다 숫자로 표시되어 주치의에게 자동으로 전송된다. 주치의는 인공지능 헬스케어 서비스를 모빌 씨에게 제공하여 건강상태에 맞는 건강 관련 정보를 제공해 주고 오늘의 상태를 친절하게 알려준다. 모빌 씨는 이제 하루의 일과를 마치고 퇴근하려고 한다. 모빌 씨가 자동차에 올라타자마자 냉장고에 부족한 식료품과 생필품 리스트와 미리 담아둔 위시리스트를 앞유리 디스플레이를 통해 보여준다. 물론 집으로 가는 길에 어느 상점이 세일을 하고 모바일 쿠폰을 제공하는지, 어느 상점이 가장 저렴한지 등을 알려준다. 집에 도착할 때 즈음 모빌 씨의 자동차는 만기가 도래하는 신용대출 건이 있음을 알려준다. 그러면서 마침 자동차 회사와 제휴한 모바일 뱅크 회사인 '코코넛뱅크'의 대출상품을 소개해 준다. 그러고 보면 모빌 씨는 오늘 하루 종일 자동차와 함께 스마트한 일상을 보냈다."

공상과학 소설에 나올 법한 이야기지만 이 모든 것이 현실과 가까워졌다. 이미 스마트 자동차와 관련된 기술은 개발되었고, 상용화를 위해 테스트와 보완 중이다. 자율주행차를 비롯해 각종 전자장치로 무장된 네트워크 디바이스로 진화한 자동차를 볼 날도 얼마 남지 않았다. 자동차에 들어가는 부품은 대략 2만여 개에 달하고, 그에 비해 소프트웨어는 약 50배에 달하는 1백만 개에 달한다고 한다. 이전 세대 자동차는 기계 부품의 조립으로 이루어지고, 화석연료를 사용하여 내연기관에 의해 바퀴가 굴러가는 이동수단으로 활용이 주목적이었다. 그러나 최근 스마트 자동차 세대는 소프트웨어와 하드웨어 기술의 집약으로 이동수단뿐만 아니라 엔터테인먼트 도구이자 네트워크 디바이스로서 역할을 하고 있다.

IT 진보와 더불어 자동차산업과 융합이 활발히 진행되면서 자동차의 성능도 비약적으로 발전했다. 내비게이션을 포함해 각종 전자장치가 자동차주행에 핵심 요소가 되었다. 자율주행 기술은 이제 웬만한 상황은 스스로 대처할 수 있을 정도의 수준으로 발전했다. 자동차의 본질은 무엇이며, 자동차로부터 얻는 가치는 무엇인가? 자동차의 미래를 내다보기 위해서는 앞으로 소비자의 구매목적과 용도가 어떻게 변화할 것인지 생각해 볼 필요가 있다. 자동차의 발전 속도에 따라 소유하는 목적과 용도가 다양해지고, 그에 따른 수요계층 역시 세분화되었다. 과거 자동차는 운송수단이며, 고가의 상품으로 일정 소득이 되지 않으면 구매하기 어려웠다. 그리고 한 번 구매하면 좀처럼 바꾸기 쉽지 않은 가정의 중요 자산이었다. 그러나 최근 젊은층은 단순히 이동수단을 넘어 취미나 생활용품으로 사용하는 경우가 늘고 있으며, 자동차의 교체 주기도 3년~5년으로 매우 빨라지고 있다.

앞으로의 자동차는 운송뿐만 아니라 IoT 기술과 네트워크 기술이 접목된 전자장비이며, 개인의 일상이 관리되고 각종 정보를 주고받는 비서 역할을 하게 된다. 또한 개인화된 금융 서비스를 통해 구매가 수월해지고, 공유경제의 발달로 인해 카셰어링 서비스를 활용하여 소유하지 않고도 사용할 수 있다. 소유가 아닌 공유의 대상이 되면서 카셰어링 기업이 주요 소비자층이 될 수 있는 환경이 되었다.

자동차산업의 미래

이종산업인 완성차산업과 ICT산업의 융합이 촉발되면서 향후 어느 쪽이 기술지배를 하느냐에 따라 자동차산업이 재편될 수 있다. 그보다 더 중요한 것은 자동차는 강력한 네트워킹 디바이스로 변모하면서 드라이빙 형태가 지금과는 확연히 달라질 수 있다. 기존 화석연료에서 전기에너지와 수소에너지로 운행하는 방식으로 변화하는 것을 포함하면 자동차의 전방산업과 후방산업이 모두 급격한 변화를 겪게 된다. 미래의 자동차는 각종 IoT 기기로부터 데이터를 수집하고, 인공지능 기술로 운전자 관련 정보를 분석하고 학습한다.

최근 완성차기업들은 인구감소, 환경문제 등으로 인해 자동차 수요가 급감하는 위기를 극복하기 위해 구글, 애플, 소프트뱅크 등의 ICT 기업들과 손잡고 자동차와 연결된 각종 서비스를 통해 수익을 창출하고자 노력하고 있다. 도요타는 세계 최대 차량 공유 서비스 기업인 '우버'와 중국판 우버로 불리는 '디디추싱' 그리고 동남아 대표 차량 공유 서비스인 '그랩'에 전략적 투자를 했다. 완성차업체가 차량 공유 서비스 기업에 투자한다는 것은 향후 수요층의 변화를 내다보고 수요자와 구매자를 분리한 전략이라 할 수 있다. 이전 세대와는 다른 급격한 변화의 흐름이 자동차산업의 생존과 번영을 위해 거스를 수 없는 과제가 되었듯이 4차 산업혁명 시대를 주도하는 각종 기술의 융복합이 산업구조의 변화와 산업 간의 경계를 허물어 가고 있으며, 자동차산업의 미래를 이끌고 있다.

CHAPTER 03

코로나19 이후 '넥스트 노멀'에 대비하라

Chapter 03

코로나19 이후 '넥스트 노멀'에 대비하라

코로나19로 인한 변화

코로나19라는 미증유未曾有의 상황을 겪으면서 세상의 질서가 재편되고 있다. 가히 '블랙스완'이라 불릴 정도로 전 세계적인 충격을 안겨줬으며, 국가별 안전과 보건 시스템에 대한 전면적 보완과 재조정이 불가피한 상황이 되었다. 1918년 처음 발생해 2년 동안 전 세계를 공포로 몰아넣고 2,500만에서 5,000만 명의 사망자가 발생한 것으로 추정되는 '스페인 독감' 이후 코로나19라는 21세기 들어 가장 공포스러운 감염병이 발생했다. 세계보건기구WHO의 글로벌 팬데믹 선언은 그 자체로 충격이었다. 팬데믹은 감염병이 세계적으로 대유행하는 상태를 의미한다. 팬데믹은 감염병 경고 등급으로는 최고 등급에 해당된다. 조선시대에는 역병이 돌면 수많은 사람들이 원인도 모른 채 죽게 되면서 공포심이 마치 바이러스처럼 퍼져나가 나라가 휘청거릴 정도였다.

감염병 유행은 치료제나 백신이 나오기 전까지는 그 끝을 알 수 없고 눈에 보이지 않는 공포로 인해 사람들의 움직임이 위축되고 사회활동이 줄어들어 경제에도 심각한 영향을 미치게 된다. 1년 넘게 지속되고 있는 코로나19는 이미 많은 것을 바꿔 놓았다. 방역 시스템을 국가만 갖추는 것은 한계가 있으며, 기업이나 가정을 비롯해 각 주체들이 모두 방역 시스템을 갖추는 것이 중요해졌다. 코로나19 확산과 관련해 정보를 투명하게 공개하는 것 역시 사람들이 스스로 조심하고 예방하는 데 도움을 줄 수 있다. 역시 정보는 물처럼 흐르고 공유되어야 그 가치가 배가 된다는 것을 코로나19를 겪으면서도 경험해 볼 수 있다. 많은 사람들이 코로나19 감염 현황을 통해 감염 경로나 감염자의 이동 경로를 보고 나름의 조심을 한다. 이는 정보의 공개와 공유가 있었기에 가능한 일이다. 정보를 통제하고 불완전하게 공개하는 국가를 보면 여전히 코로나19로 인한 피해가 매우 크다는 것을 알 수 있다.

14세기 중반, 중세 유럽 인구의 3분의 1이 목숨을 잃었고, 유럽 전역에 걸쳐 대부분의 사람들이 직간접적으로 피해를 입었다는 흑사병도 팬데믹 사례이다. 흑사병은 쥐에 기생하는 벼룩에 의해 페스트균이 사람에게 전염되어 발병하는 고열을 동반하는 병으로 치사율이 매우 높았던 감염병이다. 이때만 해도 감염 경로를 몰라서 수도원에 모여있다가 집단 감염되거나 씻을 때 물에서 감염된다는 잘못된 정보로 인해 위생문제 역시 심각한 상황이었다. 흑사병을 피해 시골의 한적한 별장에서 남자 세 명과 여자 일곱 명이 열흘간 나눈 100가지 이야기를 그린 보카치오의 소설 〈데카메론〉을 보면 당시 흑사병에 대한 유럽인들의 인식과 공포가 잘 나타나 있다. 흑사병으로 인해 문화와 예술이 후퇴했고, 수많은 노동자가 희생되었으며, 지주들이 파산하면서 사회질서가 새롭게 재편되었다. 당시는 예술의 암흑기였고 노동력이 귀한 시대였다. 흑사병은 인명 피해만 입힌 것이 아니라 유럽 사회 전체를 후퇴시킨 전쟁보다 무서운 감염병이었다. 이로 인한 피해를 이겨내고 유럽의 사회, 경제, 문화가 다시 꽃피우기까지는 상당한 시일이 걸렸다.

1968년 유행했던 홍콩 독감 역시 고열에 호흡기 증상으로 세계적으로 100만 명 이상이 사망하는 매우 무서운 감염병이었다. 2009년 신종플루 역시 세계적으로 1만 8천 명 이상이 사망하면서 감염병의 위험성을 다시 한번 깨닫는 계기가 되었다. 거의 우리나라 인구와 맞먹는 수준의 사망자가 발생했던 스페인 독감을 가리켜 전문가들은 인류 최대의 재앙이라고 하기도 한다. 그러나 2019년 12월 중국 우한에서 시작된 원인 불명의 신종 폐렴은 곧 전 세계로 퍼져나가기 시작했고 중국을 거쳐 국내에 입국한 사람들로 인해 국내에도 상륙하기에 이르렀다. 미국을 비롯해 유럽은 하루에도 수만 명의 확진자가 발생하고 수천 명의 사망자가 발생할 정도로 매우 심각한 상황에 이르렀다. 백신과 치료제가 나오기 전까지는 모두 조심하고 방역 수칙을 준수하는 일 외에는 이렇다 할 방법이 없는 것이 현실이다. 신종플루, 사스, 메르스 등의 감염병 유행을 겪었지만 코로나19만큼 강한 전염 속도를 보이지는 않았다. 인명피해를 비롯해 경제적 손실도 눈덩이처럼 불어나 이 위기의 터널을 빠져 나오더라도 회복하기까지는 상당한 시일이 소요될지 모른다.

전 세계가 코로나19 극복을 위해 애쓰고 있다. 우리나라를 비롯해 주요 국가들은 백신과 치료제를 개발하고 있고, 가시적인 성과가 속속 보고되고 있다. 머지 않아 코로나19는 극복될 것이다. 그러나 진정한 극복은 그때부터 시작이다. 코로나19로 인해 재편된 새로운 사회질서인 '넥스트 노멀'에 대비하고 적응하는 것이 필요하다. 어쩌면 바이러스를 극복하는 것보다 더 어려운 것이 새로운 질서에 적응하는 것일지 모른다. '넥스트 노멀' 시대에 우리는 무엇을 준비하고 어떻게 적응해야 할까? 변화하는 세상의 모습을 상상해 보면 무엇을 준비하고 어떻게 적응해야 하는지 어느 정도 짐작할 수 있다. 우선 코로나19는 우리 사회를 사람 간 대면하지 않고도 일상생활을 하고 업무를 수행할 수밖에 없도록 만들었다. 이러한 변화에는 적응하면 될 일이지만 문제는 무엇을 준비해야 이러한 변화에 제대로 적응할 수 있느냐다. 디지털 기술은 비대면 사회로 가는 길목에서 안전하고 효율적으로 대면 상황과 비슷한 환경을 만들어 주고 있다.

코로나19는 일상을 완전히 바꿔 놓았다. 마스크를 쓴 모습이 자연스러워졌고 손씻기와 소독제를 사용하는 것은 일상이 되었다. 마스크를 쓰지 않을 경우 과태료를 부과하기까지 이르렀다. 많은 인파가 모이는 장소에 가는 것은 자연스레 꺼려져 모임이 자제되고 있다. 결혼식을 미루거나 행사를 취소하는 경우가 많다. 이제 해외여행은 엄두도 못 낼 상황이다. 어디를 가나 QR코드 인증이나 방문자 명부 작성은 흔한 풍경이 되었다.

이러한 상황은 일상의 변화뿐만 아니라 기업활동에도 큰 영향을 미치고 있다. 사람 간 접촉이 줄어들고 모임이 줄면서 소비가 위축되고 기업활동 역시 많은 제약을 감수해야 하는 상황이다. 실물경기가 위축되면서 기업들은 투자를 미루거나 철회하는 일도 벌어지고 있다. 반면에 비대면 업무처리나 협업이 활성화되고 비대면 금융, 비대면 상거래 등이 확산되면서 이를 뒷받침하는 디지털 기술이 빠르게 발전하고 있다. 기업들은 비대면 업무환경과 비대면 서비스 채널, 비대면 공급망 협업 네트워크 구축에 투자하면서 그 기반 기술로 다양한 디지털 기술을 활용하고 있다. 많은 글로벌 기업 재무담당 임원들은 재무 정보의 작성과 활용의 전 과정에 걸쳐 디지털화를 추진하고 있으며, 생산 현장도 공정 자동화와 스마트 팩토리를 도입하는 추세다.

비대면 업무는 필연적으로 디지털 기술이 뒷받침되어야 한다. 디지털 기술 활용은 데이터가 축적될 수밖에 없고 기업들은 이렇게 축적된 데이터의 안정적인 저장과 운영, 활용에 대한 수요가 증가할 수밖에 없다. 잘 구조화된 빅데이터는 기업 내에 다양한 서비스를 제공해 줄 수 있다. 주요 업무 프로세스 기준으로 보면 데이터 분석 서비스를 통해 재무보고와 손익보고의 정확성과 적시성을 향상시킬 수 있다. 정확성과 적시성은 의사결정에 매우 중요한 요소다. 직전 월의 매출과 손익을 차월의 절반인 15일이 지나서도 알 수 없다면 제대로 된 의사결정을 내릴 수가 없다. 월간을 비롯해 연간 누적된 실적과 손익 현황은 경영진에게 파일럿의 계기판과도 같은 기능이다. 그 이유는 매출이 감소하는 추세를 보인다면 공격적인 마케팅과 프로모션을 추진할지, 아니면 비용 지출을 줄이는 방식으로 긴축 경영을 할지 의사결정을 할 수 있기 때문이다.

그리고 데이터 수집과 분석을 자동화시킬 경우 재무보고와 손익분석에 소요되는 노력과 시간을 대폭 줄일 수 있다. 보고의 간소화는 빠른 의사결정을 돕고 보고상의 오류를 감소시키는 효과가 있다. 데이터 분석 서비스는 비즈니스 성과관리와 재무적인 성과 예측을 가능하게 한다. 계획 대비 달성률을 집계함으로써 부정확한 계획을 바로잡을 수 있고 성과를 계량적으로 측정할 수 있다. 예측이 어느 정도 정확도를 갖출 때 비즈니스 전략을 수립해야 오류를 줄이는 데 도움을 줄 수 있다.

원가관리 측면에서는 합리적인 비용 지출인지 아닌지를 비용 배부 현황과 비용 집행 추세를 분석함으로써 확인이 가능하다. 비용 항목별로 급격한 변동이 있는지 여부를 모니터링하면서 이상징후를 파악할 수 있고 변동비 지출 추세를 분석하면서 원가절감이 가능한 영역을 식별할 수 있다. 고정비가 전체 원가에서 차지하는 비중을 확인해서 절감할 수 있는 방안을 수립할 수도 있고 원재료 구매 패턴 분석을 통해 합리적인 단가로 구매가 이루어지는지도 점검해 볼 수 있다.

리스크 관리는 데이터 분석을 통해 얻을 수 있는 가장 매력적인 이점이다. 누구나 알고 있는 위기는 위기가 아니라는 말이 있다. 한여름에 아이스크림이 많이 팔릴 것이라는 예상은 누구나 할 수 있다. 그러나 알 수 없는 불확실한 상황에 처해 있을 때가 기업에게 있어 진정한 위기 상황이다. 잠재적으로 경영에 영향을 미칠 수 있는 요인들을 식별해서 데이터 분석을 통해 추세를 파악하거나 비정상적인 패턴을 보일 경우 즉시 확인이 가능하도록 모니터링한다면 모르고 지나칠 수 있는 위기 상황에서도 적절한 대응을 할 수 있도록 도움을 줄 수 있다. 그러기 위해서는 다양한 시나리오를 가지고 위기 상황을 가정하여 데이터를 분석하면서 적시에 대응할 수 있는 체계를 마련하는 것도 매우 중요하다.

| 데이터 애널리틱스 주요 영역 |

서비스 영역	상세 과제	기대효과
재무보고	• 적시 보고, 재무 현황 자동 보고, 매출 현황 보고	• 재무보고 적시성, 정확성 향상 • 객관적 지표 분석 결과를 활용한 합리적 의사결정
손익 분석	• 손익 현황 자동 보고, 변동비 · 고정비 배부 현황	• 손익보고 적시성, 정확성 향상 • 체계적인 수익 · 비용 현황 보고 • 다차원적인 수익 · 비용 분석을 통한 영업이익 향상 계획 수립 지원
성과관리	• 목표 대비 달성 현황 • 성과예측	• 부정확한 목표 수립 개선 • 목표 달성에 필요한 지원책 마련 • 과거 성과를 기준으로 미래 성과 예측 • 객관적인 성과 평가를 통한 인사 제도 운영
비용관리	• 항목별 비용 지출 현황	• 불필요한 지출 통제 • 방만하게 집행된 예산 확인 • 규정을 우회하거나 통제 취약점을 악용한 오남용 건 확인 후 회수
원가관리	• 원가 구성 현황 • 원재료비 구매 현황 • 비정상 구매 여부 모니터링	• 원가절감 요인 확인 • 구매비용 절감
리스크 관리	• 리스크 시나리오별 상시모니터링 • 잠재 리스크 징후 포착	• 리스크 예방 • 잠재 리스크 적시 인지

세상의 트렌드를 읽는 눈

한동안 햇반의 TV 광고 카피가 시선을 사로잡았다. 광고에서 햇반은 '밥하지 않는 집, 밥보다 더 맛있는 밥'이라는 광고 카피를 내세웠다. 밥을 팔면서 밥을 하지 않는 집을 내세운 것이다. 그도 그럴 것이 밥을 하지 않되 밥은 먹어야 하는 소비자가 주요 타깃층이었기 때문이다. 이렇듯 햇반은 제품의 본질을 대중에게 어필하는 마케팅 전략을 구사했다. 광고는 젊은층, 특히 맞벌이하는 가정에 제대로 들어맞았다. 2019년 기준으로 햇반은 무려 4억 5,500만 개가 팔렸고, 전년 대비 15% 매출 신장을 기록했다. 햇반은 여행 갈 때 챙겨가는 간편식이거나 비상식량이라는 인식이 강했다. 특히 어르신이나 아이들에게는 따뜻한 밥을 지어주는 것이 당연하게 받아들여져 왔다. 왠지 끼니 때 햇반을 꺼내 놓으면 대접이 시원치 않거나 성의가 없는 것으로 느껴지는 것이 일반적이었다. 그러나 코로나19를 겪으면서, 그리고 캠핑족이 늘어나면서 햇반의 이미지는 변신하기에 이르렀다. 광고에서 보듯이 햇반은 안전하고 편안한 일상식량으로 이미지를 개선했다.

과거에는 밥을 하지 않는다는 것은 상상하기 힘든 일이었다. 점심은 그렇다 쳐도 아침이나 적어도 저녁은 집에서 밥솥에 밥을 지어야만 했다. 1980~90년대만 해도 아침, 저녁은 가족들이 모여서 밥을 먹는 것이 일상적인 일이었다. 집집마다 저녁이면 밥솥에서 모락모락 뜨거운 김이 피어올라 동네 어귀에서부터 밥때가 되었는지 알 수 있었다. 그러나 이제는 밥을 하지 말라고 한다. 더 맛있는 밥을 쉽게 먹을 수 있게 되었다고 주장한다. 2000년대 들어 핵가족화가 더욱 심화되고 1인가구가 늘어나면서 외식이 급격히 늘고 내식은 줄어들었다. 이러한 사회적 현상도 밥을 하지 않게 된 원인이었지만 햇반은 대놓고 밥을 짓지 말라고 한다. 햇반의 이러한 주장은 단순히 매출 증가에만 영향을 미친 것이 아니다. 햇반은 이제 밥솥 제조업체의 매출을 위협하는 존재가 되었다. 쿠쿠의 경쟁사는 쿠첸이 아니고 햇반이 되었다고 해도 과언이 아니다. 즉석 간편식의 인기로 인해 전혀 다른 산업인 밥솥 제조업체가 타격을 받기 시작한 것이다. 그만큼 세상은 빠르게 변하고 있고, 산업 간 경계가 허물어지고 있다.

시시각각 변화하는 세상의 트렌드를 따라가기란 여간 쉽지 않다. 그러나 이제는 세상을 읽는 눈을 기르지 않으면 도태되기 쉽다. 세상의 변화를 읽는 눈은 많은 정보를 습득하고 이해하며 해석하는 과정에서 길러진다. 이러한 눈은 끊임없이 데이터를 수집하고 가공하며 활용하는 과정에서 자연스럽게 길러진다. 밤하늘의 별만큼이나 수없이 많은 데이터를 남들보다 빠르게 이해하고 해석해서 숨겨진 의미를 찾아내고 특징을 파악하는 것은 세상의 트렌드를 읽고 자산으로 만들어 경쟁력을 높이는 일이다.

사람들의 식습관에 대한 트렌드를 읽으려면 어떻게 해야 할까? 단순히 밥을 먹는다는 것 자체에만 초점을 맞춘다면 예나 지금이나 크게 달라질 것이 없다. 그러나 외식 비중과 내식 비중을 분석해 보면 다르게 나타날 수 있다. 수년간 핵가족화와 1인가구 증가에 따라 외식 비중이 늘어났다. 그러나 코로나19를 겪으면서 재택근무가 늘어나고 외출을 자제하면서 내식 비중이 많이 늘어났다. 그러다 보니 자연스럽게 간편하게 요리할 수 있는 키트가 인기를 얻고, 조리가 간편하면서도 소량으로 소분해서 판매하는 제품의 매출이 증가하고 있다. 노량진 학원가를 중심으로 컵밥이 인기를 끌게 된 이유도 간편하면서도 저렴한 음식을 선호하는 수험생들의 수요를 간파한 덕분이라고 볼 수 있다. 비슷한 생활 패턴을 갖고 있는 젊은 세대들 사이에서 선풍적인 인기를 끌면서 주요 식품 기업들은 앞다투어 컵밥이나 그와 유사한 형태의 제품들을 시장에 내놓았다. 밥을 먹는다는 행위는 조선시대 때나 지금이나 별반 다르지 않지만 밥을 구성하는 식재료나 요리하는 방식, 밥을 먹는 장소, 밥을 먹는 시간대 등은 계속 변화해 왔다. 농업이 주를 이루던 시절의 끼니와 산업화 시대의 끼니가 다르고, 개인화와 모바일 중심 사회로 대변되는 현재의 끼니는 또 다르다. 끼니의 해석이 새로운 제품과 서비스를 탄생시키고 하나의 문화적 흐름이 되기도 한다.

사람들의 식습관 트렌드와 함께 식소비 트렌드를 확인하기 위해서는 어떻게 해야 할까? 단순히 제품 매출 추이만 분석한다고 해결될까? 매출 추이 외에도 외부의 다른 변수도 함께 분석해야 한다. 외식 트렌드도 읽어야 하고, 코로나19로 인한 식소비 변화 트렌드도 읽어야 한다. 코로나19와 같은 외부 변수가 식소비 트렌드에 미치는 영향도 분석되어야 한다. 간편식 매출과 함께 도정된 쌀의 판매량도 분석해야 한다. 간편식 매출이 증가하는 만큼 도정된 쌀의 매출이 반비례하여 감소하는지 함께 보아야 한다. 쌀만 볼 문제도 아니다. 쌀 외에도 반조리된 반찬이나 요리의 매출이 함께 증가하는지도 봐야 한다.

CJ제일제당의 '식소비 변화에 대한 조사'에 따르면 코로나19를 겪으면서 내식內食 비중이 전년 대비 23.5% 증가한 83%를 기록할 정도로 식생활 문화가 바뀌고 있다. 그러다 보니 간편하게 조리할 수 있는 제품의 선호도가 높아질 수밖에 없을 것이다. 이렇듯 지속적인 조사와 데이터 분석을 통해 영업 전략, 생산계획, 투자 전략 등을 합리적으로 수립할 수 있다. 변화하는 세상을 읽기 위한 눈을 갖기 위해 데이터 분석이라는 도구는 매우 중요하다. 왜냐하면 사람의 눈으로 볼 수 있는 것은 한계가 있기 때문이다. 데이터 분석을 통해 밥을 먹는다는 의미가 어떻게 변화하고 있으며, 사람들의 식소비 패턴이 어떻게 변화하는지를 분석해 본다면 그로부터 통찰력을 얻을 수 있을 것이다.

데이터 분석은 비단 이러한 변화의 흐름을 읽는 데서 그치지 않는다. 식품 기업 입장에서는 소비 트렌드를 읽어 마케팅 전략이나 신상품 개발을 진행하는 데 도움을 얻을 수 있고, 생산 관점에서 보면 까다로운 소비자의 입맛을 만족시키기 위해 어떤 노력을 기울여야 하는지 실마리를 얻게 해준다. 영업 관점에서 보면 밥을 만들어 팔기 위해서는 단순히 단가만 고려해서는 안 된다. 수요와 공급을 분석하는 것도 필요하고, 날씨나 물류와 같은 외부 변수도 밥을 판매하는 데 중요한 변수로 작용하게 마련이다.

특히 최근 코로나19로 인해 외식이 줄어들고 집에서 생활하는 것이 일상화된 상황에서는 다양한 관점에서 상황을 파악하여 판매 전략을 수립하는 지혜가 필요하다. 코로나19라는 특수한 상황으로 인한 일시적인 현상인지 코로나19로부터 회복된 이후에도 지속될 상황인지를 파악하기 위해서라도 소비자의 식소비 문화에 대한 분석과 더불어 간편식의 판매량 추이를 지속적으로 모니터링하는 것이 필요하다.

코로나19로 인해 많은 사람들이 집에 있는 시간이 늘어나면서 간편식뿐만 아니라 인테리어업체들의 매출이 급상승하는 것도 변화하는 세상의 특징을 잘 나타낸다. 대표적인 국내 가구 · 인테리어 기업인 한샘의 경우 2020년 기준 매출액이 2조 400억 원가량으로 집계되었다. 한샘의 매출 증가 이유는 다양한 것으로 분석된다. 우선 글로벌 가구 공룡 업체인 이케아에 대응하기 위해 대형 쇼룸을 마련하고 리모델링과 토탈 인테리어 서비스를 제공하는 상품을 적극 홍보했다. 특히 한국 사람들은 가구를 구매하면서 주변 인테리어까지 고려하거나 이사할 때 내부 전체를 리모델링하는 세대가 늘고 있다. 이러한 가구와 인테리어 소비 패턴의 변화를 읽고 그에 맞는 제품과 서비스를 제공한 것이 성공 이유 중 하나다. 또 한 가지 이유는 코로나19로 인해 실내 생활의 비중이 높아진 것이다. 그동안 사람들이 바쁜 일상으로 인해 집을 잠시 휴식을 취하는 공간

| 간편식(HMR) 시장규모 추이 |

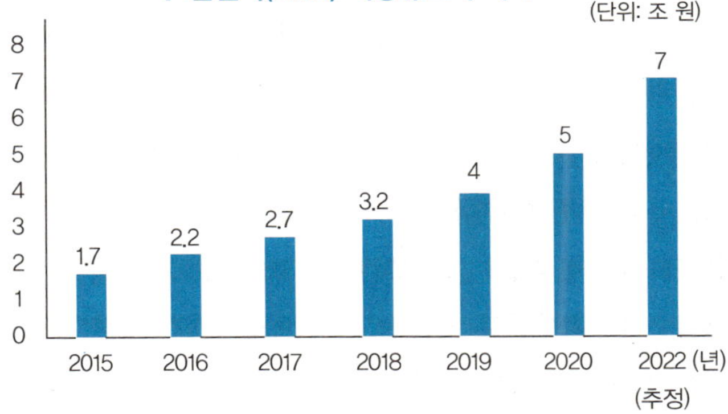

출처: 한국농식품유통공사, 농식품유통교육원, CJ제일제당

으로 인식했으나 이제는 코로나19로 인해 재택근무를 하는 경우가 늘어나면서 집에 머무는 시간이 많아졌다. 그러다 보니 그동안은 관심 있게 보지 않았던 부분이 보이기 시작하고 집을 가꾸고 누려야 하는 공간으로 인식이 전환된 것이다. 그로 인해 가구와 인테리어 관련 매출이 폭발적으로 증가했다.

이처럼 생산과 마케팅을 뛰어넘는 종합적이고 다양한 사고와 분석은 비즈니스에 매우 중요한 요소다. 기업 내외부에 많은 객관적인 데이터를 체계적으로 분석하는 것이 분석력을 강화하는 방법이다. 동시에 앞으로는 기업을 둘러싼 환경 변화에 대응하기 위해서라도 적극적인 데이터 분석이 필요하다. 분석 없이 제대로 된 전략이 나올 수 없기 때문이다.

햇반이 밥솥 제조회사와 경쟁하듯이 이제는 점차 산업의 경계가 모호해지고 있다. 4차 산업혁명을 이끌어가는 디지털 기술들은 점차 산업 간 경계를 무너뜨리고 융합 비즈니스가 가능한 환경을 만드는 매개체가 될 것이다. 앞으로 지속될 혁신적 변화의 중심에는 디지털 기술이 자리 잡고 있다. 다시 말하면 디지털 기술은 비즈니스의 변화를 꾀할 수 있게 하는 도구가 될 수도 있고, 가치를 불어넣어 활력을 줄 수도 있다. 미래 시대 경쟁력의 원천은 변화에 적응하는 것이다. 변화에 적응하기 위해서는 더 많은 정보를 가지고 현상을 파악하며, 미래를 예측하는 데 노력을 기울여야 한다. 4차 산업혁명 시대와 더불어 코로나19 상황을 겪으면서 변화와 위기에 적응하는 역량이야말로 생존에 필수 요소라 할 수 있다. 코로나19라는 긴 터널의 끝에는 새로운 비즈니스 환경에 적응해야 하는 과제가 남아있다. 변화에 적응하기 위한 도구로 디지털 기술이 활용될 것이고, 디지털 기술로부터 얻어지는 데이터를 원료 삼아 축적하고 가공하며, 이를 적극 활용해서 비즈니스를 풍부하게 만드는 작업을 게을리하지 말아야 한다.

생각의 전환, 데이터로 판단의 질을 높여라

미해군은 제2차 세계대전 당시 전투기 생존율을 높이기 위해 무수한 총탄을 뚫고 귀환한 전투기를 대상으로 생존의 원인을 파악하기 위해 어느 부위가 총탄을 맞았는지를 조사했다. 조사 결과 비행기의 엔진 부위에 평균 1.11발, 동체에 1.73발, 엔진 시스템에 1.55발, 나머지 부위에 1.8발로 조사되었다. 이 조사 결과를 토대로 미해군은 전투기의 어느 부위를 보호하고, 강화해야 하는지에 대해 결론을 내렸다. 결론적으로 미해군은 전투기의 동체 부분을 보강해야 한다고 판단했다.

그러나 미국의 저명한 통계학자였던 아브라함 왈드Abraham Wald 교수는 이는 통계적으로 볼 때 편향적 오류가 있음을 지적했다. 이를 '생존자 편향Survivorship bias'이라고 한다. 애초에 생환한 전투기의 총탄 흔적 분포를 조사한 것 자체가 오류라고 지적했다. 살아남은 전투기를 대상으로 조사할 것이 아니라 추락한 전투기를 대상으로 조사했어야 한다는 것이다. 생환한 전투기에 남은 총탄 흔적은 오히려 그 부위에 총알이 집중되어도 살아 돌아올 수 있다는 증거라고 지적했다. 아브라함 왈드 교수는 살아남은 것에 주목하느라 실패한 것에 대한 데이터를 주목하지 않는다는 '생존자 편향'을 통해 미해군의 조사 방향에 영향을 미쳤다.

잘못된 판단의 원인을 들여다보면 수집된 정보의 오류로 인한 경우가 많다. 때로는 객관적인 정보 없이 철저히 감에 의해 판단하는 경우도 있다. 앞으로는 생각의 전환이 필요하다. 리스크를 줄이기 위해서는 판단의 질을 높일 수 있는 방법을 고민해야 한다. 특히 코로나19로 인해 글로벌 경영환경이 매우 취약해졌다. 자칫 잘못된 판단이 기업의 운명을 가를 수도 있다. 출퇴근 시간에 버스나 지하철은 늘 사람들로 가득 차 있다. 도로 위는 항상 차들로 꽉 막혀 있다. 그렇다면 버스나 지하철, 도로는 늘 그렇게 사람들로 가득 차 있거나 차들로 막혀서 교통체증이 심할까? 출퇴근 시간을 제외하고는 오히려 한산한 경우가 더 많다. 출퇴근 시간의 9호선 지하철만 상상하고 지하철은 항상 복잡하고 붐비는 공간이라고 단정짓는 것이 옳을까? 비즈니스에서도 이러한 확증 편향에 의한 오류를 범하는 경우가 많다.

이러한 판단의 오류를 줄이는 가장 좋은 방법은 데이터 분석 기반의 판단을 하는 것이다. 지하철이 운행하는 시간대별로 승객 수를 분석해 보면 시간대별로 붐비는 상황이 다름을 알 수 있다. 상황을 정확하게 확인하는 것이 객관적이고 합리적인 의사결정을 내릴 수 있는 가장 좋은 방법이다. 늘 성공만 하는 개인도, 기업도, 국가도 없다. 때로는 성공도 하지만 실패도 겪게 마련이다. 비즈니스에서는 성공도 중요하지만 실패를 줄이는 것도 매우 중요하다. 실패를 줄이기 위해서는 판단의 질을 높여야 한다. 디지털 혁명 시대에 판단의 질을 높이는 방법은 바로 데이터 분석에 기반한 판단의 비중을 높이는 것이다.

코로나19 이후를 대비하라

1970년 4월 11일 미국은 세 번째로 달에 착륙할 계획으로 플로리다 케네디 우주센터에서 아폴로 13호를 발사했다. 그러나 발사 이틀 후인 4월 13일 지구로부터 321,860km 떨어진 지점에서 산소 탱크 안의 코일이 전기 합선으로 감전을 일으키면서 기계선의 산소 탱크 중 하나가 폭발했다. 이때부터 나사NASA는 관제 본부장의 지휘하에 기술진과 합심해서 승무원들을 지구로 귀환시키기 위한 위기 대응에 돌입했다. 이전에 경험해 보지 못한 상황을 겪게 되면서 나사와 승무원들은 시나리오대로 훈련해 왔던 일들을 복기해 가며 침착하게 대응해야 했다. 아폴로 13호 승무원들의 무사귀환을 위해서는 무엇을 중지하고 무엇을 다시 작동시켜 우주선 전원을 다시 켤 수 있을지, 부족한 산소 공급은 어떻게 할지와 같은 수백 가지 의사결정이 필요했다. 결과적으로 중앙통제소의 지시에 따라 우주선 안에 있는 재료만 가지고 이산화탄소 제거기를 만들어 내고 이를 사령선과 달착륙선에 연결하면서 위기를 극복한다. 마침내 4월 17일 무사히 지구로 귀환한 아폴로 13호 이야기는 위기 대응과 관련해서 많은 시사점을 준다.

위기 상황에서 어떤 결정을 내려야 하는지는 조직을 이끌어 가는 리더에게는 숙명과도 같다. 명확한 문제의 진단과 각종 정보를 면밀히 분석하여 객관적인 결과를 도출하고 이에 기반한 합리적인 의사결정을 내리는 것은 조직의 운명을 가를 수 있다. 그런 의미에서 오류를 줄이고 합리적인 의사결정을 내리는 것은 리더의 중요한 덕목이다. 아폴로 13호 사례에서 보듯이 갑작스레 닥친 위기를 극복하기 위해서는 여러 가지가 복합적으로 맞물려야 한다. 상황을 통제하고 지휘할 수 있는 체계도 필요하고 일사불란하게 실행할 수 있는 구성원도 필요하다. 현재 상황을 정확하게 직시하기 위해서는 정보 수집도 매우 중요하다. 수집된 정보는 왜곡이 없어야 하고 정보와 정보가 모여 해결의 실마리를 제공해 주어야 한다. 그리고 수집된 정보를 해석하고 분석해서 의사결정을 지원하는 역할도 해야 한다. 이러한 일련의 의사결정을 지원하는 체계가 작동해야 오류를 줄일 수 있다. 만일 아폴로 13호의 산소 탱크 폭발 사고를 수습하는 과정에서 정보의 왜곡이나 잘못된 분석으로 인한 판단 오류로 인해 위기 상황을 극복하지 못했더라면 결과는 어땠을까? 생각하기는 싫지만 참담한 결과로 이어졌을지도 모를 일이다.

우리는 코로나19를 겪으면서 이전에 경험해 보지 못한 전 세계적인 위기 상황에 놓여 있다. 이 상황이 얼마나 지속될지 알 수 없고 불확실하기만 하다. 하지만 이럴 때일수록 각별히 경계하고 상황을 주시하는 침착함을 잃지 말아야 한다. 더불어 앞으로 닥쳐올 수많은 위기 상황을 대비하고 시의적절한 대응을 하기 위한 '리스크 관리' 역량을 강화하는 것도 매우 중요하다. 코로나19라는 미증유의 글로벌 위기 상황을 겪으면서 더 이상 과거로의 회귀가 불가능한 상황에 직면하고 있다. 어쩌면 이제는 새롭게 맞이하는 세상에 적응해야 할지도 모른다. 아니 새롭게 재편되는 질서에 적응하고 그에 맞는 틀을 다시 짜야 하는 상황이다. 코로나19로 인한 위기는 조직의 크고 작음, 기술 수준, 재무적 상황, 평판, 매출, 경쟁력 등을 고려하지 않고 예측할 수 없을 정도로 휘몰아치고 있다. 시간이 지날수록 글로벌 불확실성은 나날이 증대되고 있는 것이 현실이다.

코로나19로 인해 이동이 제한되면서 상거래가 둔화되고 자영업이 위기를 맞고 있다. 관광산업이 주요 먹거리인 나라의 경우 국경 봉쇄조치로 인한 충격이 매우 크다. 국내도 마찬가지로 관광이 주요 산업 기반인 지역의 경우 매출이 떨어지면서 극심한 불황을 맞고 있다. 코로나19가 한 국가에 국한된 상황이 아니다 보니 글로벌 전체적으로 수요가 급감하면서 국가, 지역, 산업에 관계없이 생산이 감소하고 성장이 둔화되고 있다. 특히 우리나라와 같이 수출 중심 경제체제인 경우 무역수지가 악화되면서 어려움이 가중되고 있다. 이 고난의 터널이 끝날 때까지 모든 경제 주체가 버텨야 하겠지만 말처럼 쉬운 일은 아니다. 백신과 치료제가 개발되면 다시금 경제에도 온기가 전해지는 날이 올 것이기 때문에 그때까지는 혁신을 통해 새로운 시대에 성장 동력을 마련해야 한다. 이러한 상황에서는 더욱더 리스크 관리를 강화하고 혁신을 이루어야만 한다.

최근 코로나19로 인해 디지털 전환Digital Transformation이 뜨거운 이슈가 되고 있다. 코로나19로 인한 언택트Un-tact가 소비, 생산, 업무 방식, 협업 등 많은 부분에 영향을 미치면서 디지털 전환은 더 이상 선택의 문제가 아닌 생존을 위한 필수 전략이 되었다. 이러한 이유로 많은 기업들이 코로나19 이후 상황을 대비하기 위한 투자이자 생존 전략으로 기업 전반에 걸쳐 디지털 혁신을 꾀하고 있다.

이제는 성장을 위한 경쟁보다 생존을 위한 혁신이 더욱 중요해지고 있다. 코로나19로 인해 재편된 세계 질서와 방역체계, 사회구조의 변화를 겪으면서 생존과 성장이라는 두 마리 토끼를 모두 잡기 위해 많은 기업들이 디지털 혁신 전략을 수립하고 이행해 나가고 있다. 많은 글로벌 기업들이 2025년까지 재무를 비롯해 영업, 생산, 구매, 자산, R&D 등 전 영역에 걸쳐 혁신의 밑그림을 그리고 있다. 혁신을 위한 도구로는 디지털 기술이 활용되고 있으며, 이제 디지털 기반 비즈니스는 선택의 문제가 아닌 생존을 위한 필수 전략이 되었다. 사회구조와 비즈니스 환경 변화는 디지털 기술이 빠르게 전파되고 활용되는 데 촉매제 역할을 하고 있다. 많은 기업들이 기존의 ERP를 비롯해 기간계 시스템의 전면 재구축을 위한 차세대 시스템 프로젝트를 진행하면서 핵심 업무를 비롯해 대부분의 업무가 IT 시스템 기반에서 운영되도록 프로세스 혁신을 진행하고 있다. 그 과정에서 데이터 수집, 저장, 활용의 라이프 사이클이 잘 운영될 수 있도록 IT 인프라를 클라우드 기반으로 전환하려는 노력과 투자가 계속되고 있다.

디지털 전환의 핵심은 디지털 기술을 도입하는 데 있지 않다. 디지털 기술을 활용해서 어떻게 하면 생산성을 높일 것인지, 어떻게 하면 더 나은 의사결정을 내릴 수 있을지, 어떻게 하면 양질의 정보를 만들어 내고 공유함으로써 스마트한 조직으로 거듭나게 할지, 디지털 기술을 활용해 축적된 지식이 경쟁력이 되고 부가가치를 창출할 수 있는지 등이 함께 논의되어야 한다. 즉, 디지털 기술이 활용되는 목적과 취지를 잃지 않아야 진정으로 조직에게 이로운 변화가 될 것이다.

코로나19에서 회복되기까지는 꽤 오랜 시간이 걸릴지 모른다. 어쩌면 이렇게 변화된 환경이 고착화될 수 있다. 이대로라면 경제는 동력을 잃고 추락하는 비행기와 같은 처지로 전락할 수도 있다. 그러나 이러한 상황을 넋을 놓고만 볼 일이 아니다. 적극적으로 혁신하고 변화한다면 코로나19를 극복한 이후에 더 큰 성장을 기대할 수 있을 것이다. 코로나19도 언젠가는 종식될 것이고, 변화의 파도는 끊임없이 몰아칠 것이다. 혁신은 미래를 위한 준비의 과정이다. 지금에 안주할 생각이라면 혁신은 필요하지 않다. 혁신을 통해 디지털 인프라가 조직에 맞게 도입되고, 적재적소에 혁신의 DNA가 이식되어야 한다. 이러한 변화의 과정을 통해 앞으로 많은 기업들이 보다 더 데이터 중심 조직, 디지털 기술 중심 조직으로 거듭날 수 있을 것이다.

새로운 질서, 환경에 적응하기 위한 노력

코로나19로 인해 글로벌 실물경기는 위축되고, 경제, 사회, 문화구조가 일시에 대격변을 겪으면서 기존의 질서는 무너지고 새로운 질서로 재편되고 있다. 코로나19가 장기화되면서 우리의 일상을 무너뜨리는 것을 넘어서 비즈니스 환경까지 위축시키고 있다. 새로운 질서는 또 다른 적응을 요구하고 있다. 코로나19로 인해 국경이 봉쇄되고 자유로운 왕래가 차단되면 우리나라와 같이 수출 중심의 경제에는 큰 타격이 아닐 수 없다. 여행업은 더할 나위 없이 심각한 타격을 입고 있다. 여행의 소중함을 느끼게 되는 일상이 지속되다 보니 반대로 집 안을 꾸미는 데 시간과 돈을 쓰는 사람들이 늘고 있다.

이러한 급격한 변화에는 새로운 질서에 빠르게 적응하는 것이 매우 중요하다. 변화하는 환경에 적응하는 것은 선택의 문제가 아니다. 적응은 생존을 위한 필수이다. 국내외를 막론하고 경영환경이 악화되면서 많은 기업들이 위기를 겪고 있다. 이전에 본 적이 없는 전 세계에 걸친 위기는 언젠가는 극복이 되겠지만 그 시기가 매우 중요하다. 불황이 장기화되고 경제 주체들의 의지가 꺾이는 상황에서 무너진 경제를 다시 일으키기란 쉽지 않다. 이러한 위기 국면에서는 민첩하고 기민하게 상황에 대응하는 지혜가 필요하다.

최근 글로벌 기업들은 코로나19 위기를 겪으면서 데이터를 비즈니스 무기로 삼고자 노력하고 있다. 멋진 호텔이나 차량과 같은 실물자산은 없지만 데이터를 원재료 삼아 비즈니스를 하는 에어비앤비, 우버는 비즈니스 본질의 변화에 대해 많은 생각을 하게 한다. 구글은 검색 서비스가 비즈니스의 핵심이다. 하지만 구글 역시 모든 서비스의 기반은 데이터다. 이들과 같이 데이터 기반의 비즈니스를 영위하는 기업도 있지만 디지털 네이티브Digital Native를 강화하여 원가를 혁신하고 경쟁력을 강화하는 월마트와 같은 기업도 있다. 한편, IT 인프라를 클라우드 환경으로 전환하면서 IT 비용을 대폭 절감하는 기업도 있다. 그리고 데이터 분석 역량을 키우기 위해 교육과 훈련을 통한 인력 재배치, 디지털 역량을 갖춘 인재를 영입하는 등의 인적자산에 투자를 확대하는 기업들도 늘고 있다.

이러한 변화의 흐름은 어느 것이 옳은 선택인지가 중요한 것이 아니라, 그로부터 기업 경쟁력의 원천이 데이터가 되고 있음을 주지해야 할 필요가 있다. 데이터는 디지털 트랜스포메이션의 중요한 요소다. 왜냐하면 인공지능, 머신러닝, 빅데이터, 블록체인 등의 주요 디지털 기술은 모두 데이터를 기반으로 움직이고 활용되기 때문이다. 어느 것 하나도 데이터의 수집이 멈추거나 데이터 처리에 실패하거나 데이터 흐름이 중단될 경우 지속가능하지 않다. 따라서 4차 산업혁명 시대를 주도하는 기술들은 데이터가 핵심이 되는 디지털 기술이라 할 수 있다.

코로나19로 인해 앞으로 기업들이 관리해야 할 중요한 부분 중 하나가 유동성 리스크다. 코로나는 세계 경제를 패닉으로 몰고 가고 있다. 눈에 보이지 않는 바이러스가 사람을 공격하면서 생명과 안전에 심각한 위협을 가하고 있다. 그로 인해 이동이 자유롭지 못하고, 사람 간 대면이 어려워지며, 물류가 멈추는 등의 부작용과 피해가 속출하고 있다. 인류 전체가 공통으로 직면한 이 위기는 경제를 장기 불황으로 이끌고 있다. 자금이 돌지 않고, 거래가 위축되며, 노동시장도 일자리가 줄어들면서 어려움을 겪고 있다. 영세 자영업자들은 그야말로 위기에 직격탄을 맞고 있다. 세계 각국은 경제의 맥이 끊기지 않도록 개인에게 지원금을 주기도 하고 자영업자들과 기업들에게도 자금 지원을 한다. 그러나 이러한 지원에도 불구하고 코로나19 상황이 장기화될 경우에는 버티지 못하는 기업들도 생겨날 수 있다. 이때 자금경색이나 자금조달 실패와 같은 유동성 위기가 찾아올 수 있다. 이에 대비하기 위해 기업들은 안정적인 자금운용과 더불어 면밀한 자금조달계획을 통한 유동성 관리가 매우 중요하다.

유동성 위기에 대비하는 방법으로는 크게 두 가지가 있다. 그중 첫 번째가 고비용구조 혁신이다. 비즈니스를 지속하는 한 비용 지출은 피할 수 없다. 원재료비와 같이 매출에 직결되는 비용도 있고, 운영을 위해 소요되는 간접비도 있다. 유동성 위기에 대비하기 위해서는 비용구조를 분석해서 불필요한 지출을 줄이기 위한 혁신이 필요하다. 우선 이를 위해서는 고정비용을 줄이고 변동비용에 유연하게 대응하는 것이 필요하다. 비용을 구성하고 있는 항목이 체계적으로 관리되고 있는지 검토해 볼 필요가 있고, 각 항목별 비용 지출 데이터를 수집하고 분석하는 것이 필요하다. 이렇게 하는 이유는 비용구조 분석을 통해 급격히 증가하는 비용 항목을 확인할 수 있으며, 불필요한 지출은 최소화하여 예산을 효율적으로 관리할 수 있기 때문이다. 또한 비용 분석을 통해 어느 부분에서 긴축 경영을 해야 하는지 알 수 있다. 그러나 만일 경쟁사들은 수시로 매출 현황이나 비용 지출 현황을 들여다보고 대응책을 모색하는 반면, 데이터도 확보가 안 되어 있거나 데이터가 있어도 분석역량이 없다면 비효율적인 의사결정으로 경쟁에서 뒤처질 수밖에 없을 것이다.

두 번째는 유동성 위기를 즉시 인지할 수 있는 현금 보유량과 현금성자산을 모니터링하는 것이다. 유동성 위기에 대한 기준을 세워 놓고 그 기준에 따라 현재 상태를 확인한다면 안정적으로 자금을 관리할 수 있을 것이다. 만일 현재 상태가 유동성 위기 기준에 비추어 자금경색 직전이라면 자금조달계획을 앞당겨 실행하거나 만기가 도래하는 채무를 연장하기 위한 방안을 찾는 등의 노력을 미리 할 수 있을 것이다. 유동성 위기로 인해 자금 상황이 매우 좋지 않을 경우에는 보유자산 매각과 같은 방법도 고려해 볼 수 있을 것이다.

위기 상황에서는 자금 유동성을 비롯해 각종 경영상 리스크를 철저하게 모니터링하는 것이 필요하다. 이를 위해서는 기업 운영 현황을 매일 확인해 볼 수 있는 시스템이 갖추어져야 한다. 또한 시시각각 변화하는 비즈니스 상황을 상시모니터링할 수 있는 체계가 갖추어져야 한다. 최근에는 단순하게 기업의 현황을 아는 데서 그치지 않고 직접 분석을 통해 적시에 대응하는 역량도 필요하다. 리스크는 대비하는 것도 중요하지만 적시에 인지해서 대응하는 것도 매우 중요하기 때문이다. 최근 많은 기업들이 리스크 관리를 위해 데이터 애널리틱스를 활용한 상시모니터링 시스템을 구축하거나 리스크 센싱Risk Sensing에 투자하는 이유도 여기에 있다. 불확실성이 높은 상황에서는 가시성이 높은 경영 전략이 필요하다. 불확실성이 높을수록 잘못된 의사결정으로 인한 피해는 더 커진다. 누구나 알 수 있는 부정적인 상황에서 피해를 입는 것과 불확실한 상황에서 입는 피해의 영향은 다르다.

데이터 애널리틱스는 가시성을 높이는 경영 기법이다. 가시성이 높을수록 대응의 방향성은 확실하고 오류가 줄어든다. 이는 실패의 확률을 줄이고 경쟁우위를 갖게 한다. 최근 많은 기업들이 빅데이터에 투자를 늘리고 있다. 빅데이터에 대한 투자는 크게 데이터를 저장하고 관리하는 인프라 관점과 애널리틱스 역량 관점으로 나눌 수 있다. 둘 다 기업의 디지털 역량 강화를 위해 반드시 필요한 투자다. 이제는 기업에 산재된 빅데이터를 관리하기 위해 인프라를 개선하는 것도 매우 중요하지만 데이터 분석 역량을 키우고 이를 마치 원유처럼 활용하며, 통찰력을 키우는 노력이 매우 필요한 시점이다.

스톡데일 패러독스가 주는 교훈

스톡데일 패러독스Stockdale Paradox라는 말이 있다. 베트남 전쟁에서 1965년부터 1973년까지 포로 생활을 했던 미군 장교 제임스 스톡데일James Bond Stockdale의 이름에서 유래한 말이다. 스톡데일 패러독스는 현실은 비관적이지만 미래에는 잘 될 것이라는 신념으로 냉혹한 현실을 극복해 내는 합리적인 낙관주의를 의미한다. 스톡데일은 베트남 전쟁에서 포로로 잡혀 있는 동안 냉혹한 현실을 직시해야 했다. 살아서 돌아갈 수 있을지에 대한 확신이 없는 상황에서 포기하는 것도, 희망을 품는 일도 쉽게 결정할 수 있는 상황이 아니었다. 스톡데일이 함께 포로로 잡혀 있던 동료들을 보면서 몇 가지 특징을 발견했다. 곧 풀려날 것이라고 근거 없는 낙관을 하는 동료들은 얼마 가지 않아 희망이 꺾이면서 상심해 죽고 말았다. 반대로 너무 비관만 하던 동료들도 희망을 잃고 얼마 지나지 않아 죽고 말았다. 스톡데일은 객관적으로 현실을 바라보려고 했다. 당장은 풀려날 수 없는 비관적인 상황이지만 언젠가 미래에는 반드시 풀려날 것이라는 강한 의지를 잃지 않았다. 강한 의지와 객관적 현실 인식을 함께 품는 것을 일컬어 스톡데일 패러독스라고 한다.

객관성을 잃은 낙관도 독이 된다. 지나친 비관도 상황을 타개하는 데 아무런 도움이 되지 못한다. 코로나19를 겪으면서 우리가 가져야 할 것은 현실을 객관적으로 바라보고 위기를 인지하면서도 한편으로는 곧 나아지리라는 믿음을 잃지 않는 것이다. 단기적으로 언제까지 위기 상황을 극복할 수 있을지 계획을 세워보고 그 기간 내에 할 수 있는 바를 생각해야 한다. 그렇게 하려면 현실을 객관적으로 볼 수 있는 지표가 있어야 하고, 지표를 해석하고 판단할 수 있는 근거가 마련되어야 한다. 근거 없는 낙관이나 근거 없는 비관이 위험한 이유는 실제 그러한 상황으로 전개되려면 동인Driver이 있어야 하는데 아무런 동인도 없고, 합리적인 근거도 없는 경우라면 잘못된 판단으로 인해 오히려 피해를 입을 수 있기 때문이다. 포로수용소에서 잘못된 판단은 곧 죽음으로 이어진다. 지나친 비관으로 상황을 못 견뎌 탈출을 시도하거나 삶의 의지를 꺾을 수도 있고, 지나친 낙관으로 언젠가 탈출할 상황에 미리 대비하지 못할 수 있다.

스톡데일 패러독스를 현재 우리 상황으로 적용해 보면 많은 교훈을 얻을 수 있다. 우선 코로나19로 인한 경기침체와 불황을 극복하기 위해 희망을 갖되 냉철한 시각으로 현재 상태를 객관적으로 들여다볼 수 있도록 지표를 설정하고 정보를 수집해야 한다. 개인이든 기업이든 가릴 것 없이 코로나19로 인한 여파가 당분간 지속될 것이기 때문에 다시 제자리로 돌아오기까지 자금 유동성, 비용 지출 현황, 부채 현황 등 다양한 지표를 수시로 검토하고 위기 상황에 대한 대응을 검토해야 한다.

앞으로 기업들은 적극적인 투자 전략보다는 비용을 절감하는 방향으로 전략을 전환하려는 경향이 강할 것이다. 이때 중요한 것은 무조건적인 절감이 아니다. 불요불급한 지출을 줄여야지 반드시 필요한 지출까지 줄이면 오히려 위기 상황을 극복하는 데 방해가 될 뿐만 아니라 안정적인 시기에 접어들 때 경쟁자들에게 뒤처지는 상황이 발생할 수 있다. 최근 오히려 디지털 투자가 증가하는 현상도 스톡데일 패러독스를 반영한 것이라 볼 수 있다. 변화에 적응하고자 하는 노력에는 투자를 아끼지 말고 불필요하거나 방만한 지출을 줄이는 지혜가 필요하다.

위기는 필연적으로 기회를 불러온다. 코로나19로 인해 어려움이 당분간 지속되겠지만 이 위기를 극복하고 나면 그동안 억제되어 왔던 소비심리가 풀리고 여행도 자유로워질 것이며, 국가 간 이동 제한이 풀리면서 무역도 활발해질 것이다. 그동안 이동 제한으로 인해 항공사들은 고사 직전까지 내몰리게 되었고, 여행산업은 그야말로 존폐 위기에 빠졌다. 감염병 확산을 막기 위해 통관절차도 까다로워지면서 수출도 쉽지 않았다. 그야말로 총체적 난국에 빠진 것이다. 코로나19가 잦아든다고 해서 이 모든 상황이 해결되지 않을 수도 있다. 다시금 상황이 안정된다면 위기 상황을 정상으로 되돌려 놓는 일도 필요하지만 새로운 상황에 적응하는 것도 필요하다. 장기적으로는 과거에 비해 나아질 것이라고 낙관하되 위기 극복의 순간까지 현실감을 잃지 말아야 한다.

비대면 시대와 데이터

코로나19로 인해 언택트Un-tact와 온택트On-tact라는 신조어가 생겨났다. 언택트는 비대면을 의미하고, 온택트는 온라인으로 연결된 상태를 뜻한다. 둘 다 직접 대면하는 것이 쉽사리 허락되지 않는 현재 사회상을 반영한 단어로 보인다. 시대적 상황이 언택트와 온택트로 변화하다 보니 새로운 질서에 적응하기 위해서 그에 맞는 기술이 채택되고 사용되기 마련이다. 변화는 막을 수 없지만 슬기롭게 대처하는 것은 사람이 해야 할 몫이기 때문에 어떤 기술을 활용하느냐에 따라 변화의 양상은 달라질 수 있다. 비대면은 말 그대로 직접 얼굴을 보지 않고 업무를 하거나 거래를 하고, 물건을 주고받는 것을 말한다. 이웃과 더불어 사는 것을 미덕으로 삼는 우리 민족과는 어찌 보면 어울리지 않는 말이기도 하다. 그러나 어쩌겠는가? 코로나19 이후에는 어울리고 더불어서 사는 세상이 더 이상 일상적인 상황이 되지 않을 수 있다. 이제는 온라인으로 연결되거나 가상으로 연결되는 것이 오히려 자연스러운 세상이 되고 있다. 택배나 배달 음식도 비대면으로 문 앞에 두고 가는 것이 일상적인 상황이다. 그만큼 안전이 우선이 되고 보이지 않는 바이러스로부터 스스로를 지켜내며, 사회를 유지하기 위한 노력이 중요하기 때문이다.

1988년 서울 올림픽의 주제곡이었던 코리아나의 〈손에 손잡고〉가 무색해지는 상황이다. 코로나19 바이러스는 전 세계로 퍼져나가면서 일시적으로 세상을 멈추게 할 수는 있어도 영원히 우리 일상을 집어삼키지는 못할 것이다. 역사적으로 보더라도 위기는 늘 있어왔지만 그때마다 현명하게 대처해서 극복해 왔다. 총과 칼을 든 전쟁만이 전쟁이 아니다. 보이지 않는 바이러스와 싸우는 것도 전쟁이다. 보이지 않는 전쟁은 불확실성이 크기 때문에 더욱 위태롭고 그 끝을 알 수 없다. 그럼에도 불구하고 인간은 이러한 위기를 극복하기 위해 끊임없이 노력할 것이고, 결국에는 이겨낼 것이다.

위기를 극복해 나가는 과정의 일환으로 비대면 일상과 온라인 연결 중심의 온택트 비즈니스가 새로운 질서로 자리 잡아 가고 있는 중이다. 새롭게 형성되는 질서는 과거로의 회귀가 아니라 더 나은 세상을 위한 출발이자 도전이다. 이러한 변화의 흐름을 주도하고 혁신을 이끌어 가는 주체는 사람이지만 이를 위한 도구로는 디지털 기술이 활용되고 있다. 지금까지 빠른 네트워크 기술이 선호되었던 이유는 영화와 같은 대용량 파일을 다운로드받거나 원활한 웹사이트 검색에 대한 욕구가 컸기 때문이다. 그러나 비대면이 일상이 되면서 단순히 그러한 욕구뿐만 아니라 각자 떨어져 있는 사람끼리 협업을 위해 비디오 시스템을 이용하고 PC의 마이크로 의견을 주고받으며, 화면을 공유하는 데 네트워크 끊김이나 심한 버퍼링이 발생하지 않기를 바라는 측면도 있다.

언택트가 일상이 되는 시대가 되면서 일하는 방식도 기존과는 많은 변화가 예상된다. 코로나19가 진정되지 않는 동안에는 재택근무나 원격근무의 비중이 당분간 높게 지속될 것이고, 비대면 업무가 가능한 영역은 온라인 협업 시스템과 온라인 화상 회의 시스템을 활용해 문제를 해결할 것이다. 온라인 화상 회의 시스템 사용이 폭증하면서 한때 접속에 문제가 있었으나 지금은 상당히 안정화되었다. 점차 사람들도 익숙해졌고 원격으로 업무를 처리하는 것의 효율성도 경험하게 되었다.

가상현실VR, Virtual Reality 기술이나 증강현실AR, Augmented Reality 기술은 직접 가서 보지 않아도 되기 때문에 위험한 현장이나 시설에 로봇을 대체 투입하고 가상현실 기술을 활용해 사람이 상황을 제어하는 것이 가능하게 되었다. 알파고로 대표되는 인공지능 기술은 이미 급속도로 발전해 왔고, 실제 많은 기업들이 업무에 적용하거나 새로운 비즈니스 영역을 개척하기 위해 적극 활용하는 추세다. 4차 산업혁명 시대에서 가장 주목받고 활용도가 높아질 기술이 인공지능이다. 머신러닝(기계학습), 딥러닝 등의 기술을 통해 인공지능이 발달하면서 이러한 기술을 활용한 비즈니스가 앞으로도 지속적으로 발전할 것이 예상된다. 이는 기업의 영업활동과 운영 방식에도 매우 큰 변화의 바람이 몰아칠 것이라는 예상을 가능하게 한다. 영업활동에서 가장 중요한 부분이 신규 고객을 유치하거나 기존 고객을 유지하는 것이다. 금융은 이미 디지털 플랫폼 전쟁에 돌입했다. 기존 고객을 비롯해 새로운 고객을 위해 금융 서비스의 전 과정에서 디지털 경험을 할 수 있도록 유도하고 있다. 실제로 최근 금융 기업들의 광고를 보면 이전과는 다르게 디지털 서비스를 내세우는 경우를 많이 볼 수 있다.

머신러닝의 가장 큰 특징은 정해진 룰에 의해서만 답을 찾는 것이 아닌 스스로 상황을 학습해서 답을 찾아간다는 것이다. 머신러닝은 방대한 데이터를 분석하면서 스스로 학습을 한다. 컴퓨터가 스스로 학습을 통해 문제를 해결하는 방법을 찾아내고 데이터를 분류하며 패턴을 찾아낸다. 물론 알고리즘이 뒷받침되어야 하지만 알고리즘에 의존하기보다 반복적인 학습을 통해 알고리즘 자체를 최적화한다. 빅데이터는 수많은 데이터를 처리하고 분석하는 데 초점을 맞춘다면 머신러닝은 데이터가 가진 의미를 학습을 통해 분류해 내고 예측까지 할 수 있기 때문에 이 둘이 결합한다면 앞으로 무궁무진한 발전을 이룰 수 있으리라 기대된다.

최근에는 광학문자인식OCR, Optical Character Recognition 기술과 자연어처리NLP, Natural Language Processing 기술을 활용해 스캐닝된 비

정형 문서의 문자를 읽어 들여 비정상적인 계약 문구나 기준과 다른 조항, 계약기간, 계약금액 등의 적정성을 자동으로 검토해 주는 기술로까지 발전했다. 이러한 기술은 앞으로도 머신러닝 기술을 활용해 지속적으로 학습을 시킨다면 국가 간 교역이나 거래 시 작성하는 각국의 언어로 된 계약서의 미묘한 의미 차이를 바로잡아 주는 역할까지 할 것으로 기대된다. 실제로 양국의 언어의 의미 차이로 인해 분쟁이 발생하는 경우도 있기 때문에 무역을 할 경우 계약서 검토에 많이 활용될 것으로 보인다.

비대면이 일상이 되는 시대를 맞아 기존의 조직문화와 일하는 방식은 더 이상 유효하지 않을 수 있다. 많은 사람이 모이는 일은 특별한 경우를 제외하고는 현저히 줄어들 것이고, 온라인을 통한 회의와 협업이 많아질 것이다. 앞으로는 비대면으로 처리하거나 협업해야 하는 업무가 많아지면서 대면으로 가능했던 출력된 문서 기반 업무나 자료 전달보다 시스템을 통한 비대면 업무가 주를 이루게 될 것이다. 그렇다 보니 대부분의 업무는 데이터로 저장하고 이를 기반으로 의사결정을 하며, 정보 교환을 통해 협업이 이루어지게 될 것이다. 이러한 변화에 적응하기 위해서는 데이터 중심 조직, 디지털 활용이 자연스러운 조직으로 변화해야 한다. 데이터 중심 조직이란 업무의 처음부터 끝까지 전 과정을 시스템을 통해 수행함으로써 데이터 생산과 활용에 적극적이며, 문제 해결과 협업을 데이터 중심으로 풀어나가는 조직을 의미한다.

근무환경의 변화도 예상된다. 생산 시설도 상당 부분 '자동화'될 것이다. 또한 가상현실VR과 증강현실AR 기술을 활용해 위험한 작업환경은 로봇이 일정 부분 사람이 하던 일을 대체하게 될 것이다.

| 조직의 형태 |

조직 유형	특징
아날로그 조직	• 대면 업무가 일상화되어 있으며, 문서 위주의 업무처리 방식이 보편화되어 있는 조직 • 충분한 설득과 감성 전달이 가능하여 유연성이 높음
기능 조직	• 표준화된 업무와 안정적이고 변화가 적은 사업에 유리
매트릭스 조직	• 고객 지향적이며, 고객 니즈에 부합하는 성과를 달성하기 위한 사업부 조직과 기능 조직의 마케팅, 연구개발, 구매 부문을 연계하여 운영하는 혼합형 조직
데이터 중심 조직	• IT 시스템을 업무에 적극 활용하며, 데이터 생산과 활용에 제약이 없고, 데이터를 중심으로 문제를 해결하거나 전략을 수립하는 조직

영업활동 역시 비대면 방식의 마케팅과 협의과정이 진행되고, 의사결정은 철저히 데이터 기반으로 이루어질 것이다. 사무 업무는 개인화되고 지역적 제한이 없는 구조로 바뀌게 될 것이다. 언제 어디서든 업무를 처리하고 공유할 수 있는 가상의 오피스 형태로 변하게 될 것이며, 누군가에 의한 관리감독이 아닌 자발적 참여가 조직의 성장 모멘텀이 될 것이다. 이로 인해 윤리적인 부분이 더욱 강조가 될 것이며, 이를 위해 운영 전반을 데이터를 중심으로 관리하게 될 것이다. 기업들은 비용과 윤리를 상계하여 윤리성이 높은 조직일수록 비용절감효과가 높다는 것을 경험적으로 배우게 되며 이를 경영 철학에 반영하게 될 것이다.

누구나 이슈가 현실이 되기 전까지는 현안을 묻어 두거나 회피하려는 경향이 있다. 이를 두고 '타조 증후군'이라고 한다. 쫓아오는 사자를 피하기 위해 모래에 머리를 파묻으면 당장 눈앞에 사자는 사라지게 된다. 그러나 온 몸이 그대로 사자에게 노출되어 버린다. 눈에서 사라진다고 위기가 모두 사라지는 것은 아니다. 우리는 타조 증후군처럼 당장의 어려움 앞에서 눈만 감아버리는 것은 아닌지 되돌아 볼 필요가 있다. 변화하는 세상을 외면하고 다가오는 위기를 회피하는 것은 장기적으로 보면 좋은 전략이 될 수 없다. 당장의 위기 상황을 모면하거나 회피하기보다 적극적으로 리스크에 대응하는 것이 필요하다. 이를 위해 혁신에 혁신을 거듭해야 한다.

앞으로의 변화된 질서 속에서 살아남기 위한 혁신은 디지털 혁신이 될 것이다. 디지털 기술로 인해 세상은 지금보다 더 촘촘하게 연결되고 정보의 흐름은 더욱 빠르게 진행될 것이다. 비대면은 대면 못지 않거나 오히려 더 편리해질 수도 있다. 사람들이 갖게 될 데이터도 지금보다 훨씬 많아지겠지만 처리해야 할 데이터도 동시에 많아질 것이다. 이러한 변화에 적응하기란 쉽지 않겠지만 조직, 기업, 정부기관까지도 변화에 적응하기 위해서는 데이터 중심 조직으로 변화해야 한다. 개인까지도 데이터 중심 사고로 변화해야 하며, 디지털 전환 시대에 적응해야 한다.

4차 산업혁명 시대와 코로나19로 인한 '넥스트 노멀'이 동시에 찾아왔다. 이러한 혼란기에는 혁신을 통해 변화에 적응하는 것이 필요하다. 혁신을 위한 모멘텀으로는 디지털 역량을 강화하고 데이터 중심으로 조직이 변화하며, 이를 활용해 비즈니스 전략을 수립해야 한다. 앞으로 경영 철학과 조직 문화도 디지털 트랜스포메이션 시대에 맞게 변화해야 한다. 디지털 도구만 갖추는 변화는 오래가지 못한다. 환경이 변하는 만큼 생각도 변해야 한다. 구조적이고 체계적인 사고는 유연하고 민첩하게 바뀌어야 하고, 일하는 방식과 절차 중심에서 생각의 방식과 깊이가 중요한 시대가 된 것이다. 당분간 이 불확실한 상황은 지속될지 모른다. 변화는 필히 불확실을 동반한다. 누구도 가 보지 못한 세상이기 때문이다. 따라서 불확실한 미래에 대비하기 위해 현상을 파악하고 미래를 예측하기 위한 노력이 끊임없이 전개되어야 한다. 그렇게 하는 것이 새로운 질서인 '넥스트 노멀'에 적응하고 변화를 맞이하는 현명한 자세일 것이다.

생존을 넘어 번영을 위한 데이터 중심 조직으로의 변화

코로나19 이후 '넥스트 노멀' 시대에는 조직의 성과관리와 리스크 관리가 마치 비행기의 양 날개와 같이 균형 있게 운영되어야 한다. 고도 성장기에는 목표 대비 성과를 달성하는 것이 중요하다면 정체기나 위기 상황에서는 리스크 관리가 중요하다. 기업은 초기 성장기에는 양적인 성장을 앞세워 외형을 키우게 된다. 그러나 어느 순간부터 성장이 정체되고 경쟁은 더욱 치열해진다. 이때부터는 질적 성장이 동반되지 않으면 쉽게 무너질 수 있다. 바로 기업의 체질을 강화시켜 주는 것이 리스크 관리다.

코로나19를 겪으면서 앞으로는 모든 기업의 핵심 경영 아젠다가 리스크 관리가 될 것으로 예상된다. 급변하는 경영환경에서 위기에 대비하고 적절히 대응하는 것이야말로 리더십의 핵심이라 여겨지기 때문이다. 난세에 영웅이 탄생한다고 했다. 코로나19로 인한 위기에서는 기업을 둘러싼 외부 리스크 요인도 있겠지만 내부 이슈가 크게 불거지기도 한다. 따라서 이러한 위기 상황에서 현실을 직시하고 객관적이며 합리적인 의사결정과 리스크에 적절히 대응하는 리더십으로 하나 둘씩 극복해 나간다면 생존을 넘어 번영의 길로 들어설 수 있을 것이다.

위기를 극복하지 못하면 생존할 수 없고 번영할 수 없다. 살아남아야만 다시 훈풍이 불고 안정된 세상이 되었을 때 모든 역량을 동원해서 번영을 누릴 수가 있다. 그렇기 때문에 위기 상황에서는 생존이 가장 우선시된다. 위기 극복을 위해서는 리더의 의사결정이 매우 객관적이고 합리적이어야 한다. 그리고 조직 구성원들로부터 수용되어야 한다. 그러기 위해서는 객관적인 지표를 통해 분석된 결과가 활용되어야 한다. 협상은 양측의 정보 싸움이라고도 한다. 리더의 의사가 수용되고 결정된 대로 실행되기 위해서는 왜곡되지 않은 정보가 공유되고 이를 바탕으로 커뮤니케이션이 이루어져야 한다. 리더는 정교하게 설계된 논리적 기반하에 의사결정을 내려야만 리스크를 효과적으로 대비하거나 그로 인한 피해를 최소화할 수 있다. 그만큼 위기 상황에서는 객관성과 합리성이 매우 중요하다.

조직 내에서 합리적인 의사결정이 원활히 이루어지고 받아들여지기 위해서는 데이터 기반 의사결정 구조가 채택되고 일상화되어야 한다. 데이터 기반 의사결정구조에서 중요한 정보는 실시간에 가깝게 보고 판단하며 객관적인 사실과 증거 기반으로 이루어져야 한다. 정보가 왜곡되지 않게 하기 위해서는 데이터 관리가 매우 중요하다. 그리고 적시에 리스크를 대응하기 위해 현재 상황을 직관적으로 판단할 수 있도록 도움을 줄 수 있어야 한다. 한 단계 더 나아가 미래를 예측하거나 수많은 데이터에 숨겨진 함의를 직관적으로 이해할 수 있게 도움을 주어야 한다.

신속하고 합리적인 의사결정을 위해 경영진은 목표를 향해 정상적으로 순항하고 있는지 알 수 있는 성과와 경영목표 달성에 저해되는 요인들이 무엇인지 알 수 있는 리스크를 두 축으로 하여 모니터링해야 한다. 또한 영업, 구매, 공급망, 재무, 손익, 원가 현황을 훤히 들여다볼 수 있어야 한다. 경영진이 볼 수 있는 범위가 제한적일수록 합리적인 의사결정을 내리는 데 제약이 클 수밖에 없다. 경영진뿐만 아니라 조직 구성원들이 직무와 역할, 책임에 따라 필요한 데이터를 보고, 분석하며, 이를 활용하기 위해서는 데이터 중심 조직으로 거듭나야 한다.

데이터 중심 조직이란 데이터 기반으로 업무를 수행하고 데이터를 생산하고 활용하며 폐기하기까지 전 과정을 체계적으로 수행하고 조직을 말한다. 데이터 중심 조직은 업무과정에서 생산되는 데이터가 체계적으로 수집되고 저장되어야 한다. 이렇게 축적되는 데이터는 필요한 경우, 적재적소에 활용될 수 있어야 한다. 데이터는 시의적절하게 정보화되어 활용되어야 가치가 높아진다. 또한 쓸모 있는 데이터가 모아질 수 있도록 인프라가 갖추어져야 한다. 데이터가 축적될수록 가치가 더해지는 구조로 인프라가 끊임없이 개선되어야 한다. 여기서 그치지 않고 데이터를 자유롭게 분석하여 업무에 활용하고 내부에서 만들어진 양질의 정보가 손쉽게 유통될 수 있도록 해야 한다. 물론 보안이 필요한 정보는 제한적으로 활용되어야 하지만 기본적으로 데이터와 정보가 유통되지 않는 '데이터 동맥경화'가 발생하지 않도록 조직 문화를 바꾸는 것도 필요하다.

예를 들어, 완성차를 만드는 기업의 제조 공정상에 매우 중요한 'A'라는 부품을 납품하는 공급업체가 두 군데 있다고 가정해 보자. 해당 부품의 납품 기록을 살펴보니 한 업체는 납품일정 준수율이 95%에 달하고 평균 납기지연 일수가 2일이었다. 또 다른 업체는 납품일정 준수율이 80%에 지나지 않았고 평균 납기지연 일수가 7일이었다. 이러한 데이터를 분석해 보지 않은 채 생산계획을 수립하고 동일한 조건으로 부품 구매 물량을 산정하게 된다. 그러나 분석 결과에 따라 납품일정 준수율이 높은 업체에 비율만큼 더 많은 물량을 배정하는 것이 합리적일 것이다. 실제로 리스크를 관리하는 입장에서는 공급업체의 납기 미준수로 인한 생산일정 지연을 예방하기 위해서라도 물량 배정 시 납품일정 준수율을 따져 보지 않을 수 없을 것이다.

위기 상황일수록 공급망관리는 필수다. 특히 전 세계적인 위기 상황이라면 더욱 그렇다. 생산 거점이 해외에 있거나 주요 공급망이 해외에 있는 경우라면 공급망 리스크가 기하급수적으로 확대될 수 있다. 공급망이 한번 무너지면 공급 중단으로 인해 생산이 중단되고 납기가 지연되어 고객과의 약속을 지킬 수 없다. 그렇게 되면 그 이유가 외부에 있더라도 사업 기회를 잃을 수 있다.

코로나19로 인해 한동안 국경이 봉쇄되면서 물류가 중단되어 수출과 수입에 상당한 차질이 발생한 사례만 보더라도 공급망 리스크는 현실화되었을 때 그 규모와 파급효과가 매우 크다. 공급망에서 우리 기업이 공급처가 될 수도 있고 구매처가 될 수도 있다. 그러다 보니 양방향에서 영향을 받을 수도 있고, 다른 공급망에 의해 연쇄 피해를 입을 수도 있다. 완성차업체나 조선사의 경우 공급망의 최정점에 있기 때문에 이러한 공급망 리스크를 최소화하기 위해 공급업체를 인수하거나 직접적인 지원을 하는 경우도 있다.

코로나19는 전 세계적인 위기를 초래했다. 생산도 둔화되고 물류도 지연되고, 국가 간 이동이 자유롭지 못해 무역에도 많은 지장을 주고 있다. 이러한 위기 상황에 대비하기 위해 앞으로 일어날지도 모르는 비즈니스 중단 사태나 공급망 붕괴, 각종 위기 상황을 가정하여 사업 연속성 관점에서 리스크를 관리하고 철저한 대비를 해야 한다. 코로나19 위기는 단순히 전염병으로 인한 인류의 건강 문제에 그치지 않게 될 가능성이 크다. 수요와 공급이 동시에 위축되고 국가 간 교역이 일시적으로 중단되며, 국가 간 왕래가 끊기면서 관광산업과 물류가 동시에 충격을 받는 상황이 지속될 수 있다. 전염병 대유행이 소강기에 접어들었다고 해도 언제 다시 대유행이 재개될지 모를 일이다. 그렇게 되면 다시 한번 실물경기가 위축되면서 동시에 금융위기가 찾아올 수 있다. 다시 말하자면 동시다발적이고 복합적 위기가 도래할 수 있다. 백신과 치료제가 하루빨리 나와서 상황이 통제되기 전까지는 이러한 위기 상황이 당분간 지속될 것으로 보인다. 따라서 이러한 갑작스러운 변화와 새롭게 재편될 질서에 적응하는 것이 필요하다.

요즘과 같은 시기에는 보다 합리적이고 빠른 의사결정이 필요하다. 진화론 관점에서 보면 변화하는 환경에 적응하지 못하는 종種은 생존과 번영을 누릴 수 없다. 기업도 마찬가지다. 급변하는 글로벌 환경에서 적응해야 살아남을 수 있다. 이번 기회에 위기 극복을 위한 'DNA'를 심고, 생존력을 강화하는 계기로 삼아야 한다. 더불어 '양적 성장'과 더불어 '질적 성장'을 함께 도모할 수 있는 계기로 삼아야 한다. 기업들은 변화에 적응하여 생존하며, 지속가능한 성장을 이루기 위해 데이터 중심 조직으로 거듭나는 노력이 계속되어야 한다. 혁신과 변화는 떼려야 뗄 수 없는 한몸과도 같기 때문이다.

데이터로 비즈니스에 날개를 달다

하버드 경영대학원의 마이클 포터Michael Eugene Porter 교수가 제안한 모델인 가치사슬Value Chain 관점에서 보면 IT는 지원활동 영역에 해당되어 왔다. 가치사슬 모델에서는 영업, 마케팅, 생산, 물류, 판매 등을 주요 활동Primary Activities으로 보고, 구매, IT, R&D, 인사, 재무 등을 지원활동Support Activities으로 본다. 그러다 보니 IT를 주요 활동의 효율성을 지원하는 것으로 보고 비용 관점에서 생각해 왔다. 그러나 최근에는 이러한 인식이 많이 개선되고 있다. 디지털 기술이 비즈니스에 강한 영향을 미치는 상황이 되면서 기업들은 IT를 비즈니스활동을 위한 부가적인 요소로 보지 않고 핵심 경쟁력으로 보는 경우가 많아지고 있다. 전통적으로 유통산업은 오프라인 현장 중심이었다.

그러나 최근에는 고객과의 접점으로 온라인, 모바일 채널이 중요한 변수로 떠오르고 있어 유통기업들은 이를 대비하기 위한 투자가 진행되고 있다. 국내 유통 공룡으로 불리는 롯데, 신세계는 오프라인 점포와 디지털 기술을 연계하거나 온라인 채널 구축을 통한 고객 편의성 확대에 주력하고 있다. 온라인 쇼핑 시장의 급성장이 기존 오프라인 유통 강자들에게는 위기이면서도 기회가 될 수 있다. 기존에 탄탄한 오프라인 유통망을 활용해 더 값싸고 품질 좋은 상품을 온라인 채널과 결합해 빠르게 소비자에게 제공한다면 오히려 오프라인 시장과 온라인 시장 전체 매출규모를 키울 수도 있다.

과거에는 비즈니스를 지원하는 수준에서 머물던 IT가 핵심 역량으로 부각되면서 동시에 데이터에 대한 중요성도 날로 높아지고 있다. 이제는 데이터를 활용하지 않고서는 비즈니스 경쟁력을 확보하기 어려운 시대가 되었다. 데이터는 우버나 에어비앤비와 같이 비즈니스의 본질을 바꾸는 형태로 진화하고 있으며, 기존 비즈니스를 활성화시킬 수 있는 도구로 활용되고 있다. 데이터 활용만으로도 고객의 니즈를 보다 정밀하고 다양한 관점에서 파악해서 맞춤형 전략을 수립할 수 있게 하고, 비즈니스 기회가 어디에 있는지 포착하는 데도 데이터 분석이 활용된다. 포인트 제공을 위해 수집한 고객 정보를 통해 연령대별 소비 트렌드를 분석하거나 선호도가 높은 상품의 특성을 분류할 수도 있다. 그렇기 때문에 데이터는 비즈니스에 날개를 달아 주는 매우 강력한 무기가 될 수 있는 것이다.

이제 데이터에 대한 투자는 기업에 있어 신규 사업 투자나 자산 투자에 못지 않게 중요해졌다. 투자 전략에서 데이터 활용과 데이터 인프라 투자는 신규 시장 진출이나 시장점유율 확대에 기여하게 될 것이고, 업무 효율성을 높일 수 있는 도구로 활용된다면 업무 생산성 향상에 기여하게 될 것이다. 데이터도 자산이고 영업활동에 직접적인 영향을 미칠 수 있는 마케팅 도구가 될 수도 있다. 더욱이 데이터는 그 활용에 따라 얻을 수 있는 가치가 무궁무진하며, 비즈니스 경쟁력을 확보하는 데 있어서도 큰 무기가 될 수 있다. 이제는 레스토랑에서 음식을 맛있게 만들고 친절한 서비스를 베푸는 것만으로 경쟁우위를 점할 수 없다. 주문 시스템을 개편하고 고객 경험 전반에 걸쳐 데이터를 수집하고 이를 바탕으로 맞춤형 서비스를 제공하면서 고객 편의와 가치를 높이는 것도 매우 중요하다. 고객 만족을 결정짓는 요인이 다양해졌고, 경쟁우위를 점하기 위해 갖추어야 할 역량 역시 예전에 비해 많아졌기 때문이다.

코로나19 이후의 세상에서는 비대면, 온라인 중심으로 변화가 가속화되고 고착화될 것으로 예상되기 때문에 데이터 인프라와 분석 역량 강화에 투자하는 것이 더욱 중요해질 수밖에 없다. 우리가 운동을 할 때 전문가들은 코어 근육(복부 중심 근육)을 키워야 된다고 한다. 코어가 안정되어야 신체 균형도 맞고 근력이 좋아지기 때문이다. 비즈니스 역량도 마찬가지다. 앞으로는 코어 역량 강화를 위해 데이터를 분석하고 활용하는 데 적극적으로 투자해야 한다.

CHAPTER 04

승리의 코드, 데이터 애널리틱스

Chapter 04

승리의 코드, 데이터 애널리틱스

데이터 애널리틱스의 정의

데이터 애널리틱스Data Analytics란 빅데이터를 분석하는 기술을 말한다. 어떠한 데이터 자체를 분석하는 것은 애널리시스Analysis라고 표현한다. 그래서 흔히 데이터를 분석한다는 넓은 의미로 사용할 때는 애널리틱스Analytics를 사용한다. 데이터의 원천은 다양하다. 기업 내부이거나 외부로부터 데이터를 수집할 수 있다. 이처럼 다양한 채널에서 데이터를 확보할 수 있지만 양질의 데이터는 내부에 있는 경우가 많다. 외부 데이터는 그 범위가 제한적이거나 가공되지 않은 비정형 데이터가 많기 때문이다.

기업 내부 데이터는 주로 전사적 자원관리ERP, Enterprise Resource Planning 시스템을 비롯해 업무 관련 주요 시스템을 운영하는 과정에서 생성된 데이터를 말한다. 외부 데이터는 디지털 마케팅이나 공개된 데이터, 유료로 서비스되는 데이터 등 다양한 채널을 통해 수집될 수 있다. 조금 더 좁혀 보면 데이터 애널리틱스는 실무에 데이터를 활용하는 것을 의미한다. 즉, 실무에 도움이 되는 방향으로 데이터를 활용한다는 것이 보다 정확한 의미일 것이다. 데이터 애널리틱스는 객관적이고 체계적인 방법을 사용해야 하고, 대량의 데이터를 다루기 때문에 빅데이터 기술이 수반되어야 한다. 데이터를 분석하기 위해서는 그 목적이 명확해야 하며, 활용하는 대상에게 주는 이점이 있어야 한다. 일반적으로 데이터 애널리틱스 활용은 데이터 분석 결과의 활용 주체를 기준으로 세 가지로 나누어 볼 수 있다.

첫 번째는 경영진이 활용하는 경우다. 경영진은 짧은 시간 내에 주요 경영 현안을 들여다보고 의사결정을 내려야 한다. 목표한 바를 달성했는지 여부는 경영 전략을 수정할지 유지할지를 결정하는 핵심 요인이다. 그 외에도 경영 지표의 변화 추이나 리스크 모니터링 현황을 확인하고 의사결정에 도움을 얻을 수 있다.

두 번째는 현업 실무자가 데이터 애널리틱스를 활용하는 경우다. 과거에는 주로 경영진을 위한 데이터 분석이 이루어졌고, 주요 지표에 대한 대시보드 역시 경영진을 위해 개발되었다. 그러나 최근에는 현업 실무자들의 업무 효율성과 리스크 관리를 위해 데이터 애널리틱스가 적극 활용되고 있다. 실무자 입장에서는 업무를 통제하고 비정상적으로 진행되지 않도록 하기 위해 현황을 모니터링할 수 있어야 한다. 구매담당자는 안전재고량과 생산에 투입되어 소진된 재고량을 알고 있어야 부족분에 대해 구매를 진행할지 아니면 기준 수량 이하로 떨어졌을 때 구매할지를 결정할 수 있다. 만일 자재 입고와 불출 현황을 전혀 파악할 수 없다면 재고량을 고려하지 않고 구매가 이루어질 수 있다. 이는 곧 재고비용으로 이어질 수 있기 때문에 현황을 관리하면서 리스크에 대응하는 것이 필요하다.

세 번째는 이해관계자가 활용하는 경우다. 여기서 이해관계자는 공급망 내의 공급업체들과 주요 거래처를 의미한다. 거래 현황과 대금청구 기록, 오더 물량, 입고 검수 현황 등 다양한 정보를 자체적으로 운영하겠지만 납품처가 제공하는 리포트를 통해 더욱 효율적인 거래가 이루어질 수 있다. 이때 이해관계자는 볼 필요가 있는 정보에 한해 분석 결과를 제공받기 때문에 정보보안 이슈는 상대적으로 적다고 볼 수 있다.

| 데이터 애널리틱스 활용 방법 및 제공가치 |

사용 주체	활용 방법	제공가치
경영진	• 경영 회의 시 경영 성과 확인 • 조직별 경영 성과 확인 • 손익 현황 확인 • 주요 경영 지표 현황 및 변화 추이 확인 • 주요 리스크 지표 모니터링 현황	• 다차원적 현황 파악 • 의사결정 지원 • 직관적인 현황 파악
현업 실무자	• 분석적 리포트 개발 • 대량의 데이터 분석 • 실무자 간 리포트 공유를 통한 협업	• 요구사항에 맞도록 맞춤형 리포트 제공 • 협업을 통한 분석 리포트의 고도화
이해관계자	• 필요한 정보만 제한적으로 조회 • 데이터 기반의 객관적 자료 조회	• 볼 필요가 있는 정보에 한해 분석된 결과를 제공받을 수 있음

데이터 분석 결과는 경영진의 전략적 의사결정에 도움을 줄 수 있어야 한다. 즉, 통찰력을 제공하여 비즈니스 기회를 창출하고, 리스크를 줄여나가는 활동을 지원하는 역할을 해야 한다. 이를 위

해 데이터 관리가 체계적으로 이루어져야 하며 유의미한 정보를 생산하기 위한 인프라가 갖추어져야 한다. 데이터 활용은 생산성과 효율성을 극대화하는 데 활용되어야 하며 데이터 분석과정에서 업무 프로세스의 문제점이 자연스럽게 드러나게 된다. 애널리틱스는 데이터 분석행위 자체만을 의미하지 않는다. 데이터 분석을 통해 통찰력을 얻고 미래를 예측하기 위한 수단으로 활용되어야 한다. 불확실성으로 인한 비즈니스 리스크를 조기에 확인하여 의사결정에 도움을 주는 것 또한 애널리틱스의 역할이다.

리스크 애널리틱스는 리스크 관리 플랫폼의 일부다. 리스크를 식별하고 평가하여 집중관리해야 할 리스크의 우선순위를 선정하고 데이터 분석을 위한 모니터링 지표 설정이 가능한지 여부에 따라 지표관리형, 내부통제형, 시나리오형 등으로 나뉘게 된다.

지표관리형은 데이터를 수집해서 시나리오에 따른 분석절차를 수행하여 시각화하는 과정을 거치게 된다. 이때 시나리오에 대한 리스크 한도 설정에 따라 리스크 상태를 판단할 수 있는 기준이 마련되어야 한다. 이러한 기준을 리스크 임계치라고 하며, 임계 구간별로 대응 방안을 수립해야 한다. 데이터 분석을 통해 현상만을 제시하는 것은 한계가 있다. 따라서 데이터 분석을 통해 현재 상태를 단계별로 파악하고 각 단계에 적합한 리스크 대응 방안은 수행 지침이자 상황을 통제할 수 있는 도구가 된다. 데이터 분석이 모든 이슈를 해결해 주지는 못하지만 어느 부분이 취약한지, 이상징후가 나타나는지, 기준에 위배되는 일이 발생하는지를 적시에 확인할 수 있는 것만으로도 큰 의미가 있다. 이를 위해서는 세밀한 시나리오 설계가 필요하고, 원인을 따라가 볼 수 있도록 설계가 되어야 한다. 전체 이슈에서부터 출발해서 세부 사항을 드릴 다운Drill Down해서 확인할 수 있어야 하며, 시계열적 분석과 기준 대비 비정상적으로 편차가 심한 경우가 있는지 확인할 수 있어야 한다. 이러한 분석을 위해서는 원천 데이터를 가공해서 필요한 리포트를 만들 수 있는 정보만을 따로 저장하는 작업이 필요하다. 따라서 복잡한 분석 기법이라 하더라도 운영이 가능할 수 있도록 데이터 분석을 위한 인프라가 뒷받침되어야 한다.

내부통제형은 업무 프로세스상의 취약점과 연관된다. 일반적으로 내부통제는 시스템에 의존하는 형태로 설계되는 것이 바람직하다. 내부통제는 업무 프로세스상 직무분리Segregation of Duties가 지켜지지 않는 경우나 리스크가 발생할 가능성이 높은 특정 업무 영역에 대해 설계한다. 특히 리스크가 높은 영역이 시스템으로 관리되고 있다면 데이터가 축적되고 있을 것이기 때문에 데이터를 분석을 통해 모니터링을 하는 것을 내부통제형 리스크 대응이라 한다. 또는 상황을 가정해서 통제 방안을 수립하게 된다.

한편 불확실한 미래에 대비해 상황별로 단기적 · 장기적 대응 방안을 수립하는 시나리오 플래닝은 경험해 보지 못한 상황에 대한 가정과 액션 플랜Action Plan을 설계하고 리스크 대응 문화를 확산하며, 내재화하는 데 초점을 맞추게 된다. 시나리오형 리스크 역시 상황의 변화를 감지하기 위한 지표로 사인포스트Sign-post를 설정한다. 사인포스트는 시나리오 상황이 긍정적인 방향으로 흘러가는지, 아니면 부정적으로 흘러가는지 판단할 수 있는 근거가 된다. 사인포스트로는 기업 내부뿐만 아니라 외부에서 수집한 데이터가 포함된다. 따라서 지표를 정의하는 것이 매우 중요하며 리스크 상황을 감지하기 위해 모니터링되어야 한다. 이를 위해서는 시나리오와 관련된 기업 내 · 외부 데이터를 수집하여 분석하는 활동이 필요하다. 이처럼 기업의 리스크 관리활동은 관리 유형이 다르다고 할지라도 데이터 분석을 통한 통찰력을 얻는 활동이 필수다.

| 유형별 리스크 |

리스크 대응 유형	유형별 판단기준	리스크 예시	불확실성	통제 가능성
지표관리형	• 리스크의 원인이 식별되는가? • 업무가 IT 시스템을 통해 운영되는가? • 데이터 수집이 가능한가? • 지표 모니터링 후 내부통제 가능한가?	• 유동성 위기 • 급격한 원가 상승 • 개발 일정 지연 • 부품 수급 지연 • 개발 일정 지연	High	Medium
내부통제형	• 업무 프로세스 개선으로 해결 가능한가? • 시스템 개선으로 해결 가능한가? • 내부통제 설계로 해결 가능한가? • 내부통제 목적과 활동이 정의되는가?	• 매출채권 장기 미회수 • 구매요청 없는 구매발주 • 대금 이중지급 • 장기간 미이동 재고 • 부적절한 법인카드 사용	Low	High
시나리오형	• 다양한 상황이 존재하는가? • 다양한 원인이 존재하는가? • 지금까지 겪어 보지 못한 상황인가? • 상황별 대응이 필요한가? • 시간이 지남에 따라 충격이 누적되는가?	• 전염병 대유행(예: COVID-19) • 물류대란 • 공급망 붕괴 • 글로벌 경제위기 • 시장점유율 지속 하락	High	Low

4차 산업혁명과 파괴적 비즈니스 혁신

앞서 언급한 바와 같이 4차 산업혁명은 데이터를 기반으로 하는 다양한 IT 기술이 혁신을 촉진하고 있다. IoTInternet of Things, 빅데이터Big Data, 인공지능AI, Artificial Intelligence, 머신러닝Machine Learning, 사무자동화Robotic Process Automation, 블록체인Block Chain, 인지 컴퓨팅Cognitive Computing, 인메모리 컴퓨팅In-memory Computing, 클라우드Cloud 등의 기술은 비즈니스는 물론이고 일상생활까지 디지털 세상으로 변화를 이끌고 있다. 이러한 변화로 인해 4차 산업혁명 시대가 성큼 눈앞으로 다가오고 있다.

앞 장에서도 설명했듯이 1차 산업혁명은 수공업 중심에서 기계화를 이루면서 생산성 향상의 의미 있는 진전이 있었으며, 2차 산업혁명에서는 전기를 이용한 대량생산체제로 접어들면서 공급 주도의 산업이 시장을 이끌어 산업 자본의 급격한 발전이 이루어졌다. 3차 산업혁명은 인터넷의 등장으로 빠른 정보 유통이 가능한 디지털 중심 사회를 만들었고, 웹을 통해 거리와 시간이라는 비즈니스의 한계를 극복해 왔다. 각각의 산업혁명이 갖는 의미는 이전 시대와 단절적이고 급격한 변화를 끌어냈다는 것이다. 점진적인 변화가 아닌 급격한 변화는 좋은 점도 있었겠지만 부작용도 만만치 않았다. 산업환경과 체계가 바뀌면서 자연스럽게 도태되는 산업이나 직업이 생겨났고, 변화의 파고를 순탄하게 넘은 신흥 부자들도 출현했다.

산업혁명을 이끌었던 신기술을 도입하거나 활용하지 않는 기업들은 경쟁에서 밀려날 수밖에 없는 상황이 되었다. 그도 그럴 것이 2차 산업혁명 때 전기에너지를 활용하지 않는 기업이 어떻게 대량생산이 가능했겠는가? 3차 산업혁명도 마찬가지다. 닷컴 버블이라는 그늘도 있었지만 대부분의 기업들이 온라인을 기반으로 하는 마케팅이나 판매 채널 구축이 이루어졌고, 효율적인 기업 운영을 위해 IT 시스템을 적극 도입했다. IT 시스템은 네트워크를 통해 직접 이동하지 않고도 업무를 처리할 수 있게 되었고, 공급망관리 역시 네트워크를 통한 재고관리, 물류관리가 가능해졌다.

4차 산업혁명 시대에는 하나의 기술이 아닌 여러 기술이 복합적으로 세상을 변화시키고 있고, 데이터 중심 사회로 진화하고 있다. 특히 플랫폼 기반 비즈니스의 중요성이 부각되면서 다양한 형태로 플랫폼을 구축하고 고객이나 협력사들을 유치하고자 노력하고 있다. 플랫폼은 기본적으로 데이터 전쟁이라 해도 과언이 아니다. 플랫폼을 통해 얻어지는 데이터를 통해 새로운 인사이트를 얻고 비즈니스 도구로 활용할 수 있기 때문이다. '카카오'가 '카카오톡'이라는 모바일 메신저 서비스를 통해 모바일 플랫폼의 최강자가 되면서 이를 활용해 금융, 페이먼트, 쇼핑, 협업 툴, 광고 등 다양한 비즈니스로 진화시킨 사례를 보면 플랫폼의 중요성을 이해할 수 있다.

최근 많은 기업들이 4차 산업혁명이라는 거대한 변화에 대비해 빠르게 적응하기 위한 다양한 시도를 하고 있다. 그중 가장 적극적인 시도는 디지털 전환이다. 전사 차원의 디지털 전환 과제를 설정하고 투자를 실행하는 기업들이 늘어나고 있다. 특히 재무, 공급망, 구매 등의 업무를 디지털 기반으로 표준화하는 경향이 있다. 규모가 있는 기업들의 경우 대부분 ERP(전사적 자원관리) 시스템을 갖추고 있으나 사업의 규모와 종류가 달라지고 조직의 크기도 달라지는 과정에서 시스템은 변화를 따라가지 못하는 경우가 많다. 그러다 보니 땜질 식의 시스템 업그레이드로 대응하면서 정보의 흐름이 원활하지 않거나 보고 자료 산출 시 데이터가 부정확한 경우가 있다.

재무 관점에서는 부정확한 데이터는 오류투성이의 보고 자료로 이어질 수 있기 때문에 실무담당자들이 시스템 자료를 내려받아 자료를 보완하거나 데이터를 수정하는 경우가 많다. 이러한 상황을 개선하기 위해 재무 업무 디지털 전환을 추진할 때는 업무 효율성 외에도 데이터의 정확도를 높이고, 데이터를 필요로 하는 업무 관련자들 간에 원활히 유통될 수 있도록 구조를 재설계한다. 재무 보고 역시 데이터의 정확성을 높이는 동시에 풍부한 분석을 통해 보다 합리적인 의사결정을 지원하기 위해 다양한 분석 자료를 제공한다. 분석 자료가 다양해지기 위해서는 기본적으로 지표가 설계되어야 한다. 풍부하고 다양한 지표가 활용되기 위해서는 데이터 구조를 분석에 용이하도록 개선해야 한다. 데이터 구조의 표준화와 최신화를 통해 데이터를 생성하고 저장하는 것 외에도 분석 서비스가 가능하도록 함으로써 실무담당자뿐만 아니라 경영진도 필요한 정보를 적시에 제공받을 수 있어야 한다.

생산 관점에서는 공급망 리스크를 관리하기 위해 주요 공급자들의 공급 품목의 중요성을 기준으로 리스크 등급을 평가하여 우선순위를 두고 관리해야 한다. 공급망 리스크를 관리하기 위해서는 필수 정보를 수집하고 투명하게 공유해야 한다. 공급망 네트워크 구축을 통해 공급망 내에 발생할 수 있는 잠재 리스크와 취약점을 관리해야 한다. 공급망 리스크가 발현될 경우 전체 생산 일정에 차질을 빚을 수 있기 때문에 부품 조달 일정이나 구매 리드 타임Lead Time, 납기 일정, 적정 재고량 관리가 필요하다.

최근에는 공급망 리스크를 지표로 만들어 데이터를 분석하여 이상징후를 조기에 포착하는 방식으로 모니터링하는 시스템을 구축하기도 한다. 이러한 모니터링 체계가 갖추어지기 위해서는 공급망관리와 관련된 데이터가 축적되고 구매와 생산과정이 데이터 기반으로 투명하게 운영되어야 한다. 공급망 리스크 관리는 데이터가 뒷받침되지 않을 경우 계량적인 지표 설계와 데이터 분석, 주기적 모니터링이 가능하지 않을 수 있기 때문에 프로세스를 표준화하고 데이터 아키텍처를 설계하여 필요한 데이터를 수집할 수 있어야 한다.

모바일 커머스의 급격한 성장과 사물인터넷IoT의 연결성은 산업 전반에 걸쳐 지대한 영향을 끼치고 있다. 모바일 중심의 커머스 시장이 급격히 성장하고, 언제 어디서나 강력한 네트워크로 연결된 초연결 사회로의 변화를 통해 산업의 경계가 허물어지고 있다. 이러한 초연결 사회를 다시 말하면 스마트 시티가 된다. 스마트 시티의 특징은 인간과 사물이 조화롭게 연결되어 있어야 한다. 자동차를 통해 이동 정보가 수집되면서 동시에 상점이나 서비스업체가 연결되면서 맞춤형 프로모션이 가능해진다. 동시에 주요 경로에 대한 교통 상황을 실시간으로 제공해 주거나 위험 요소를 미리 알려준다면 안전과 효율을 동시에 이루어 나가는 스마트 시티가 만들어질 수 있을 것이다.

초연결 사회란 컴퓨터, 모바일뿐만 아니라 가전제품과 같은 우리 주변에 있는 모든 디바이스가 네트워크로 연결되고 상호 데이터를 주고받는 상황을 말한다. 심지어 벽면, 창문, 가정용품, 인테리어 소품까지도 IoTInternet of Things 기술로 연결되어 데이터를 생산하고, 그로부터 의미 있는 정보를 조합해서 비즈니스 기회를 창출하는 데 도움을 준다. 많은 기술을 통해 데이터가 수집되는 것만으로 그쳐서는 안 된다. IoT 기술과 함께 빅데이터 분석 기술이 더해지며, 정보보안을 고려한 수준에서 정보가 원활히 유통되어야 한다.

디지털 파괴Digital Disruption는 디지털 기술이 산업 간 경계의 종말을 가져왔고, 디지털 기술의 진보는 기업 경쟁력의 핵심이 데이터인 세상을 만들었다. 차량 공유 플랫폼인 우버는 디지털 기술을 활용해 차량 제공자와 차량 이용자를 매칭시켜 주는 앱(모바일 애플리케이션)으로 차량 공유라는 새로운 사업 영역을 구축했다. 그러나 관련 규제가 미비하거나 기존 운송 사업자들의 반발이 거센 국가에서는 제대로 자리 잡지 못하는 경우도 생겨났다. 디지털 기술이 새로운 비즈니스를 개척하기도 하지만 기존 산업과 대립하거나 산업의 경계를 모호하게 만드는 경우도 종종 발생하곤 한다.

전통적인 금융산업에 위협을 가하고 있는 핀테크산업도 마찬가지다. 카카오뱅크는 서비스 시작 한 달 만에 무려 300만 명의 고객을 유치했다. 카카오뱅크의 신용조회 서비스 역시 한 달 만에 무려 100만 명이 이용하는 실적을 올렸다. 전국에 점포 하나 없이 온라인상으로만 영업한 것을 감안하면 엄청난 성과다. 대출 서비스를 제공할 때도 기존 금융기관들의 방식과는 다른 알고리즘을 적용해 신용도를 평가하여 주목받기도 했다. 카카오톡 메시지를 통해 자유롭게 송금하고, 모바일 앱을 통해 계좌를 관리하는 경험을 고객에게 제공하면서 큰 호응을 받았다. 이제는 금융기관들이 무시할 수 없는 수준이 되었고, 앞으로 오프라인 사업들과 어떻게 연계해서 서비스를 확장시켜 나갈지 기대된다.

디지털 경쟁력은 양질의 데이터를 모으고Aggregation 분석하여Analysis 통찰력Insight을 갖추는 것을 말한다. 이제는 데이터가 비즈니스의 근간이 되고 돈이 되는 시대가 되었다. 데이터 형태로 되어 있는 문서나 각종 정보를 주고받는 것이 업무의 기본이 되었고, 거래 대금 처리와 세무 업무도 디지털 기술을 활용한다. 유통 이력 관리와 구매 프로세스에 블록체인Blockchain 기술을 활용하기도 한다. IoT 기술을 활용해 생산설비의 가동률을 모니터링하면서 생산성을 높일 수 있는 방안을 모색하거나 유지보수계획을 미리 수립해 고장률을 줄이는 데 활용하기도 한다.

고층 빌딩의 엘리베이터의 경우 갑작스러운 고장은 큰 사고로 이어지거나 고객 불편으로 이어질 수 있기 때문에 엘리베이터에 장착된 IoT 모듈을 통해 수집된 데이터를 통해 고장을 미리 예측해서 대처하기도 한다. 롤스로이스의 경우에도 항공기 엔진에 센서를 부착하여 데이터를 수집한다. 이렇게 수집된 데이터를 분석하여 고객 항공사들의 연료비절감에 도움을 준다. 이러한 서비스는 유지보수와 관리를 대행하는 서비스인 항공사 MROMaintenance, Repair and Overhaul 서비스를 제공함으로써 신규 수익 창출로 이어지기도 했다. 센서 데이터 분석을 통해 엔진 사용량, 부품 교체 주기가 도래했는지 여부, 수리가 필요한 부품이 있는지 여부 등을 모니터링함으로써 고객사의 만족도를 높일 수 있었다. 대형 선박을 건조하는 조선사의 경우에도 용접기에 IoT 모듈을 설치해서 사용빈도와 사용시간, 사용자 정보를 모니터링한다. 이렇게 함으로써 특정 용접기에 사용자가 집중되는 것을 막아 고장을 줄이고, 용접기 전체에 대한 가동률을 최적화하는 데 활용하기도 한다.

빅데이터 기반의 인공지능과 로봇 중심 업무 프로세스 개선으로 인해 노동 생산성의 극대화 요구가 거세질 것이고, 로봇의 일자리 대체로 인해 극복해야 할 사회적 이슈가 대두되기 시작할 것이다. 또한 데이터 확보와 활용의 주도권을 갖기 위한 플랫폼 비즈니스가 발달하여 기존과는 다른 형태의 산업 생태계 형성과 자본의 흐름이 진행될 것이다. 전 세계가 인터넷 기반의 네트워크로 연결되면서 더 이상 정보의 독과점이나 정보 불균형Information Asymmetry으로 이윤을 추구하는 폐쇄적 비즈니스가 어려운 시대가 되었다. 데이터는 참여를 통해 확대 재생산되고, 데이터 간 융합을 통해 새로운 비즈니스 기회를 얻을 수 있도록 하는 비즈니스 동인Business-driver으로서 역할을 하고 있다. 따라서 기업은 산재해 있는 빅데이터를 어떻게 조합하고 분석해서 비즈니스 통찰력Insight을 도출해 내느냐에 따라 생존과 번영의 기회를 잡을 수 있다. 디지털 전환이 요구되는 4차 산업혁명 시대에는 데이터가 정보로서 가치를 가질 수 있도록 기반을 마련하고 플랫폼을 진화시키는 것은 기업들의 몫이다.

데이터로부터 얻는 통찰력From Data to Insight

데이터가 비즈니스의 중심이 되는 4차 산업혁명 시대의 중요한 포인트는 데이터가 곧 돈이 될 수 있다는 것이다. 결국 데이터로부터 통찰력Insight을 얻는 데 노력을 게을리하지 않는 기업이 수익 창출에 유리하고 지속가능한 성장을 이루게 될 것이다. 즉, 데이터 비즈니스에 성공한 기업들만이 4차 산업혁명에서 살아남게 될 것이다. 데이터의 중요성이 부각되면서 데이터를 저장하고 처리하기 위한 인프라가 급속히 발전하고 더 많은 양질의 데이터를 수집하고 가공하여 활용하기 위해 사물인터넷IoT 환경은 지금보다 더 빠르게 발전할 것이다. 다양하고 방대한 양의 데이터를 수집하고 생산해 내는 데 그치지 않고 그로부터 통찰력을 얻어 기회를 포착하고 리스크를 경계하며, 회피해 가는 것이야말로 4차 산업혁명을 맞이하는 기업들이 갖추어야 할 경쟁력이다.

"구슬이 서 말이라도 꿰어야 보배다"라는 속담이 있다. 바로 데이터 기반의 비즈니스를 단적으로 표현하는 말이다. 비즈니스 통찰력을 얻기 위해 데이터를 분석해서 활용하지 못하면 아무리 빅데이터를 보유하고 있다 하더라도 무용지물이 될 수밖에 없을 것이다.

데이터 애널리틱스는 구슬을 꿰는 과정이다. 그런데 구슬을 꿰는 과정에서도 반드시 지켜야 하는 원칙이 있다. 먼저 데이터를 분석하기에 앞서 비즈니스나 상황을 이해하는 것이 필요하다. 이해가 선행되지 않으면 무엇을 대상으로 분석할지 범위나 방법을 확정하기 어렵다. 따스한 햇살이 내리쬐는 오후 창가에 꽃병을 그린다고 가정해 보자. 화가는 햇빛이 주는 따스함을 표현하기 위해 빛에 대해 이해해야 하고, 빛이 특정 사물에 비추면 반대편에는 그늘이 진다는 것도 이해해야 한다. 이러한 이해가 바탕이 되지 않고서는 실제와 같은 사실적인 묘사가 어렵다. 따라서 데이터 분석의 출발은 비즈니스나 상황을 이해하는 것에서부터 출발해야 한다.

두 번째는 비즈니스의 이해를 바탕으로 시나리오를 설계하는 것이다. 시나리오를 설계하는 이유는 분석의 목적을 설정하고 방향성을 수립하는 데 있다. 분석의 목적을 명확하게 설정하는 것은 어떠한 결과가 도출될 것이라는 가정에서 출발한다. 데이터 분석 목적에 따라 분석의 절차와 필요로 하는 데이터의 형태나 범위가 달라지게 된다. 예를 들어, 3개년치 매출과 영업이익의 변화 추이를 분석 목적으로 삼았다면, 이를 통해 보고자 하는 결과는 3년간 월별 매출과 영업이익이 특정 월에 유난히 변동폭이 심할 수 있다는 가정에서 출발한다. 3년간 추세를 통해 특정 월에 매출액과 영업이익이 급격히 낮아지는 것을 확인할 수 있다면 이로 인한 피해를 최소화하기 위한 별도의 전략을 수립할 수 있다. 따라서 분석 시나리오 설계는 분석에 앞서 길잡이가 되며, 결과를 어느 정도 예상해볼 수 있는 바탕이 된다.

세 번째는 분석 단계다. 앞서 비즈니스에 대한 이해와 분석 시나리오 설계가 완료되었다면 이제 실제 분석 단계로 넘어가야 한다. 분석 단계에서는 시나리오에 따라 사전에 스케치 작업을 해보는 것이 필요하다. 미리 간단하게 파일럿 분석을 통해 유효성을 검증하고 분석 시나리오에 맞게 결과가 도출되는지 테스트를 해보는 것이 필요하다. 만일 이때 시나리오가 유효하지 않다고 판단되면 시나리오를 조정하거나 다른 데이터와 연결해서 분석하는 시도가 필요하다. 데이터 분석은 여러 가지 효과를 제공해 준다. 사람의 눈으로 다 확인이 불가능한 빅데이터를 분석 도구를 활용해 들여다보는 것 자체로도 매우 큰 의미가 있다. 여기에 더해 데이터에 숨어 있는 함축적 의미도 파악할 수 있고, 패턴이나 이상치Outlier를 확인해 볼 수 있다.

예를 들어, 전국에 200개의 매장을 갖고 있는 의류회사가 있다고 가정해 보자. 매출이 전년 동기 대비 20% 성장했지만 영업이익은 오히려 −10%를 기록했다. 도대체 어떤 문제가 있었던 것일까? 고정비용을 함께 분석해 보니 매장 임대료가 전년 대비 10% 급증했고, 인건비도 전년 대비 10% 증가했다. 이렇듯 비즈니스 현상을 파악하고 그 원인을 따라가 보기 위해서는 시나리오 설계와 분석이 필요하다. 물론 영업이익에 영향을 미칠 수 있는 고정비용과 변동비용에 대한 이해가 함께 필요할 것이다.

데이터 분석이 의미를 갖기 위해서는 현재 상태에 대한 해석이 함께 이루어져야 한다. 영업이익이 감소했다면 전월 대비 감소한 것인지 전년 동기 대비 감소한 것인지 목표 대비 감소한 것인지에 따라 해석이 달라질 수 있다. 만일 전월 대비 감소했지만 전년 동기 대비는 오히려 증가한 것이라면 계절적 요인Seasonality을 고려했을 때 오히려 문제가 아닐 수 있다. 우리가 건강검진을 받을 경우 검사 수치는 항상 정상 범위와 함께 표시된다. 정상 범위를 넘었는지 아닌지가 건강 상태를 판단할 때 중요한 기준이 되기 때문이다. 따라서 데이터를 분석할 때는 기준점을 설정할 수 있는 시나리오인지 아닌지를 미리 검토해야 한다. 단순한 현상만 나열한 것이라면 비즈니스에 통찰력Insight을 제공하지 못할 수 있기 때문이다. 만일 해당 시나리오가 기준점을 설정할 수 있다면 기준점을 넘어서는지 모자라는지를 통해 현재 상태가 긍정적인지 부정적인지 알 수 있다. 성과 목표치와 달성률을 예로 들면, 성과 목표치는 기준점이 될 것이고 달성률은 실제 거둔 성과와 목표치 간의 차이를 계산한 것이다. 이 둘을 비교해 보면 목표 대비 달성률이 100%

가 되지 않았을 때 계획 대비 실적이 저조하다고 판단할 수 있다.

마지막으로 분석된 결과를 해석하고 이해하며, 활용함으로써 통찰력을 얻는 단계다. 분석된 결과를 어떻게 나타내야 할지는 상황에 따라 다르지만 대체로 시각화 도구를 사용해서 차트의 조합으로 이루어진 대시보드를 만든다. 경영진은 짧은 시간 내에 빠른 의사결정을 내려야 하기 때문에 직관적으로 상태를 파악하고 이상징후를 파악할 수 있도록 분석 결과를 구성하는 것이 데이터 시각화 Data Visualization이다. 데이터 시각화에서는 다양한 대시보드를 구성하기 때문에 어떻게 효과적으로 대시보드를 구성할지가 매우 중요하다. 차트별로 상호 연계성이 떨어지거나 상세 단위로 내려가는 형태가 아닐 경우, 오히려 혼란만 가중시킬 수 있다.

대시보드를 구성할 때는 일반적으로 상단에 집계된 결과를 보여준다. 총합계, 평균값, 달성률, 누적값, 증감률 등이 전체 현황을 이해하는 데 도움이 되기 때문이다. 또한 목표 대비 달성률이나 증감률만 보더라도 현재 상태를 직관적으로 판단하는 데 도움이 되기 때문이다. 다음은 시계열 차트를 구성해 시간적 흐름에 따른 변화 양상을 파악할 수 있도록 한다. 시계열 차트는 현재 상태가 과거와 비교해 안정적인지, 이상한 패턴을 보이는지, 점점 상승하는 추세인지, 하락하는 추세인지 등을 알 수 있게 해준다. 시계열 차트 옆에는 일반적으로 분석 대상별 분포나 구성 비율을 확인할 수 있도록 도넛차트나 버블차트를 활용하기도 한다.

예를 들어, 의류 판매 현황을 시계열 차트와 품목별 판매 비율로 구성한다고 가정해 보자. 시계열 차트에서는 전체 판매량, 판매금액을 이중 축으로 구성해서 판매 추이를 보여줄 수 있다. 이때 3년치를 보여줌으로써 판매량과 팬매금액의 변화 추이를 볼 수 있다. 옆에는 아우터, 상의, 하의, 액세서리 등으로 품목을 나누어 각 품목별 판매 비중을 확인할 수 있게 한다. 이렇게 구성할 경우 시계열적 매출 추이와 함께 품목별 구성 비율을 확인함으로써 시기별로 고객이 선호하는 품목에 대한 확인과 함께 재고관리에도 인사이트를 제공할 수 있다. 최하단에는 시나리오에 따라 추출되는 원천 데이터를 테이블 형태로 보여준다. 세부 제품별 판매량, 판매금액, 단가, 순이익 등을 구성할 수도 있고, 매장별 매출 순위도 보여줄 수 있다. 이렇게 함으로써 경영진은 전체 대시보드를 통해 인사이트를 얻고 이를 활용해 합리적이고 객관적인 의사결정을 할 수 있다.

| 데이터 애널리틱스의 세 가지 원칙 |

From	To
이해Understanding	시나리오Scenario
시나리오Scenario	애널리틱스Analytics
애널리틱스Analytics	인사이트Insight

데이터 애널리틱스 방법론

간혹 데이터 애널리틱스로 당장의 비즈니스 문제점을 해결할 수 있다고 생각하는 경우가 있다. 이는 데이터 애널리틱스에 대한 잘못된 접근이다. 데이터 애널리틱스를 적용하기 위해서는 선행되어야 하는 것들이 많다. 우선 명확한 데이터 분석 목적을 정해야 한다. 목적이 불분명하거나 데이터 분석을 하는 과정에서 목적을 찾아가고자 한다면 데이터 분석에 필요한 데이터를 정의하는 데서부터 방향성이 흔들릴 수 있다. 분명한 목적을 확립한 다음에는 최종 결과에 대한 이미지를 그려보고 분석 시나리오를 설계해야 한다. 분석 시나리오는 분석과정을 거치면서 일부 수정되거나 유효성이 떨어질 경우 재설계를 할 수 있다. 다만 앞서 말했듯이 목적 적합하게 설계될 때 시나리오 수정이 의미가 있다. 데이터 분석을 진행해 보면 그 과정에서 확인되는 제약사항들이 있다.

예를 들면, 당초 설계했던 시나리오상 반드시 필요한 데이터이지만 데이터베이스에 없거나 데이터가 축적되지 않는 경우가 있다. 또는 데이터가 존재하더라도 오류가 있거나 불규칙하게 저장되어 정합성이 맞지 않아 분석에 그대로 사용하기 어려운 경우가 있다. 그렇기 때문에 데이터 애널리틱스의 첫 걸음은 설계한 분석 시나리오에 맞는 온전한 데이터를 확보하는 데서부터 출발한다. 만일 데이터가 확보되었다면 분석에 용이하도록 가공하는 전처리과정을 거치게 된다. 일반적으로 데이터를 확보하고 전처리하는 과정이 전체 애널리틱스 업무에서 약 70%의 노력이 필요하다는 의견도 있다. 그만큼 대용량의 데이터를 분석 가능한 환경으로 만드는 일은 쉽지 않다. 데이터 준비만 잘 되어 있다면 설계된 시나리오에 맞게 분석하면서 검증과정을 거치게 된다. 분석 시나리오는 단계적으로 접근해서 실제 원하는 방향으로 결과가 도출되는지 검증이 반드시 필요하다. 설계상 오류나 분석 로직에 오류가 있을 경우 잘못된 결과가 도출될 수 있기 때문이다.

데이터 분석 결과가 유의미하다는 것이 어느 정도 확인되었다면 시각화Visualization를 통해 직관적이고 이해하기 쉽게 대시보드로 구성한다. 이러한 일련의 과정을 거치게 되면 실제 경영 회의나 중요한 의사결정이 필요한 상황에서 데이터 애널리틱스는 위력을 발휘하게 된다. 효율적인 경영 회의가 되기 위해서는 그 자리에서 바로 경영상 이슈를 확인하고 그 원인을 빠르게 파악하며, 어떠한 조치를 취할지에 대해 결론이 도출되어야 한다. 그러기 위해서는 직관적이면서 다이내믹한 대시보드 구성이 필요하다. 만일 이러한 대시보드가 없는 경영 회의 현장이라고 가정해 보자. 아마도 어떤 아젠다에 대해 의견을 주고받는 것은 가능하겠지만 그 원인을 파악하고, 즉각적인 의사결정을 내리는 데 객관적이고 합리적으로 도움을 줄 수 있는 도구가 없게 된다. 현황 확인과 원인 파악에 문제가 있을 경우, 이를 해결하기 위한 집중도가 떨어지면 의사결정은 미뤄진 채 경영 회의가 종료될 수도 있다.

데이터 애널리틱스는 비즈니스 현황을 보여주고 인사이트를 얻는 데도 매우 유용하게 사용되지만 IT 시스템 사용 현황을 진단하거나 데이터 아키텍처를 재설계할 수 있는 기회를 제공하기도 한다. 데이터 애널리틱스가 없는 데이터를 만들어 주거나 잘못 입력된 데이터를 수정해 주지는 않는다. 그렇기 때문에 데이터 관리 수준을 파악하는 것만으로도 데이터 애널리틱스는 큰 의미가 있다. 현재 수준을 알아야 개선할 수 있다. 데이터 분석과 시스템 진단을 통해 개선 기회를 얻을 수 있다. 어쩌면 정확하게 미래를 예측하는 것도 중요하지만 현재 수준을 확인하는 것에서도 그 의미를 찾을 수 있다. 데이터 분석에 대한 시작점의 잘못된 인식은 자칫하면 데이터 애널리틱스에 대한 맹신이나 목적을 고려하지 않은 수단으로 전락할 수도 있다. 따라서 데이터 애널리틱스에 대한 방법론을 이해할 때 선행되어야 할 일들과 활용 목적에 대한 충분한 고민이 우선 필요하다.

| 데이터 애널리틱스 단계별 절차 |

단계	프로세스
분석 범위 확정	• 요구사항 정의 • 분석 목적 정의 • 분석 대상 정의 • 분석 기간 정의 • 데이터 분석 도구 확정
데이터 확보	• 분석에 필요한 데이터 구조 파악 • 데이터 간 연계성 파악 • 데이터 요청(간접적 확보) • 데이터 접근(직접적 확보)
데이터 준비	• 데이터 포맷 일치화 작업 • 분절된 데이터 합치기 • 분석 가능한 형태로 데이터 전처리
데이터 분석	• 데이터 분석 도구 준비 • 데이터 분석 수행 • 데이터 분석 결과 도출 • 데이터 분석 결과 검증
데이터 시각화	• 분석된 결과 시각화를 위한 대시보드 설계 • 대시보드 스케치 • 대시보드 구현
보고	• 분석 결과 및 대시보드 해석 • 인사이트(Insight) 도출 • 분석 결과 공유 • 피드백 • 개선 기회 확보 • 개선계획 수립

데이터 애널리틱스 방법론에 따라 비즈니스 인텔리전스 플랫폼이 구축된다면 최종적으로 사용자가 활용하는 영역은 시각화된 대시보드다. 대시보드가 만들어지기까지는 다양한 분석 기법이 사용된다. 대시보드를 구성할 때는 통계적 기법이나 룰 기반의 시나리오가 구성되기도 한다. 단순한 현상만을 보여주는 수준이라면 인사이트를 얻을 수 없기 때문이다. 대시보드는 다양한 차트로 구성된다. 연관되고, 구조적이며, 직관적으로 리포트를 제공하여 리스크를 조기에 센싱하는 데 도움을 준다. 각종 차트와 분석도구를 활용하여 동적으로 데이터 분석 결과를 해석하고, 시계열 분석, 아웃라이어 확인 등을 할 수 있다. 애널리틱스를 수행하기 위해서는 태블로Tableau와 같은 BIBusiness Intelligence 솔루션을 활용할 수 있다. 사전 작업으로 원천 데이터Raw Data가 어떤 시스템에서 생산되고 있는지 파악하고, 원하는 조건으로 추출 후 분석하여 차트를 구성하도록 하는 일련의 과정이 필요하다.

| 데이터 애널리틱스 활용의 변화 |

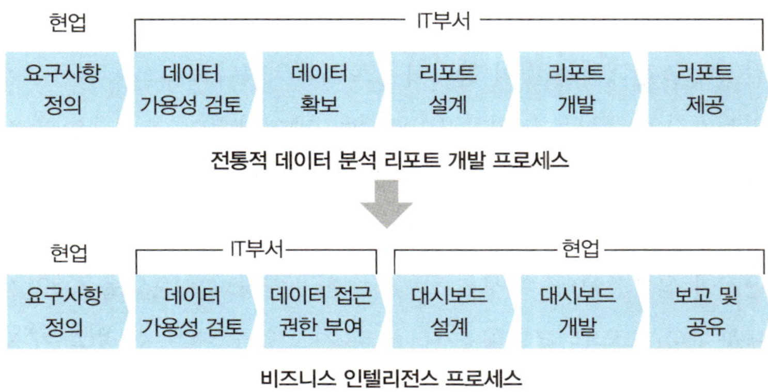

생존과 번영을 위한 데이터 활용

규모의 크고 작음에 관계없이, 지역과 산업 유형의 차이를 떠나 모든 기업들은 4차 산업혁명이라는 거대한 변화의 물결 앞에 서 있다. 앞으로 디지털 중심의 파괴와 혁신에 대한 요구가 가속화될 것이고, 비즈니스활동의 근간이 데이터가 됨에 따라 데이터를 다루는 기술과 인력의 수요가 급증할 것이다. 향후 가장 각광받을 미래 직업으로 데이터 과학자가 꼽혔을 정도로 데이터는 개인과 기업을 떠나 생존과 번영을 위해 반드시 정복해야 할 대상이다. 이종 산업 간 컨버전스와 데이터 플랫폼 전쟁이 가속화되면서 점점 더 4차 산업혁명의 실체가 명확해질 것이다. 한 가지 확실한 것은 데이터의 생산, 관리, 활용의 필요는 점점 더 강해질 것이고 과거 현금 흐름의 중요성만큼이나 데이터의 흐름과 유용한 정보 생산이 중요해질 것이다. 사람이 하던 일을 로봇이 대체하는 것도, AI와 머신러닝의 발전도 결국 데이터 없이는 불가능하다. 방대한 양의 빅데이터 처리 기술과 인프라도 데이터를 다루기 위한 것이다. 그렇기 때문에 리스크가 발생하는 원인과 확산되는 과정도 데이터를 통해 감지하고 관리하는 것이 합리적이고 효과적이다.

세계적인 품질을 인정받고 있는 엘리베이터 및 에스컬레이터 기업인 독일의 티센크루프는 제조업체에서 사물인터넷IoT 기술을 접목시킨 디지털 기업으로 전환에 성공했다. 엘리베이터는 무엇보다 안전이 최우선이다. 자칫 고장이 날 경우 인명피해를 입을 수 있기 때문이다. 그러나 엘리베이터는 유지보수가 매우 어려운 제품이다. 고장이 나서 운행이 중단될 경우에는 큰 불편을 초래할 수 있어서 빠른 대처와 24시간 지원체계가 필요하다. 티센크루프는 이러한 상황을 타개하기 위해 사물인터넷IoT 기술을 도입해 유지보수에 접목시켰다. 티센크루프는 마이크로소프트와 손잡고 다양한 IoT 모듈을 엘리베이터 시스템에 부착해 전 세계에 공급된 엘리베이터의 속도, 모터 온도, 출입문 오작동 등에 대한 정보를 실시간으로 클라우드에 저장하고 모니터링할 수 있는 환경을 구축했다. 티센크루프는 IoT 모듈을 통해 수집된 데이터를 분석할 수 있는 예측 모델을 만들고 어떤 부품이 어디서 언제 고장날지 모니터링했다. 이를 통해 고장이 예측되는 엘리베이터는 미리 고장을 점검하고 부품을 교체해서 사고와 고장을 예방했다. 이를 통해 티센크루프는 엘리베이터 제조와 판매 외에도 유지보수 서비스를 통한 수익 창출이 가능해졌고 제품 만족도 역시 높아지는 성과를 거둘 수 있었다.

이제 4차 산업혁명 시대를 맞아 생존과 번영을 누리기 위해서는 더 이상 애널리틱스를 미루거나 옵션으로 생각해서는 안 된다. 많은 기업들이 이미 데이터를 비즈니스에 활용하면서 경영 성과를 거두었다. 앞으로는 더 많은 데이터가 축적되고 이를 활용할 수 있는 기술은 더욱 발전될 것이다. 따라서 데이터 애널리틱스를 활용한 경영을 할 것인가 아닌가는 선택의 문제가 아닌 운명처럼 받아들여야 할 과제이다.

4차 산업혁명 시대의 승리자가 되기 위한 데이터 애널리틱스

최근 빅데이터 애널리틱스가 주목받으며 효과적인 데이터 활용이 기업의 경쟁력 중 중요한 요소로 인식되고 있다. 데이터의 효율적 활용과 이를 통한 기업가치 향상을 목표로 세심한 투자계획과 운영방안을 수립해야 한다. 최근 유수의 글로벌 기업들은 예전과 다른 IT 투자계획을 수립하고 있다. 소위 '디지털 트랜스포메이션' 전략의 일환으로 기업이 시스템을 도입하는 과정에서 인프라 투자는 물론 운영과정에서 생산되는 데이터에 주목하고 있다. 디지털 트랜스포메이션은 매우 방대한 양의 데이터를 축적할 수 있는 기반을 마련하는 것이라면 그와 동시에 데이터를 활용하는 것도 고민해야 한다.

앞으로는 IT의 역할이 이전에 비해 매우 능동적으로 변할 것이다. 그 이유는 빅데이터 애널리틱스, 자동화된 분석 리포트 개발은 데이터 활용 영역이다. 따라서 실무진들이 데이터를 가공하고 활용할 수 있도록 환경이 구축되어야 한다. 데이터 분석 시나리오는 제한 없이 다양하게 적용해 볼 수 있어야 어려운 상황에 직면했을 때 민첩하고 유연하게 대처할 수 있을 것이다. 이러한 일들이 자연스럽게 운영되고 안정화되기 위해서는 플랫폼화시키는 것이 필요하다. 플랫폼 내에서는 자유롭게 데이터가 공유되고 사용자들 간에 활용을 통해 지속적인 개선 작업이 필요하다.

최근 데이터 활용 능력이 기업 경쟁력의 중요 요소가 되고 있다. 그럼에도 불구하고 조사에 따르면, 데이터 중심 조직으로 변화하는 데 여전히 걸림돌이 되는 요소는 사람이라고 한다. 즉, 인식의 변화 없이는 데이터 활용이 매우 제한적으로만 이루어질 것이고, 데이터 분석을 통해 얻는 이익이 낮다고 판단했다. 이러한 변화로 인해 전사 차원의 데이터 거버넌스와 아키텍처 재설계, 데이터 애널리틱스 전문가 영입 혹은 내부 전문가 양성을 위한 교육을 제공하는 기업이 늘어나고 있다. 또한 데이터 컬처가 확산될 수 있도록 성과 및 보상체계와 연계시키거나 데이터 중심 업무로 직무를 재설계하는 경우도 많다.

변화는 필연적으로 강력한 리더십을 요구한다. IT 업계 변화의 중심에 데이터가 있고 이에 대한 리더십도 중요한 이슈로 떠오르고 있다. 그에 맞추어 IT 운영 전반을 책임지는 최고 IT(정보시스템) 책임자인 CIOChief Information Officer의 역할을 분리해야 한다는 주장이 설득력을 얻고 있다. 인프라 도입과 운영을 책임지는 CIOChief Infra Officer와 최고 분석 책임자인 CAOChief Analytics Officer 또는 최고 데이터 책임자인 CDOChief Data Officer로 IT 관련 리더십의 역할과 책임에도 변화가 필요하다는 것이다. 특히 국내 금융권을 중심으로 데이터 전략을 총괄하는 임원인 CDO를 선임해 왔다.

대표적으로 KB금융지주가 데이터총괄임원을 선임해서 데이터를 활용한 금융 서비스의 큰 그림을 그리고 실행을 진두지휘하고 있다. 우리금융지주 역시 ICT 기획단을 이끌 외부 인사를 영입했고, 우리은행은 디지털금융그룹을 통해 디지털 기술과 데이터를 금융 서비스에 적극적으로 접목시키고 있다. 신한은행도 빅데이터센터를 통해 금융 서비스의 디지털화를 꾀하고 있고, 금융 서비스에 인공지능 기술을 비롯해 다양한 디지털 기술을 접목시키기 위해 디지털전략본부를 운영하고 있다.

디지털 기술의 활용으로 정교한 소비자 맞춤형 금융 서비스가 가능해졌다. 금융이 디지털 기술과 만나면서 신용 평가 알고리즘이 더욱 견고해지고 리스크에 선제적으로 대응할 수 있는 부실 예측력이 높아지고 있다. 또한 방대한 양의 빅데이터를 활용해 비즈니스 파트너들에게 시장 분석 자료나 소비패턴의 변화, 산업 트렌드와 같은 정보를 제공하여 다른 산업과 동반 성장하는 계기를 마련하고 있다. 결국 디지털 기반의 스마트 금융은 고객 편의성을 극대화시키는 동시에 산업 발전에도 기여하고 있다.

| 디지털 기술을 활용한 금융사 전략 방향 |

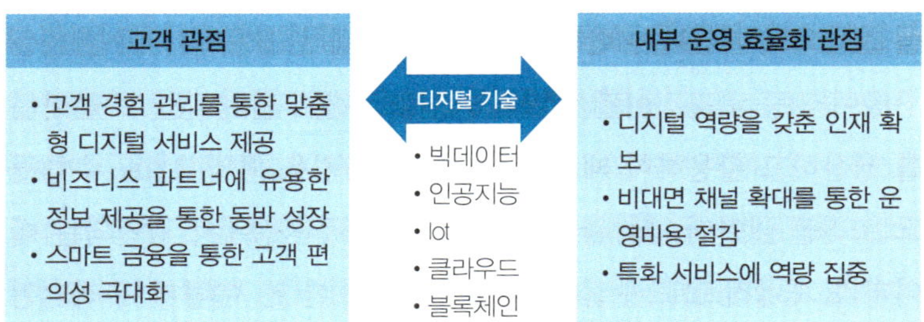

훌륭한 IT 시스템을 구축해도 생산되는 데이터를 적절히 활용하지 못할 경우 그 가치는 반감될 수밖에 없다. 기업 내에 제대로 활용되지 못하는 일명 다크 데이터Dark Data가 약 50% 이상이라는 조사 결과가 있듯이 데이터를 단순히 수집·저장하는 것에서 벗어나, 실질적인 가치를 창출할 수 있는 수준으로 적극 활용해 비즈니스 패러다임의 전환을 모색하는 변화가 필요하다.

성공적인 데이터 활용 사례로 핀란드 항공사 '핀에어'를 꼽을 수 있다. '핀에어Finnair'는 승객의 목적지, 연결편, 항공 노선 등의 정보를 분석해 승객의 선호 노선과 가격 경쟁력을 갖춘 연결편을 상품으로 내놓았다. 데이터 애널리틱스를 통해 잠재된 수요를 파악하고, 노선별 매출, 가격, 마케팅 전략을 유연하게 운영해 수익성을 향상시켰고 현재까지도 데이터 애널리틱스에 집중적으로 투자하고, 효과적으로 운영하도록 IT 인프라 시스템 개선과 전사 데이터 웨어하우스Data Warehouse 통합에도 적극 투자하고 있다.

이처럼 4차 산업혁명 시대에서는 데이터를 지배하는 기업이 승리자가 될 가능성이 높다. 비즈니스를 지원하는 수준에서 활용되던 데이터가 이제는 비즈니스의 본질을 바꾸는 핵심 자원으로 진화하고 있다. 향후 데이터를 수집하고 저장하며 이를 활용하는 플랫폼에 대한 투자는 기업에게 있어 신규 사업 투자나 자산 투자 못지 않게 중요해질 전망이다.

과거 IT 시스템 도입을 고려할 때 투자수익률ROI, Return on Investment을 고려하던 시절이 있었다. 현재는 단순한 시스템 도입의 ROI가 아닌 IT 시스템으로부터 생산되는 데이터가 영업이익에 얼마나 기여할지 분석하는 시대로 변화하고 있다. 데이터에 대한 투자는 더 이상 비용의 문제로 인식되면 안 된다. 선택의 문제가 아닌 생존의 문제로 데이터에 접근해야만 4차 산업혁명 시대를 대비할 수 있다.

기회의 바다, 데이터 애널리틱스

지구의 3분의 2를 차지하고, 심해로 갈수록 헤아릴 수 없을 만큼의 방대한 해양 자원과 식량 자원이 풍부한 바다를 개척하고자 수많은 나라가 과거부터 지금까지 연구와 탐험을 계속하고 있다. 대륙 간 교류와 무역을 통한 부의 창출도 바닷길 개척을 통해 시작되었다. 과학 기술이 발전하면서 이제는 우주로 눈을 돌려 화성 탐사선을 보내는 시대가 되었다. 미지의 세계인 심해와 우주는 알 수 없는 깊이와 범위, 보이지 않는 미개척 상태의 자원이 우리로 하여금 투자와 연구의 동기를 부여하고 있다. 데이터도 마찬가지다. 기업이 하루에도 수없이 생산해 내는 데이터와 외부로부터 수집하는 데이터, 데이터와 데이터 간의 조합으로 재탄생되는 또 다른 형태의 데이터와 각종 비정형 데이터들이 넘쳐나고 있다. 과거에는 데이터를 많이 저장하는 것이 경쟁력이었다면, 이제는 방대한 양의 데이터를 분산처리하여 효율적인 데이터 찾기와 관리를 위한 아키텍처가 중요해졌다.

경영진 입장에서는 즉각 인지가 가능한 수준의 분석된 데이터를 시각화하여 보고자 하는 요구가 생겨나게 되었다. 흔히 기업들은 '위기 경영'을 이야기한다. 국내 경쟁을 넘어 글로벌 경쟁이 격화되는 요즈음 매 순간 위기 상황이 닥쳐오곤 한다. '위기'를 한자로 풀이해 보면 위태로울 '위危', 기회 '기機'의 합성어로 위험과 기회가 공존하는 상황을 말한다. 즉, 위험한 상황에 처한 것도 위기이지만 기회를 잃는 것도 위기로 보는 것이다. 글로벌 경쟁에서 위험한 상황에 잘 대처하는 것도 중요하지만 숨어있는 기회를 드러내고 그

것을 현실로 만드는 것 또한 경쟁에서 살아남는 길이다. 그러한 의미에서 데이터 애널리틱스는 복잡하고 난해한 수많은 데이터에서 기회를 가시적으로 포착하는 직관적 분석을 통한 의사결정을 지원하는 매우 유용한 도구가 될 수 있다.

애널리틱스는 데이터를 원료 삼아 통찰력을 얻고 지식으로 만들며 지혜를 쌓아가는 과정이다. 다시 말하면 데이터를 통해 무형의 새로운 지식 재산을 만들어 나가는 과정이다. 데이터로부터 시작해서 정보화를 거치고 통찰력을 얻고 지식으로 만들어서 이를 지혜로 발전시키기까지의 과정이 있는데 이를 '애널리틱스 피라미드'라고 부른다. 애널리틱스 피라미드는 5단계로 이루어진다.

첫째, 데이터Data가 축적되는 단계다. 데이터는 어떠한 행위가 일어났을 때 그 행위를 기록하는데 기록을 체계적으로 분류해서 저장하는 것을 데이터라고 한다. 분류된 데이터를 조합하면 원래 일어났던 행위를 표현할 수 있다. 비즈니스에서는 영업, 판매, 구매, 생산, 지출 등의 영역에서 이벤트가 일어날 때마다 데이터가 생성되고 축적된다. 거래처와 거래행위도 이벤트가 되고 영업활동도 이벤트다. 이 단계에서는 비즈니스에서 일어나는 모든 이벤트를 데이터화하되 쓸모 있는 데이터를 걸러내는 것이 관건이다. 즉, 기록할 만한 일만 기록해야 하고 축적을 통해 과거의 일을 다시 들여다볼 수 있어야 한다.

둘째, 정보화Information 단계이다. 앞서 말한 세상의 무궁무진한 이벤트들 사이에서 유용한 정보로 가공하는 것이 필요한데 이때 데이터의 최신성, 정합성, 정확성, 무결성 등을 따져 본다. 이렇게 하는 목적은 무엇을 정보화할 것인지 식별하는 것이 필요하기 때문이다. 무엇을 알고 무엇을 지식으로 삼아야 할지 판단하는 것은 애널리틱스에서 중요한 과정이다. 이러한 과정을 통해 현상을 이해하거나 정리하는 데 도움을 줄 수 있는 형태로 가공하는 것이 정보화 단계다. 정보화 단계를 통해 무엇을 해야 하는지를 정의하는 데 도움을 얻게 된다.

셋째, 통찰력Insight을 얻는 단계다. 어떠한 목적으로 데이터를 활용할 것이며, 어떻게 활용하는지를 정의하는 단계다. 정보를 어떻게 활용해야 할지 알아야 그에 맞는 분석 설계가 이루어지고, 그로부터 통찰력을 얻을 수 있다.

넷째, 지식Intelligence 단계다. 데이터를 통해 정보화를 하고 통찰력을 얻는 과정을 거쳐 지식화하는 단계다. 대상에 대해 명확하게 인식하고 이해하는 단계로서 왜 이렇게 해야 하는지 그 이유를 알 수 있는 단계다. 비즈니스 인텔리전스Business Intelligence라는 말은 무엇을, 어떻게, 왜 해야 하는지 알고 대처하는 능력을 말한다. 수많은 데이터를 기반으로 지식화 단계에 이르기까지 취득된 데이터를 구조화해서 분류하고 가공하며, 체계화하는 일을 통해 지식 기반 기업이 될 수 있다.

마지막으로 다섯째, 지혜Wisdom 단계다. 지식화 단계를 넘어서 다음에는 어떻게 행동하고 반응해야 할지를 아는 단계가 지혜 단계다. 데이터를 활용해 예측할 수 있는 능력이 있다면 다음에 어떤 결정을 내려야 할지 합리적인 판단을 할 수 있다. 그러한 이유로 최근에 많은 기업들이 산업의 특성을 떠나 인공지능AI 기술을 비즈니스에 적극적으로 활용하기 위해 노력하는 것이다. 데이터 분석을 어떻게 하느냐에 따라 정해진 룰에 따른 결과를 얻을 수도 있고, 다음에는 어떤 의사결정을 하는 것이 합리적인지 예측할 수 있다. 즉, 데이터를 어떤 목적으로 활용하느냐와 분석 역량에 따라 데이터를 통해 얻을 수 있는 가치가 다를 수 있다. 데이터를 통해 지혜의 단계까지 가기 위해서는 축적된 수많은 데이터를 분석하는 능력에서부터 출발해서 객관적 정보화를 거쳐 목적 적합한 설계를 통해 통찰력을 얻는 단계를 지나 지식화하고, 예측까지 이어지는 지혜의 단계로 갈 수 있어야 한다. 따라서 애널리틱스 피라미드를 통해 데이터의 활용 목적에 따라 축적의 범위와 활용 기술을 고려해 볼 수 있을 것이다.

| 애널리틱스 피라미드 |

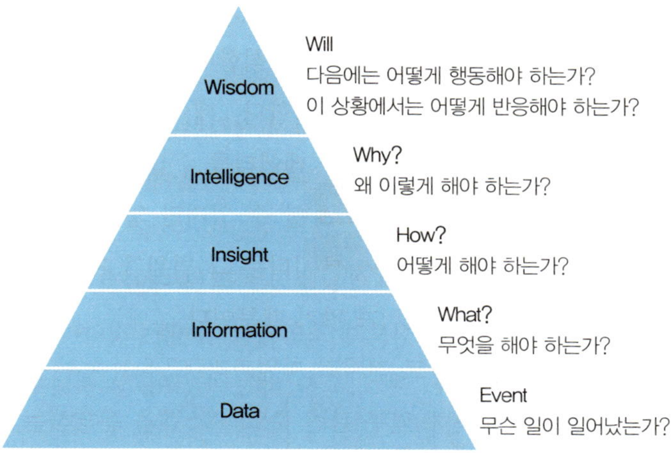

애널리틱스Analytics와 포춘텔러Fortuneteller

우리나라에서 매년 해가 바뀌면 역학을 통해 사주팔자를 분석해 그 해의 운세를 보거나 토정비결을 본다. 무속인의 감에 의해 점괘를 보는 것을 제외하면 보통 사주팔자와 토정비결은 철저히 분석적인 기법에 따라 그 해의 운세를 보여준다. 먼 옛날부터 도대체 어떻게 분석적 운세를 점치는 기법이 발달했을까? 사주팔자나 토정비결을 보기 위해서는 기본적으로 생년월일, 생시를 기본 값으로 하고 60갑자, 12지신을 연결한다. 그리고 예를 들면, 4계절인 봄, 여름, 가을, 겨울과 길흉화복吉凶禍福, 남녀노소男女老少, 동서남북東西南北 등과 같은 주제를 연결해서 운세를 점친다. 가령 봄에는 새로운 기운이 솟아나고 하고자 하는 일이 풀리기 시작한다거나 여름에는 물이 위험하니 물가를 지날 때면 항상 조심하라거나 가을이면 일년간 노력한 결실이 나타나기 시작한다거나 겨울이면 건강을 조심하라는 식의 경험적으로 확률이 높을 수밖에 없는 운세의 내용이 기본으로 시작된다.

운세의 내용을 따지고 보면 옛날부터 축적된 나이별, 시기별, 계절별, 성별, 지역별 각종 정보가 조합되어 풀이된 것이다. 과거의 경험으로부터 미래를 예측해 보고자 하는 노력이 그 옛날부터 이어져 온 것이라 할 수 있다.

4차 산업혁명 시대를 맞이하는 지금은 어떤가? 과거로부터 학습하고 교훈을 얻는 것으로 그칠 것인가? 미래는 미스터리로 남겨두고 경험에 의존할 것인가? 최근 기업들은 빅데이터를 활용하여 고객의 경험, 구매 패턴, 라이프 사이클, 관심사 등을 분석함으로써 '추천Recommendation'이 아닌 '확신Certainty'을 고객에게 제공한다. 새해를 맞이하며 사람들이 느끼는 불안감과 불확실성을 어느 정도 해소하기 위해 점괘를 풀이하던 점성술사Fortuneteller가 활약하던 시대에서 이제는 인공지능Artificial Intelligence과 로봇이 빅데이터를 분석하여 '확실성'을 예측하고 '확신'을 심어주는 시대로 변화하고 있다. 많은 기업들이 디지털 트랜스포메이션을 위해 인공지능을 도입해 비즈니스에 활용하려는 시도를 하고 있다.

한 해 약 4조 원어치의 원재료를 구매하는 CJ제일제당은 2019년에 원당, 대두, 원맥 등의 글로벌 원재료 시장 상황을 실시간으로 확인할 수 있는 'Global MIMarket Intelligence Room'을 운영하기 시작했다. 이러한 데이터 분석 시설을 마련한 이유는 급변하는 원재료 시장에 대한 정보가 늦어 잘못된 판단을 할 경우에 입게 되는 손실규모가 매우 클 수 있다는 우려가 있기 때문이다. 연간 1%만 구매단가를 낮출 수 있어도 약 400억 원의 원재료비를 절감할 수 있다는 계산이 나온다. 따라서 빅데이터 기반의 인공지능 기술을 활용한 곡물시세 예측과 글로벌 시장 상황을 모니터링하는 것에 대한 투자가 결코 아까운 일이 아닌 것이다.

2013년 옥스포드 대학교의 마이클 오스본Michael Osborne 교수 연구팀이 발표한 논문 "The Future of Employment: How Susceptible are Jobs to Computerisation?"에 따르면 702개의 직업군 중 '회계담당자' 또는 '회계사'는 향후 20년 내에 컴퓨터화 또는 컴퓨터로 대체될 만한 직업이 될 확률이 무려 94%에 달하며, 전체 113위의 높은 순위를 차지할 만큼 불안한 직업으로 꼽았다. 이 연구가 처음 국내에 소개될 때는 자극적인 기사의 헤드라인을 만들기 위해 '미래의 사라질 직업'이라는 식으로 보도되었다. 그러나 정확히 말하면 반복적이거나 업무절차가 정형화될수록 로봇이나 컴퓨터가 발달함에 따라 그 업무를 대체할 수 있다는 의미다.

날씨의 변화나 미래에 대한 예측을 하던 옛날의 점성술사가 현대에 와서 없어지지는 않았다. 날씨는 기상청의 슈퍼컴퓨터가 예측해 주고 있으며, 반복적으로 일어나는 일들은 축적된 경험을 통해 예측하는 시대가 되었다. 그러나 여전히 21세기가 되었음에도 불구하고 점성술사가 길흉화복을 이야기하는 것에 귀를 기울이는 이들이 많다. 사라질 직업에 대한 두려움보다 분석을 통한 직관적인 의사결정을 돕는 애널리틱스Analytics에 데이터 분석과 각종 리포트 생성을 맡기고 보다 창의적이고 생산적인 업무 영역을 개척하는 것이 필요한 시대가 되었다.

데이터 큐레이션, 인문학적으로 접근하라

데이터를 다루는 것은 더 이상 IT 부서의 전유물이 아니다. 최근에는 IT 부서에 약간의 도움은 얻되, 직접 데이터를 다루며 분석 결과를 업무에 활용하는 셀프 BISelf-Business Intelligence가 유행이다. 디지털 트랜스포메이션 시대를 맞아 다양한 애널리틱스 플랫폼이 생겨나고 있다. 예전에는 분석 리포트를 만들기 위해서는 IT 부서의 도움이 반드시 필요했다. 현업의 요구사항을 전달받으면 IT 부서는 데이터를 추출해서 분석 로직을 세우고, SQL이나 각종 분석 도구를 활용해 작성된 분석 보고서를 현업에 전달했다. 이러한 과정을 거치기 위해서는 기술적 지원이 필요하겠지만 그보다도 매우 긴 시간이 소요된다. 분석 보고서가 만들어지는 과정에서 요구사항이 바뀔 경우 더 많은 시간이 소요될 수 있다.

데이터 애널리틱스는 기술적인 영역으로만 이해되어서는 안 된다. 디지털 기술을 활용해 대용량의 데이터를 분석하고 필요한 정보를 뽑아내서 업무에 도움을 얻는 행위로서 실제로는 비즈니스를 분해하고 데이터가 흘러가는 과정을 이해하려면 비즈니스에 대한 이해도 높아야 한다. 그렇기 때문에 데이터 애널리틱스는 비즈니스와 밀접하게 연결되기도 한다. 데이터는 기업 전반에 흐르는 혈액과도 같은 것으로 모두가 공유하고 활용해야 하는 자원이고 경쟁력의 원천이다. 이러한 데이터를 지배하지 못한다면 글로벌 경쟁에서 생존과 번영은 난망難望한 일이 아닐 수 없다. 데이터를 지배하기 위해서는 대용량의 데이터를 처리하고 분석하는 애널리틱스 기법이 필요하다. 또한 애널리틱스는 필요한 데이터를 합치거나 연결해서 유의미한 데이터 조합을 통해 가치 있는 정보로 재탄생 시키는 작업이다. 그 과정에서 데이터 블렌딩Data Blending을 비롯해 데이터 큐레이션Data Curation이 필요하다.

데이터 큐레이션에는 8가지 원칙이 있다. 각각의 원칙을 질문으로 전환해 보면 다음과 같다.

첫 번째 원칙은 분석된 데이터가 “과연 누구에게 필요한 것인가?Know your audience”이다. 올바른 답을 얻기 위해서는 올바른 질문이 필요하다. 누가 어떤 목적으로 필요로 하는지에 따라 전혀 다른 분석 결과가 도출될 수 있다.

두 번째 원칙은 “데이터에 대해 이해하고 있는가?Know your data”

이다. 데이터의 구조, 유형, 범위, 측정 가능성 등에 대한 이해 없이 분석이 가능할 것이라는 막연한 상상만으로는 원하는 유익한 답을 얻을 수 없다.

세 번째 원칙은 "전달하고자 하는 메시지를 이해하고 있는가?Know your message"이다. 데이터 분석을 통해 어떤 스토리를 확인하고자 하는지 스스로 명확히 정의해 보아야 한다. 영국의 경제학자 '로널드 코스Ronald Coase'는 "견딜 수 없을 만큼 가혹하게 데이터를 괴롭히다 보면 어느새 숨겨진 스토리를 고백하게 될 것이다If you torture the data long enough, it will confess"라고 했다. 그만큼 데이터를 통해 얻고자 하는 메시지를 끊임없이 고민하고 정의해야 한다.

네 번째 원칙은 "머리를 써라Use your head"이다. 컴퓨터와 각종 분석 도구Tool들이 빠르고 정확하게 분석을 수행하겠지만 결국 분석 시나리오를 수립하고 해석하는 일은 사람의 영역이다. 데이터를 지배하기 원한다면 지속적인 고민과 새로운 분석 기술 습득은 기본이다.

다섯 번째 원칙은 "효과적인 도구를 사용하라Use effective tools"이다. 최근에는 대용량 데이터의 분산처리를 위한 빅데이터 솔루션이 많이 활용되고 있으며, 경영진을 위한 시각화 분석 도구Data Visualization가 많이 활용되고 있다. 분석에 기반한 직관이 경영진 의사결정에 매우 중요한 도구로 활용되면서 데이터가 의미하는 바를 쉽고 빠르게 보여주는 기술이 각광받고 있다.

여섯 번째 원칙은 "스케치하라Sketch it out"이다. 데이터 분석을 거창하게 시작할 필요가 없다. 화이트 보드나 노트만 있어도 어떤 스토리로 분석하고, 차트는 어떻게 구성하며, 대시보드는 어떤 분석 결과를 배치할지에 대해 끊임없이 스케치하는 작업이 중요하다.

일곱 번째 원칙은 "간단하게 하라Keep it simple"이다. 30초 내에 설명할 수 없으면 복잡한 것이라는 말이 있다. 애널리틱스의 기본은 설명력이다. 짧은 시간 내에 이해되고, 설명이 가능해야 효과적인 애널리틱스라고 할 수 있다.

마지막으로 여덟 번째 원칙은 "참고 견뎌라Be patient"이다. 간단하게 설명하는 것은 매우 어렵다. 애널리틱스는 예술의 영역은 아니지만 다양한 관련자들로부터 비판을 수용하고 수정해 나가는 작업이 필요하다.

| 데이터 큐레이션을 위한 8가지 원칙 |

원칙	설명
누구에게 필요한가?	누가 어떤 목적으로 데이터를 활용할 것인가?
데이터에 대해 이해하고 있는가?	데이터의 구조, 유형, 범위, 측정 가능성 등을 이해하고 있는가?
메시지를 이해하고 있는가?	어떤 내용과 스토리를 확인하고자 하는지 명확히 정의되어 있는가?
머리를 쓰는가?	분석 시나리오를 수립하고 해석하는 일을 직접 할 수 있는가?
효과적인 도구를 사용하는가?	데이터의 내용을 효과적으로 전달하기 위한 시각화 도구를 사용하는가?
스케치를 하는가?	스토리를 이해하기 쉽게 간단하게 밑그림을 그릴 수 있는가?
간단하게 정리가 가능한가?	간단하고 쉽게 설명이 가능하도록 구성할 수 있는가?
참고 견딜 수 있는가?	수용 가능할 때까지 지속적인 업데이트가 가능한가?

데이터가 곧 돈이 되는 시대

데이터 관리의 중요성이 부각되면서 데이터베이스 개념이 생겨났다. 이를 통해 단순한 정보 수집을 넘어서 데이터 간의 관계에 따라 효율적인 저장 방법을 고민하게 되었고, 데이터 간의 연결을 통해 각종 정보를 생산하고 분석하여 경영에 활용해 왔다. 최근에는 ERP 운영을 통해 생산되는 방대한 양의 데이터를 분석하고 업무에 적용하는 수준에 이르게 되었다. 데이터가 축적되고 이를 처리하는 기술이 비약적으로 발전함에 따라 산업 관점에서 데이터를 수집하고 분석하는 마이크로 매니지먼트Micro Management로까지 데이터를 비즈니스에 활용하는 영역이 확대되었다. 최근에는 빅데이터에 숨겨진 의미를 찾고 비즈니스로 연결 짓고자 하는 '다크 애널리틱스Dark Analytics'까지 등장하게 되었다.

'애널리틱스로부터 숨겨진 기회 찾기Tapping the Hidden Opportunities from Data Analytics'가 최근 경영의 화두가 되고 있다. 이제 현금흐름, 재무상태와 같은 회계적 관점의 경영을 넘어 데이터로부터 통찰력을 얻고, 기회를 포착하여 수익을 창출하며, 리스크를 센싱하는 데이터가 곧 돈이 되는 경영활동이 주목받고 있다. 애널리틱스는 세 가지 관점에서 진행되어야 한다. 첫 번째, 퍼포먼스Performance 관점에서 기업의 매출Top line 트렌드와 특이점을 관찰하는 것이 필요하다. 두 번째, 프로세스Process 관점에서 데이터 흐름이 취약한 영역을 찾아내고, 병목현상Bottle Neck이 일어나는 부분을 확인하는 프로세스 X-ray 역할을 위한 애널리틱스가 필요하다. 세 번째, 리스크Risk 관점에서 이상징후를 파악하고 아웃라이어를 조기에 식별하여 부정Fraud, 남용Waste, 오용Abuse을 적시에 찾아내어 개선함으로써 수익성 개선Bottom line을 통한 재무적 성과를 낼 수 있다.

ERP 도입 이후 기업들은 끊임없이 프로세스 개선 및 최적화를 위한 노력을 기울여 왔다. 내부통제 관점에서의 프로세스 개선과 비즈니스 효율화를 위한 프로세스 최적화를 통해 표준화된 체계를 갖추어 가고 있다. 그러나 4차 산업혁명 시대에서는 비즈니스의 경계를 끊임없이 허물고 재설계하면서 유연하게 시장에 대응하는 애자일Agile한 프로세스를 기업에 요구하고 있다. 이를 위해서는 현재 상태Status 분석, 시계열 분석Time Series Analysis, 미래예측Proactive Analysis for Estimation까지 종합적인 분석 역량을 키우고, 분석한 결과를 빠르게 시각화하고 해석하여 의사결정 리드 타임을 줄이는 것이 필요하다.

사자성어로 본 빅데이터 분석의 의미

큰 깨달음은 직접적인 경험을 통해 얻어진다는 의미로 '착륜지의斲輪之意'라는 사자성어가 있다. 수레바퀴를 깎는 느낌을 뜻하는 것으로 오랜 기간 손으로 터득한 느낌이 켜켜이 경험이 쌓여 체화된 지식을 의미한다. 물론 경험은 비즈니스에서 중요한 요소다. 하지만 오랜 시간이 걸려 어떤 문제에 대해 깨닫게 된다면 이미 뒤늦은 일이 될지도 모른다. 데이터 분석 관점에서 보면 시간이 지난 뒤의 깨달음보다는 시의적절한 것이 데이터의 가치를 극대화하는 데 더 도움이 될 수 있다.

과거(바로 어제 포함)의 데이터를 분석함으로써 오류를 조기에 파악할 수도 있고, 적절한 시점에 바로잡을 수도 있다. 또한 어디에 리스크가 상존하여 경영목표 달성을 저해하는지 파악할 수 있다. 때로는 과거 데이터 분석을 통해 시사점을 얻는 것을 '타산지석他山之石'이라는 말로 대신할 수도 있다.

최근 빅데이터 분석 기술이 발전하면서 대용량의 데이터를 빠르고 정확하게 처리하여 시각화하는 기법이 각광받고 있다. 이를 "눈빛이 종이의 뒤까지 꿰뚫어본다"는 의미인 '안광지배眼光紙背'라는 사자성어로 표현할 수 있다. 사람의 눈으로는 보기 힘든 것을 빅데이터 분석 기법을 통해 마치 종이의 뒤를 꿰뚫어 보는 것처럼 대용량 데이터를 이해하고 분석하며 마치 종이의 뒤를 꿰뚫어 보는 듯한 통찰력을 얻을 수 있다.

최근 빅데이터 기술에 머신러닝(기계학습), 인공지능AI 기술이 더해지면서 미래예측이 화두가 되고 있다. 보다 자세히 말하면 머신러닝이나 인공지능은 대량의 데이터와 사례를 컴퓨터에게 학습시켜 의사결정을 보다 정교하게 할 수 있게 도와 실패 확률을 낮추기 위한 기술이라 할 수 있다. 이를 사자성어로 표현하면 장래將來를 미리 예측豫測하는 날카로운 견식見識이라는 의미로 '선견지명先見之明'이라 할 수 있다. 치열한 경쟁으로 한 치 앞을 내다보기 힘든 불확실성이 높은 비즈니스 환경을 생각해 보면 경쟁자들보다 한 발 앞서 미래를 내다보는 또 하나의 눈을 갖게 된다면 그보다 더 강력한 무기는 없을 것이다.

거대한 변화, 데이터를 지배하라

규모의 크고 작음에 관계없이 지역과 산업 유형의 차이를 떠나 모든 기업들은 4차 산업혁명이라는 거대한 변화의 물결 앞에 서 있다. 디지털 기술을 중심으로 한 산업 영역에 대한 파괴와 혁신을 통해 4차 산업혁명의 실체가 점점 더 명확해져 가고 있다. 한 가지 확실한 것은 이제 더 이상 데이터를 비롯해 디지털 기술을 활용하지 않고서는 경쟁력을 갖추기 어려운 시대가 되었다는 것이다. 코로나19를 겪으면서 이러한 상황이 더욱 가속화된 측면도 있지만 이미 많은 디지털 기술들이 이러한 변화를 이끌어 갈 만큼 발전했다는 의미도 된다.

예산관리, 비용관리를 비롯해 각종 기업 운영과 관련된 일은 IT 시스템을 통해 처리되고 있고 하루에도 수많은 데이터가 생산되고 활용되고 있다. 앞으로 디지털 혁신과정을 거치면서 데이터의 생산, 관리, 활용의 필요는 점점 더 강해질 것이다. 경영에서 중요한 것은 돈이다. 그만큼 현금흐름이 중요한데 앞으로는 데이터의 중요성도 매우 중요하게 고려해야 한다. 앞으로는 기업 전체에 데이터가 원활하게 유통되고 업무과정에서 자연스럽게 유통되고 활용되는 것이 중요하다. 이는 앞으로 기업활동에서 유용한 정보 생산이 더욱 중요해져 간다는 의미다.

4차 산업혁명 시대는 디지털 혁명 시대이고 데이터가 경영활동에 핵심 자원이 되는 시대다. 디지털 문명이 기업 경영뿐만 아니라 우리의 일상에 파고드는 속도와 차지하는 비중을 보면 거대한 변화의 한가운데에 있다고 해도 과언이 아니다. 앞으로는 이러한 변화에 적응하고 번영하기 위해 데이터를 지배하는 지혜가 필요하다. 기업 내부의 데이터를 축적하고 활용하는 수준을 높이고 장기적인 안목에서 전체 시스템과 인프라 환경을 구축하는 것을 일컬어 “데이터를 지배한다”라고 한다. 사람이 하던 일을 로봇이 대체하는 것도, 스마트 팩토리를 구축해 공정을 자동화하는 일도, 로봇을 활용해 단순, 반복적인 일들을 자동화하는 일도, AI와 머신러닝의 발전도 결국 데이터가 시작이고 방대한 양의 빅데이터 처리 기술과 인프라도 데이터를 다루기 위한 것이다. 그렇기에 기업 전반의 리스크가 발생하는 원인과 확산되는 과정도 데이터를 통해 감지하고 관리할 수 있고 내부통제를 구축하는 것이 가능하다. 4차 산업혁명의 과정에서 생존과 번영을 누리기 위한 강력한 무기로 애널리틱스를 활용한 경영을 할 것인가 하지 않을 것인가는 선택의 문제가 아닌 운명처럼 받아들여야 할 과제이다.

머니 볼Money Ball, 머니 데이터Money Data

2011년 개봉한 할리우드 영화 〈머니 볼〉을 보면 메이저리그 만년 최하위 팀인 ‘오클랜드 애슬레틱스’의 단장 ‘빌리 빈’은 경제학을 전공한 ‘피터’를 영입하여 데이터 분석에 기반한 선수 운영 정책을 펼치면서 팀을 리빌딩하여 승리하는 기적의 드라마를 써나가는 내용이 나온다. ‘머니볼’은 구단 전체 선수의 몸값이 부자 구단인 양키스의 스타 선수 한 명의 연봉과 맞먹는 수준의 최약체였던 오클랜드 애슬레틱스의 구단주를 맡아 4년 연속 포스트 시즌에 진출시키는 기적을 일궈낸 실존 인물인 '빌리 빈'이 창안한 이론이다. '머니 볼' 이론은 몸값이 높은 스타 선수의 명성에 의존하지 않고 철저한 데이터 분석을 통해 이기는 전략을 찾아 나가는 구단 운영 전략을 말한다.

흔히들 야구는 데이터 게임이라고 한다. 매년 'FA 대박'이라는 헤드라인으로 기사가 쏟아진다. 과연 FA로 시장에 나오는 선수들의 가치는 어떻게 매겨질까? 야구선수의 성과를 측정하는 수많은 지표들이 있다. 일반적으로 투수는 방어율, 다승, 피홈런, 세이브 정도는 알고 있다. 타자의 경우는 타율, 홈런, 장타율, 출루율, 안타 등의 지표가 있다. 실제로는 이 외에도 OPS(출루율+장타율), BABIP(인플레이로 이어진 타구에 대한 비율), WAR(대체선수 대비 승리 기여도), 타구처리율, 구질별 컨택트율, FIP(실점 중 투수 책임) 등 야구선수를 평가하는 지표는 상당히 많다. 야구는 다른 스포츠에 비해 유난히 데이터가 많이 축적되어 있고, 상당히 과학적인 지표들이 설계되어 있다. 감독의 능력 중에 하나가 데이터 야구를 얼마나 체계적으로 하느냐라고 할 정도니 야구에서 데이터의 중요성은 두말할 나위 없다. 야구선수의 미래가치를 평가하기 위해 선수의 과거 데이터를 활용하기도 하고, 타 선수와 비교하기도 한다. 뿐만 아니라 트렌드를 보기도 하고, 상관관계를 보기도 한다. 감feeling으로 선수를 평가하거나 상대팀을 대응했다가는 낭패를 보기 쉽기 때문이다.

"It's unbelievable how much you don't know about the game you've been playing all your life."

"당신은 자신이 평생 동안 해오던 게임에 대해서 놀랄 만큼 이해하지 못하고 있다."

– 미키 맨틀Mickey Mantle –

영화 〈머니 볼〉의 오프닝 장면에서 메이저리그 역사상 최고의 스위치 타자였던 '미키 맨틀'의 말이 나온다. 비즈니스로 바꿔서 이야기 해보면 평생 해오던 업業이나 경영에 대해 놀랄 만큼 이해하지 못하고 있지는 않은가 자문해 볼 필요가 있다. 여기서 말하는 이해는 경험과 노하우에 기반한 감각의 경영이 아닌 철저한 분석에 기반한 직관적이고 능동적인 의사결정이 가능한지를 말한다.

드라마 〈스토브리그〉에 보면 '세이버메트릭스Sabermetrics'가 나온다. 야구경기에서 수집되는 각종 데이터를 통계수치로 표현한 것을 말한다. 앞서 영화 〈머니 볼〉의 모티브가 된 메이저리그 오클랜드 애슬레틱스의 사례로 유명해진 세이버메트릭스는 이제 야구 경기의 승패를 좌우하는 매우 중요한 기능이 되었다. 프로야구는 장기간 지속되는 리그로 운영되고 혼자 하는 스포츠가 아니기 때문에 어떻게 하면 9명의 선수를 조화롭고 효율적으로 운영하는지가 성적에 큰 영향을 미친다. 우수한 선수들로 구성된 상대팀을 이기기 위해서는 빈틈을 파고드는 세밀한 전략이 필요하다. 이때 세이버메트릭스가 위력을 발휘할 수 있다.

앞서 언급했던 미국 프로농구 NBA의 시카고 불스는 '소비자 인사이트Consumer Insight'를 활용해 구단 운영의 전략적 방향을 수립했다. 소비자 인사이트를 구단 운영에 내재화하기 위해 데이터 분석을 적극 활용했다. 시카고 불스는 이러한 전략을 구체화하기 위해 데이터웨어하우스Data Warehouse를 구축했고 이를 기반으로 고

객관계관리CRM, Consumer Relationship Management 시스템을 구축했다. 구단 운영은 선수들의 좋은 경기력 외에도 티켓 판매와 고객 관리, 유니폼 판매에 이르기까지 전방위적인 노력이 필요하다. 디지털 컨텐츠를 활용해 고객과 소통하고 구단의 매력도를 높이는 데도 이러한 디지털 전략이 큰 역할을 했다.

시카고 불스의 이 모든 활동의 기반은 데이터 애널리틱스에 있다. 데이터가 생산되고 축적되며, 각각의 데이터가 연계되도록 아키텍처를 구축하고 이를 활용하기 위해 빅데이터를 분석하고 의사결정의 도구로 활용하는 일련의 활동을 통해서 스포츠 구단이 가지는 선수들의 경기 승패 외에도 다방면에서 비즈니스 기회를 발굴하고 적극적으로 수익화하는 전략을 추구하고 있다.

스포츠도 마찬가지겠지만 기업활동은 더 안개 속 같은 불확실한 세상에서 이루어진다. 자동차를 운전할 때 내비게이션도 필요하지만 속도, 연료량, RPM 등을 보여주는 계기판도 반드시 필요하다. 내비게이션은 길을 찾아주지만 사고를 막아주지는 못한다. 하물며 비행기가 이착륙할 때는 어떻겠는가? 기업 경영에서 데이터를 관리하지 않고, 해석하지 않고, 활용하지 않는다면 안개가 자욱한 상공을 비행하는 비행기와 같다고 볼 수 있다. 감에 의지한 캡틴이 될 것인가? 아니면 계기판을 보며 안전하게 이착륙하는 캡틴이 될 것인가? 보이는 경영Visible Management을 할 것인가? 아니면 보이지 않는 경영Invisible Management을 할 것인가? 따라서 데이터 애널리틱스Data Analytics는 보이는 경영을 위해 반드시 필요한 기법이라 할 수 있다. 올해 과연 어느 선수가 정말 100억 원의 가치인지 예측해 보는 것으로 데이터 애널리틱스의 맛을 느껴보면 좋을 것 같다.

스포츠도 데이터 전쟁이다

2018년 메이저리그 월드시리즈 우승팀으로 객관적인 전력에서 우위에 있던 보스톤 레드삭스가 4승 1패로 최종 우승을 확정 지었다. 대부분 대한민국의 야구 팬들은 류현진 선수가 선발로 나선 LA 다저스의 승리를 기원했겠지만 결과는 준우승에 그쳤다. 월드시리즈 2차전이 있던 10월 25일(현지시간 24일) 겨울이 일찍 찾아오는 뉴저지 주의 날씨 탓에 보스턴의 팬웨이파크 구장에는 입김이 나올 정도로 매서운 추위가 찾아왔다. 당연히 선수들의 근육은 긴장되고 위축되어 제 기량을 발휘하기 힘든 환경이었다. 류현진 선수가 마운드 위에 오르자마자 이목을 끈 분석 결과가 TV 화면에 나왔다. 평균 섭씨 16도 이하로 떨어진 경기에서 상대적으로 성적이 좋지 않음을 보여주고 있었다. 해설자도 추운 날씨 탓에 경기력을 100% 발휘하지 못할 것을 염려했다. 경기 결과는 패배였고, 통계 수치로 미루어 짐작하건대 패전으로 끝난 데는 날씨 탓도 어느 정도 있어 보인다.

야구는 흔히 데이터 스포츠라는 말을 하기도 한다. 그만큼 경기 결과를 집계한 데이터를 통해 선수들의 능력이나 상대팀과의 전력 비교를 할 수 있고, 분석 결과에 기반해 다양한 전략을 수립할 수 있다. 2016년 메이저리그 월드시리즈에서 시카고 컵스가 108년 만에 우승했을 때도 전문가들은 우승의 비결로 '빅데이터 분석' 능력을 꼽았다. 투수들의 몸동작 하나하나를 세밀하게 분석하기 위해 '모션 캡처' 기술을 활용해 선수들 근육의 움직임과 골격의 구조 및 위치를 분석하여 경기력과 매칭한 결과 최적의 훈련 방법과 선수들의 몸 상태를 예측할 수 있게 되었다. 스포츠 구단의 IT 투자가 좋은 결과로 이어진 사례다.

미국, 유럽 등의 선진 프로구단들의 경우 경기력 향상을 위해 경기 결과, 선수의 신체적 특징, 훈련 결과 등을 수집해 분석하고 활용하는 경우가 많다. 예를 들어, 2014 브라질 월드컵에서 독일 국가대표는 SAP사의 스포츠원Sports One 솔루션을 적극 활용해 우승까지 할 수 있었다. 실제로 당시 언론에서는 독일 국가대표팀의 우승 요인의 하나로 IT 활용을 들기도 했다.

NBA 휴스턴 로케츠의 대릴 모레이Daryl Morey 단장은 철저한 데이터 분석에 의한 구단 운영으로 유명하다.

최근 프로축구 구단에서는 유망한 유소년 선수를 발굴하고 육성하기 위해 선수의 신체조건, 훈련 결과, 경기 결과 등의 데이터를 수집해 선수 육성의 기초 자료로 활용하고 있다. 이는 지속적인 팀 강화와 성장의 기반을 마련하는 것으로 장기적인 안목에서 IT를 활용한 팀이 지속 성장할 수 있음을 보여준다.

올림픽을 비롯해 국제 경기에서 좋은 성적을 거두기 위해서는 선수들의 끊임없는 노력과 강한 정신력이 중요하다. 그러나 이것만으로 부족한 시대가 되었다. 스포츠에 과학이 접목되면서 선수들의 훈련, 휴식, 부상 치료 방식 등이 변화해 왔다. 그 결과로 세계 신기록을 단축하는 사례를 언론을 통해 심심치 않게 접할 수 있다. 남자 육상 100미터에서는 '우사인 볼트'가 9초 58이라는 경이적인 기록을 세웠고, 2018년 베를린 마라톤에서는 '킵초게' 선수가 2시간 01분 39초로 마의 2분 벽을 넘어섰다. 선수들의 기록 단축에는 노력 외에도 IT의 도움을 받아 지속적인 데이터 수집과 분석을 통해 최적의 훈련방법 개발, 최상의 몸상태 유지, 스포츠 용품 개발 등의 지원이 필요하다. 이러한 노력들이 축적되다 보면 인간의 한계로 여겨지던 기록을 넘어설 가능성이 점점 높아질 것이다.

사물인터넷IoT 기술과 스포츠

사물인터넷IoT, Internet of Things은 사물인터넷을 뜻하는 신기술로 사물에 센서를 부착해 실시간으로 네트워크를 통해 데이터를 주고받는 기술이나 환경을 일컫는다. 냉장고가 스스로 냉장고 내의 부족한 식료품을 주문하고 배송 상황을 알려주는 기술, 그날의 교통상황에 따라 아침 알람시간을 조절해 주는 기술과 같이 사물이 데이터를 주고받는 세상이 성큼 다가왔다. 스포츠도 예외가 아니다. IoT는 스포츠 분야에서도 무궁무진한 기회를 만들 수 있는 기술이다. 최근 웨어러블 기기의 크기와 무게가 혁신적으로 초소형화되고, 선수들의 움직임이 격렬하더라도 데이터 소실이 적도록 하는 네트워크 기술이 눈부시게 발전했다.

IoT 기술과 빅데이터 분석 기술을 스포츠에 접목함으로써 선수들의 능력을 극대화하고, 부상의 위험을 줄일 수 있다. 코치나 선수들은 IoT 기술을 활용해 수집된 데이터를 체계적으로 분석함으로써 선수별 훈련 방식을 최적화하고 매 경기 상대팀 또는 선수에 따라 전략을 수립하는 데 도움을 얻을 수 있다.

웨어러블 기기가 장착된 유니폼을 입고 훈련하면서 수집된 데이터를 통해 잠재적 부상 위험을 예측하고, 선수의 연령대, 몸무게,

키 등 다양한 요인을 고려한 맞춤형 훈련을 통해 경기력을 극대화시킬 수 있다. 코칭 스태프는 선수들 훈련 방향이나 경기 라인업 구성 시 데이터 분석 결과를 적극 활용함으로써 불확실성이 높은 스포츠 경기에서 리스크를 줄일 수 있다. 선수 개개인의 능력과 꾸준한 훈련도 중요하겠지만 체계적인 훈련을 통해 부상을 예방하고 실전에서 경기력을 높일 수 있도록 IT를 접목해 스마트한 스포츠 환경을 구축하는 것이 구단 운영뿐만 아니라 선수 보호와 팬을 위한 서비스 질을 높이는 데 기여할 수 있다.

최근 국내 프로축구 구단에서는 웨어러블 기기를 통해 선수들의 훈련과정이나 경기 중 수집된 심장박동수, 체온, 거리, 방향, 칼로리 소모량, 위치, 가속도, 속도, 젖산역치, 산소포화도 등의 생체 정보가 담긴 데이터를 무선으로 송수신해 방대한 양의 빅데이터를 수집하고자 인프라를 구축하려는 시도를 하고 있다. 또한 선수들의 움직임을 감지해 활동거리, 속도변화, 스프린트, 커버리지, 가속도, 평균속도, 체온변화 등을 분석하여 선수별 최적화된 훈련 방식과 실전에서 최고의 기량을 발휘할 수 있는 시기와 방법을 찾아내고자 노력하고 있다.

현대캐피탈 남자배구단은 IT를 활용해 전력분석 시스템 'SW21'을 개발하여 운영하고 있다. 선수들의 동작, 체력, 훈련 결과, 경기결과 등을 분석하여 선수들의 경기력 향상에 활용하고 있다. 또한 상대팀의 전력을 분석해 맞춤형 전략을 구사함으로써 2016년에는 7년 만의 정규리그 우승이라는 결과를 얻었다.

공은 둥글기 때문에 결과를 예측하기 어렵다. 치열한 접전일 경우 심판 판정 하나하나에 따라 승부가 바뀔 수 있다. 판정이 애매

한 경우 공정성을 확보하기 위해 비디오 판독 제도가 도입되면서 분쟁이 줄었지만 여전히 사람의 눈으로 판단하기 어려운 경우가 많다. 최근 IoT 기술이 판정에 접목되면서 판정의 정확성을 높였다. 축구에서 공이 골라인을 넘어갔는지 여부를 판독하기 위해 IoT 기술을 활용해 판독 결과를 심판의 손목시계로 알림을 보내주는 수준으로까지 발전했다.

IoT 기술이 나날이 발전하고 있으나 안정적인 데이터 수집과 서버로 전송하는 네트워크 기술이 여전히 완전하지 않고, 실전에 적용하는 데 아직 한계가 있다는 지적이 있다. 재정이 열악한 상황에서 투자 대비 효과에 대한 확신이 부족해 투자를 주저하는 프로구단이 많은 것도 사실이다. 웨어러블 기기를 착용한 상태에서 실전을 치르기에는 아직 규정이 미비하거나 기술적 완전성을 확보해야 하는 점도 아직 해결해야 할 숙제다. 그럼에도 불구하고 빠르게 발전하고 있는 IoT 기술과 빅데이터 분석 기술을 활용한다면 보다 스마트한 스포츠 환경을 만들어 더욱 재미있고 박진감 넘치는 경기를 할 수 있을 것이다. 4차 산업혁명 시대를 맞아 IT를 적극 활용한 구단 운영과 선수 육성, 팬서비스를 제공한다면 팬들은 더 많이 경기장을 찾고 선수들에게 환호하며 아낌없는 박수를 보낼 것이다.

CHAPTER 05

리스크 인텔리전스와 데이터 중심 경영

Chapter 05

리스크 인텔리전스와 데이터 중심 경영

비누와 리스크 관리

흔히 인류의 수명을 비약적으로 연장시킨 발명품으로 '페니실린'과 같은 항생제나 면역력을 강화시켜 주는 각종 백신을 꼽는다. 페니실린은 인류가 세균과의 전쟁에서 이길 수 있는 무기로써 여전히 활용되고 있고, 많은 이들을 질병에서 구해냈다. 아마도 페니실린이 발명되지 않았다면 전 세계 인구수는 지금과는 달랐을 것이다. 1928년 알렉산더 플레밍이 포도상구균을 기르던 접시에 푸른 곰팡이 주변으로 포도상구균이 녹아있는 것을 발견하고, 페니실린을 발명하게 된다. 이러한 우연이 수많은 사람들의 생명을 구한 것이다. 코로나19를 겪고 있는 지금 시대에는 페니실린과 같이 인류를 구원할 백신이나 치료제가 나오지 않는 한 팬데믹의 공포에서 벗어나기 쉽지 않을 것이다.

위생의 가장 기본은 씻는 것이다. 특히 손만 잘 씻어도 감염을 효과적으로 예방할 수 있다고 한다. 그런 이유로 위생에 기본이 되는 '비누'를 인류 역사상 최고의 발명품으로 꼽기도 한다. 지금이야

비누가 흔하지만, 만일 우리 주변에 비누가 없다고 상상해 보라. 매일 제대로 씻는 것은 사실상 불가능할 것이다. 감염병으로부터 질병을 예방하고, 깨끗함을 유지하는 것은 마치 리스크 관리와도 같다.

사실 역사적으로 보면, 아시아 지역 유목민들이 염소의 지방과 나무가 타고 남은 재를 혼합하여 사용한 것이 최초의 비누라고 보는 것이 맞다. 실제로 우리 선조들도 재와 숯을 이용해 설거지를 하거나 오염된 것을 씻어냈다. 고대 문명에서는 물건을 씻는 용도로 사용하던 비누를 세제 용도로 대량생산하기 시작한 것은 8세기에 이르러서였다. 19세기에 이르러서는 지금처럼 화학공업 기술로 비누를 대량생산하기 시작했다. 정말로 인류와 비누는 유구한 역사를 함께했다고 볼 수 있다.

약 1천년 전 유럽인들은 몸을 씻는 것을 죄악으로 여겨 씻지 않는 상태를 성스러운 것으로 인식했다. 중세 유럽에서는 씻지 않는 사람들로 인한 악취가 심해 견딜 수 없게 되었고, 아이러니하게도 이 같은 악취를 중화시키기 위해 향수가 발달했다. 이러한 위생에 취약한 환경은 세균이 번식하기에 더할 나위 없이 좋은 환경이었다. 14세기에 시작된 흑사병이 18세기까지 반복되면서 유럽 전역의 인구가 3분의 1로 줄었다고 한다. 당시 사람들 사이에서는 흑사병의 주요 원인이 목욕이라는 잘못된 정보가 널리 퍼졌다. 그 이유로 인해 사람들은 점점 더 씻는 것을 죄악시 여겼고, 그것이 흑사병이 창궐하는 상황을 더 악화시키는 계기가 되었다. 19세기 들어서야 목욕 시설을 갖춘 미국 호텔들이 '청결' 문화를 전파하면서 유럽에도 변화의 바람이 불었다. 수백 년간 씻지 않아 악취와 질병이 유행했던 유럽도 점차 변화하기 시작한 것이다. 이렇게 미국을 중심으로 목욕 문화가 발전하면서 비누도 함께 발전했다. 지금은 비누를 비롯해 다양한 청결제품들이 넘쳐나고 있다.

인류가 발명한 수많은 발명품 중에 문자, 종이와 같이 문명을 발전시킨 발명품도 있지만 인간 수명을 두 배 가까이 획기적으로 연장시킨 데 일등 공헌을 한 발명품은 바로 '비누'라고 할 수 있다. 청결이 질병을 예방하는 데 매우 중요하기 때문이다. 만일 비누가 없었다면 위생에 문제가 생겨 질병에 감염되는 경우가 매우 많았을 것이다. 그 어떤 의료 기술도 인류의 수명을 두 배나 연장하지는 못했다. 어른 주먹에 쏙 들어오는 이 작은 물건이 인간 수명을 비약적으로 연장시킨 비법은 무엇일까? 바로 비누가 위생 개선에 기여했기 때문이고, 위생은 질병을 예방하는 지름길이다.

비누는 건강 측면에서 보면 질병을 예방하는 도구로 사용된다. 건강을 유지하기 위한 기본적인 예방활동은 손을 깨끗이 씻는 것이다. 건강의 이상 유무를 확인하기 위해서는 혈압측정, 혈액검사, 소변검사, 초음파, 내시경 등 적시에 검진을 받아야 한다. 건강상태는 각종 지표를 통해 분석되고 지표는 숫자를 통해 건강의 수준을 나타낸다. 정상, 주의, 경계, 심각 등의 임계치와 측정 결과를 비교하여 현재 건강상태를 알 수 있으며, 이상이 발견될 경우 약물치료나 수술을 통해 건강을 회복할 수 있다.

이러한 일련의 건강관리활동을 기업에 적용해 보면 리스크를 예방하고, 만일 리스크가 발생할 경우 적시에 센싱(인지)하며, 적합한 대응활동을 통해 평상시로 복귀하는 리스크 관리를 해야만 지속가능한 기업이 될 수 있다. 건강해야 오래 살 수 있듯이 기업도 내 · 외부의 다양한 리스크 요인들에 효과적으로 대응하는 것이 중요하다. 일반적으로 리스크 관리는 크게 예방활동과 대응활동으로 나뉜다. 물론 리스크 평가, 사후관리, 보고 등의 활동도 있지만 굳이 중요한 두 가지를 꼽자면 리스크 예방활동과 적시에 센싱(인지)하여 대응하는 것으로 이는 기업의 생존에 매우 중요한 활동이라고 할 수 있다.

급변하는 경영환경, 규제, 심화되는 경쟁, 급속도로 발전하는 기술, 이종산업 간의 융합 등은 기업을 둘러싼 외부 위협 요소다. 허술한 내부통제는 안에서 곪는 염증과도 같기 때문에, 이러한 위협 요소를 효과적으로 대응하기 위해서는 내부통제가 효과적으로 설계되어 운영되는지 지속적인 모니터링이 필요하다.

더불어 최근 내부통제체계를 정비하고 통제활동을 운영하는 것에 대한 법적 요구사항이 강화되면서 기업의 리스크 예방활동이 더욱 중요하게 인식되고 있다. 외부 리스크 요소나 내부에서 발생하는 리스크 요소를 예방하기 위해서는 프로세스를 개선하고 내부통제 수준을 향상시키는 것이 필요하다. 리스크를 적시에 센싱하여 그에 맞는 대응활동을 하기 위해서는 상시모니터링 체계가 구축되어야 한다. 이를 위해서는 데이터를 효과적으로 관리하고 분석하는 역량이 필요하다.

또한 리스크 관리를 위해서는 건강검진과 같이 지표관리가 중요하다. 지표가 관리되어야 측정 기준이 수립되고, 적합한 데이터가 수집되고 관리될 수 있기 때문이다. 외부 리스크 요인과 내부 운영 과정의 리스크를 인지하여 대응하기 위한 데이터 분석을 조합하여 효과적인 내부통제를 식별하고 운영하는 것은 마치 건강을 위해 수시로 손과 발을 비누칠하여 씻는 것과 같다.

기업도 비누와 같이 리스크를 예방할 수 있는 도구가 필요하다. 거창하지 않아도 좋다. 엄청난 고가의 의료기기가 있다고 병에 걸리지 않는 것이 아닌 것처럼 주기적인 진단과 예방활동, 리스크 관리 문화 확산, 리스크 센싱 기능 강화 등을 통해 리스크에 강한 기업이 될 수 있다. 비록 위생 관리에 철저히 신경 쓰더라도 질병에 걸릴 수 있다. 완벽한 예방은 불가능하다. 그러나 질병에 걸릴 확률은 현저히 낮출 수 있다. 만일 질병에 걸리더라도 제때 약물치료와 휴식을 통해 회복할 수 있다. 기업도 마찬가지로 리스크 예방활동에도 불구하고 상황을 막을 수 없는 경우가 있다. 그럼에도 불구하고 끊임없는 예방활동과 모니터링 활동을 통해 제때 리스크를 인지해서 확산되는 것을 막는 것이 필요하다. 그러한 도구로서 리스크 시나리오를 설계하고 데이터 분석을 통해 모니터링하는 것이 중요하다.

흔히 "소 잃고 외양간 고친다"는 우리 속담이 있다. 외국에서는 "Don't learn safety by an accident"라는 말이 있다. 안전을 사고를 통해 배우지 말라는 뜻이니 위의 우리 속담과도 일맥상통한다고 볼 수 있다. 동서고금을 막론하고 뒤늦은 후회보다 제때 리스크를 예방하는 것이 중요하다는 것에 공감하기 때문이다. 태풍이 몰아치고 나서야 지붕을 수리해 봐야 이미 늦었듯이 미리미리 고장난 곳을 보수하고 수리해야 할 곳은 없는지 모니터링하는 부지런함이 필요하다. 기업은 이러한 부지런한 활동을 데이터 분석을 통해 대신할 수 있다. 기업이 지속가능하기 위해서는 리스크 관리가 필요하다. 글로벌 경영환경이 급변하는 요즘 비누와 같은 리스크 예방활동과 건강검진과 같은 센싱활동이 리스크 관리 차원에서 매우 중요한 일임을 잊지 말아야 할 것이다.

수에즈 운하와 파나마 운하 사례

페르디낭 드 레셉스Ferdinand de Lesseps는 프랑스의 외교관이었다. 그는 이집트의 여러 곳에서 외교관으로 근무하면서 쌓은 경험과 인적 네트워크를 바탕으로 수에즈 운하의 개발을 구상하고 추진했다. 1854년 이집트의 아미르(통치자, 수장)가 된 무함마드 사이드 파샤는 레셉스에게 수에즈 운하 개발과 관련된 특허권을 부여하고 수에즈 지협 조차권租借權을 양도했다. 이를 통해 레셉스는 본격적인 수에즈 운하 개발사업을 추진하게 된다. 당시 수에즈 운하 개발은 대형 프로젝트였다.

수에즈 운하 개발의 목표는 지중해와 홍해, 인도양을 연결해 유럽과 아시아의 해상 실크로드를 구축하는 것이었다. 이로 인해 만들어지는 새로운 해로는 거리를 대폭 단축시켰고, 이는 당시 무역에 있어서 매우 중요한 의미를 갖는다. 레셉스는 2억 프랑(800만 파운드)의 자본금으로 1858년에 '만국수에즈해양운하회사'를 설립하고 본격 프로젝트에 착수했다. 수에즈 운하 공사는 1859년 4월에 시작해 10년 만인 1869년 11월 17일에 마쳤다. 수에즈 운하의 총 길이는 162.5km였다. 이로 인해 런던과 싱가포르 간의 항로는 케이프타운 경유의 2만 4,500km에서 1만 5,025km로 대폭 줄어들고, 런던과 뭄바이 간 항로는 2만 1,400km에서 1만 1,472km로 크게 단축되었다. 수에즈 운하 개통으로 대형 선박의 운항시간이 대폭 감소했고, 이로 인해 무역이 더욱 활발해져서 전체 무역규모는 증가하고 비용은 절감되었다. 그야말로 수에즈 운하 개발 프로젝트는 대성공이었다.

그로부터 22년 후인 1881년 파나마 운하 개발에 착수했다. 레셉스는 수에즈 운하의 성공 경험을 토대로 이와 동일한 방법으로 파나마 운하 공사를 시작했다. 파나마 운하는 파나마 지협을 횡단해서 태평양과 카리브해(대서양)를 연결하는 구조로 설계되었다. 파나마 운하의 총 길이는 64km였고, 공사 기간은 10년이 소요되었다. 총 공사비는 3억5천2백만 달러가 소요되었다. 미국에서 태평양과 대서양을 가로지르는 데 파나마 운하를 이용할 경우 남아메리카를 돌아가는 것보다 약 1만5,000km가량 운항 거리를 줄일 수 있었다. 수에즈 운하에 비해 파나마 운하의 길이는 짧았으나 소요된 기간과 비용으로 보면 실패한 프로젝트였다. 레셉스는 수에즈 운하의 성공에 도취된 나머지 중요한 정보 수집과 돌발 상황에 대한 준비를 소홀히 했다. 파나마 운하 공사 현장에서는 각종 정보와 이슈가 전달되었으나 이를 무시했다.

운하 건설이라는 목표는 같았지만 수에즈 운하와 파나마 운하의 결과는 극명하게 갈렸다. 레셉스는 두 지역의 특색과 고려해야 할 사항들을 면밀히 검토하지 않은 채 공사를 진행한 것이 패착이었다. 두 운하의 운명을 가른 가장 큰 차이점 두 가지는 기후와 지형이었다. 우선 파나마 지역은 수에즈 운하 건설 당시의 기후조건이 매우 달랐다. 이집트는 건조한 사막 기후였다면, 파나마는 습도의 차이가 매우 컸고, 열대성 말라리아가 노동자들을 괴롭혔다. 파나마 운하 공사 지역에는 풍토병이 만연해 많은 인부들이 죽거나 질병에 걸려 일을 할 수 없었다. 이러한 상황으로 인해 공사 진행률이 매우 좋지 못했다.

또 하나의 차이점은 지형이었다. 수에즈 운하가 건설되었던 지역은 거의 평지였다. 그러나 파나마 운하는 열대우림에 지역별로 해발 150m의 표고차가 있었다. 이를 해결하기 위해 총 4만 3,000여 명의 노동력이 투입되었고, 1914년 마침내 운하가 완성되었다. 지형의 표고차는 갑문閘門 방식을 활용하여 해결하였다.

결국 레셉스는 기후와 지형의 차이를 극복하지 못하고 공사 지연으로 인한 자금부족과 5,609명의 인부가 사망하면서 9년 만에 파산하고 만다. 이 과정에서 그는 정신질환을 앓다가 사망한다. 두 운하의 성공과 실패를 가르는 원인으로 기후와 지형을 꼽았지만 사실 원인은 한 가지였다. 리스크가 바로 그것이다. 수에즈 운하 성공에 도취된 나머지 파나마 운하도 성공할 것이라고 안일하게 생각하고 건설과정에서 벌어질 수 있는 여러 위기 상황을 가정해 보지 않은 것이 문제였다. 만일 두 지역에 대한 정보를 수집하고 그 차이를 분석하면서 앞으로 벌어질 수 있는 상황을 예측하기 위해 노력했다면 결과는 어땠을까? 아마도 어려움을 극복하기 위해 많은 노력이 필요했겠지만 그래도 견뎌낼 수 있었을 것이고, 미리 대응계획을 수립해서 하나하나 헤쳐나갔을 것이다. 대형 프로젝트일수록 정보관리가 매우 중요하다. 작은 정보 하나하나가 모여 중요한 정보가 되며, 이는 의사결정에 영향을 미칠 수 있다. 수에즈 운하와 파나마 운하의 비교 사례는 리스크 관리와 정보관리의 중요성을 다시금 깨닫게 해준다.

경영의 기본, 성과관리와 리스크 관리

현대 경영학의 아버지라 불리는 '피터 드러커Peter Ferdinand Drucker'는 "측정되지 않는 것은 관리되지 않는다"라는 말을 남겼다. 영어로 '경영' 또는 '관리'는 'Management'로 표현한다. 'Management'의 동사 형태인 'Manage'에서 파생된 "Manage to ~"는 "가까스로 ~하다"라는 뜻으로 쓰인다. 그만큼 관리를 체계적으로 하는 것은 가까스로 할 만큼 쉽지 않다는 의미다. 경영Management은 다양한 요소가 있지만 '관리'라는 측면에서 보면 크게 두 축으로 이루어진다.

첫 번째는 성과관리Performance Management다. 성과관리를 위해서는 계획 대비 실적을 집계하고, 계획을 달성하거나 미치지 못하는 경우를 파악하기 위해 각종 실적 관련 지표를 분석한다. 경영전략을 수립할 때 당초 설정한 계획에 수정이 필요한 경우가 생기곤 한다. 경영환경 변화에 따라 각종 변수를 고려해 계획을 조정하기도 하며, 과거 실적을 기준으로 미래를 예측해서 경영계획에 반영하기도 한다.

두 번째는 리스크 관리Risk Management다. 기준을 벗어나는 이상치Outlier를 찾아내거나 규정을 위배하는 업무활동을 적발하기도 한다. 내부통제와 규제준수Compliance 여부를 판단하기 위해 계량 또는 비계량 지표가 관리되기도 하며, 부정Fraud을 적발하기 위한 도구로 통계적 기법과 패턴 분석이 사용되기도 한다.

성과관리와 리스크 관리 모두 '피터 드러커'가 말한 대로 제대로 관리하기 위해 '측정Measurement'이 필요하고, 이를 위한 최적의 도구로 '리스크 애널리틱스Risk Analytics' 기법이 사용된다. 결국 경영 관리를 위해 성과 측정과 리스크 측정을 위한 지표가 필요하고 지표를 분석하기 위해서는 '데이터'가 필요하다. 데이터 관리를 잘하는 기업일수록 성과관리와 리스크 관리에 강할 수밖에 없는 이유가 여기에 있다.

| 경영의 두 가지 핵심 축 |

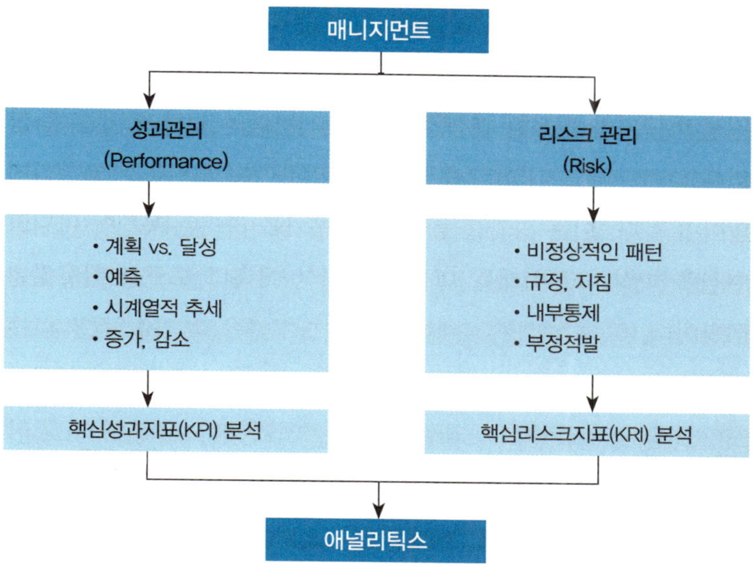

경영의 기본은 관리이고 관리는 측정을 통해 합리성과 객관성을 담보할 수 있게 된다. 세밀한 관리는 측정을 통해서 가능하다. 많은 기업들이 경영성과 측정을 위해 KPIKey Performance Indicators가 도입되고, 리스크 관리를 위해 KRIKey Risk Indicators를 식별하여 관리한다. 그러나 항상 적시에 객관적인 측정이 쉽지 않은 것이 현실

이다. 측정Measurement을 위해서는 비교 대상이 되는 개체Entity가 있어야 하고, 객관적인 측정을 위해서는 숫자, 날짜, 크고 작음, 길이, 금액 등이 계산되고 집계되어야 한다. 하루에도 수천, 수만 건의 거래와 생산, 업무처리로 인해 생성되는 숫자나 문자 형태의 방대한 양의 데이터를 원하는 순간 집계하여 직관적인 그래픽 형태로 볼 수 있다면 그것 자체로 엄청난 경쟁력이 될 수 있다.

회계, 재무, 마케팅, 영업, 인사, 물류 등 경영의 어느 하나도 객관적인 측정은 쉽지 않다. 더군다나 숫자로 지표화하기 어려운 직원들의 근로의욕, 의사소통, IT 시스템 활용, 대내외 평판 등 각종 정성적 평가가 필요한 분야는 여전히 객관적인 측정이 어렵다. 그럼에도 불구하고 기업은 측정하고 관리하려는 노력을 게을리하지 않아야 한다. 이는 평가를 통해 줄 세우기를 하려는 목적이 아니고 현실을 파악하고 미래를 대응하기 위한 예측의 도구로 활용하기 위함이다.

리스크 애널리틱스, 질적 성장의 토대

기업이 성장할수록 성과관리는 필수다. 계획 대비 얼마나 성장하고 있는지를 알아야 보다 정확한 매출계획과 생산계획을 세울 수 있고, 이는 향후 투자계획과 경영 전략 수립에 직접적인 영향을 미친다. 기업이 성장할수록 불확실한 경영환경을 극복하고, 경쟁환경에서 살아남기 위해서는 다양한 관점에서 기업의 현재를 들여다보고 미래를 예측해야 한다. 특히 기업의 내외부를 둘러싼 리스크는 무엇이 있고, 취약점이 어디에 있는지 식별하고 관리하는 것이 중요하다. 리스크 관리는 기업의 체질을 개선하고 질적 성장을 위한 기본이 된다. 기업이 양적 성장만을 추구하면 언젠가는 한계에 봉착한다. 조직의 규모가 커질수록 더 많은 규제환경에 놓이게 되며, 비즈니스가 복잡해질수록 다양한 곳에서 자산이 누수되는 현상이 발생할 수 있다. 리스크 관리가 되지 않을 경우 규정을 위배하여 기업의 자산이 오남용되거나 부정이 발생할 가능성이 높아진다. 따라서 기업의 펀더멘탈Fundamental을 강화하기 위해서는 리스크 관리 역량을 키워야 한다.

4차 산업혁명 시대를 맞아 애널리틱스 관점에서 보면 기업들은 두 가지 고민이 필요하다. 첫 번째는 애널리틱스를 통해 경쟁력을 갖출 수 있는가이다. 기왕이면 더 나은 기회를 찾아 전사 차원의 자원을 선택하고 집중하는 것이 경쟁에서 이길 수 있다. 또한 효과적인 경영을 위해서는 리스크를 식별해 선택과 집중해서 조기에 제거하거나 회피하는 전략을 구사해야 한다. 두 번째 고민은 일상적인 업무를 애널리틱스를 통해 더 스마트하게 할 수 있는가이다. 업무에 활용하기 위한 분석된 리포트를 만드는 데 애널리틱스 기법이 사용될 수 있다. 보다 스마트한 업무를 위해 애널리틱스가 사용될 수도 있고, 리스크 관리에 적용해 이상거래 식별, 부정탐지, 재무회계 리스크 모니터링 등에 활용할 수 있다.

데이터가 비즈니스의 중심이 되는 4차 산업혁명 시대의 중요한 포인트는 데이터가 곧 돈이 될 수 있다는 것이다. 데이터를 들여다보면 돈의 흐름이 보이고 언제 어디에 어떻게 투자하고 실행할지에 대한 실마리를 얻을 수 있기 때문이다. 즉, 데이터로부터 통찰력Insight을 얻는 데 노력을 게을리하지 않는 기업이 4차 산업혁명에서 살아남게 될 것이다. 데이터의 중요성이 부각되면서 데이터를 저장하고 처리하기 위한 인프라가 급속히 발전하고 더 많은 양질의 데이터를 수집하고 가공하여 활용하기 위해 사물인터넷IoT 환경은 지금보다 더 빠르게 발전할 것이다. 4차 산업혁명을 주도하는 신기술New Technology도 결국은 데이터를 활용하지 않고서는 아무런 결과를 도출할 수 없는 것들이다.

데이터를 중심으로 비즈니스 모델을 구현한 에어비앤비나 우버를 비롯해 디지털 기술을 기존 비즈니스와 접목시켜 디지털 트랜스포메이션을 꾀하는 기업들의 사례를 보면, 데이터를 통해 기회를 포착하거나 기존 사업의 역량을 강화하는 데 디지털 기술이 활용될 수 있음을 알 수 있다.

리스크를 지배하기 위한 데이터 애널리틱스

리스크는 마치 '생물'과 같다. 그만큼 리스크는 변화무쌍하고 진화하는 특성이 있다. 변화에 대응하고 리스크를 지배하기 위해서는 상시적인 모니터링이 필요하다. 기업 운영상 자산 누수현상을 인지하고 부정적발, 예산 및 비용 오남용을 막기 위해서는 적시 인지가 필요하다. 리스크는 발생 시 파급효과가 크고 대응에 소요되는 비용이 높다. 따라서 상시모니터링을 통해 리스크를 관리함으로써 투자 대비 높은 효과를 기대할 수 있다. 과거에는 단순히 업무처리과정의 결과로 조회하고, 저장하는 대상으로만 데이터를 인식했으나 이제는 데이터의 '라이프 사이클'을 분석해 의사결정에 도움을 줄 수 있는 '통찰력Insight'을 얻을 수 있다.

상시모니터링은 단순히 리스크를 발견하는 데 그치지 않고, 업무 프로세스와 ERP(전사적 자원관리) 시스템 간의 차이Gap를 식별하고, 내부통제 취약점을 찾아낼 수 있다. 리스크 애널리틱스는 기업 경영에서 산재해 있는 리스크를 지표화하여 마치 파일럿이 계기판을 보면서 운항하는 것과 같은 기능을 제공한다. 경영관리 관점에서 보면 계기판 없는 파일럿이 될 것인지, 아니면 현재 상황을 신속히 파악하고 의사결정을 내릴 수 있도록 도와주는 계기판을 보면서 비행기를 조종하는 파일럿이 될 것인지 진지하게 생각해 볼 필요가 있다.

경영진은 재무적으로 성장하고, 고객에게 새로운 가치를 제공하며, 내부적으로는 혁신을 이끌어 가고, 지속가능한 성장을 이루는 역할을 부여받고 있다. 이를 위해서는 재무데이터뿐만 아니라 기업 내외부의 다양한 데이터를 분석해 현재를 냉정하게 평가하고 미래를 예측하여 합리적인 의사결정을 내릴 수 있어야 한다. 예를 들면, 경영진은 향후 수요는 어떻게 변화할 것인가? 우리의 고객은 누구이고, 잠재된 수요는 얼마나 되는가? 우리 거래처의 재무위험은 어느 정도이고, 리스크 발생 시 미치는 영향은 얼마나 되는가? 공정을 효율화하고 생산 수율을 높일 수 있는가? 잠재적 위험은 어디에 있고, 어떻게 계량적으로 측정하여 관리할 수 있는가? 등을 고민하는 과정에서 적극적으로 데이터를 활용해 합리적인 의사결정을 내려야 한다.

과학적이고 통계적인 수단에 의한 것이 아닌, 직관에 의한 의사결정은 기업을 위험에 빠트릴 수 있기 때문이다. 경영에서는 100-1=99가 아니고, 100-1=0이 될 수 있다는 말이 있다. 리스크 관리의 실패로 인해 전사 차원의 위기로 번지고, 이를 대응하기 위해 천문학적 비용이 소요될 수 있다. 지속가능한 경영을 위해서는 양적 성장 외에도 질적 성장을 간과하지 말아야 한다. 그러한 관점에서 리스크 애널리틱스는 질적 성장의 효과적인 도구가 될 수 있다.

데이터 중심 경영

기업들은 코로나19를 겪으면서 기존의 질서에 익숙해져 있던 틀을 깨야 한다. 급격한 변화로 인해 혼란스러운 면은 있으나 디지털 전환 시기를 조금 더 앞당긴 것으로 보는 것이 타당하다. 코로나19로 인해 안전에 대한 인식이 바뀌고, 위기 상황에서 회복하는 탄력성(리질리언스)이 중요해졌다. 비록 외부 충격에 의한 것이지만, 사회구조와 비즈니스 환경이 급격히 변화함에 따라 고객관리, 영업활동, 인적자원관리, 공급망관리를 과거의 방식이 아닌, 근본적으로 바꾸기 위해 노력해야 한다. 이를 위해 디지털 혁신을 강력히 추진해야 하며, 모든 업무에 디지털 기술을 접목하는 노력이 필요하다. 또한 데이터 중심 경영, 데이터 중심 조직으로 변화함으로써 디지털 역량을 강화시켜야 한다.

데이터 중심 경영은 말로만 외치는 구호로 가능하지 않다. 조직의 인프라를 대규모로 전환해야 하고, 업무 방식을 바꾸어야 하며, 데이터에 친숙한 문화로 변화해야 한다. 단순히 경영진의 의지로

만 되는 것도 아니고 임직원 전체가 마인드를 바꾸어야 가능한 일이다. 세상은 점점 언택트Un-tact가 일상화되고, 비대면 상거래와 모바일 중심 소비가 급증하면서 기업들은 소비자의 디지털 라이프Digital Life에 맞게 비즈니스에 대한 패러다임을 바꿔야 하는 어려움에 직면해 있다. 그러나 세상은 이미 변화하고 있고, 디지털 혁신은 거스를 수 없는 대세다. 20년 전만 해도 엑셀을 능숙하게 다루는 사람은 많지 않았다. 그러나 지금은 어떠한가? 많은 사람들이 엑셀을 업무에 보편적으로 활용하고 있다. 최근에는 대용량의 데이터를 빠른 시간 내에 직관적으로 이해하기 쉽게 도와주는 다양한 데이터 분석 도구가 많이 개발되어 있다. 이제는 이러한 도구를 활용해서 업무를 효율적으로 수행하고 동료들과 협업하며, 의사결정을 효과적으로 지원하는 방향으로 마인드를 전환해야 한다.

변화하는 세상을 읽는 눈은 저절로 생기지 않는다. 변화하는 세상에서 살아남기 위해 경쟁력을 키우는 일 역시 쉽지 않다. 특히 디지털 전쟁이라 할 만한 4차 산업혁명 시대에서는 더욱 그렇다. 세상이 디지털 기술 중심으로 발전하고 있으며, 디지털 기술을 활용해 산업 생태계가 바뀌고 있다. 사회구조도 디지털 기술에 의해 많은 변화가 예상된다. 초연결 시대를 만들어 내고 있는 강력한 무선통신 기술과 모바일 기기의 발전, 스마트폰의 비약적인 발전은 우리의 삶을 크게 바꿔 놓고 있다. 손가락 터치만으로도 할 수 있는 일이 많아졌고, 스마트폰을 통해 세상의 지식을 빠르게 흡수할 수도 있다.

이렇게 사회구조와 산업환경이 변화하다 보니 기업들의 비즈니스 방식도 많이 바뀔 수밖에 없다. 디지털 기술을 활용한 경영이 대세가 되면서 많은 기업들이 디지털 전환을 추진하고 있다. 그 과정에서 데이터를 어떻게 하면 유연하게 활용할 수 있을지에 대한 고민도 함께 이루어져야 한다. 데이터의 가치를 귀하게 여기고 데이터 중심으로 사고하며, 데이터를 경영의 핵심 자산이자 경쟁력의 원천으로 생각해야 한다. 기업의 인프라와 더불어 데이터에 투자하는 기업들이 많이 늘고 있는 현상은 바람직하다.

그러나 단순히 인프라 확대만 할 것이 아니라 데이터를 활용하는 역량을 함께 키워야 한다. 과거에는 데이터를 다루는 일은 IT 부서 고유의 영역이라고 생각했다. 업무과정에서 생산되는 데이터의 소유권은 각 현업 부서에 있다고 하면서도 정작 그 데이터를 체계적으로 축적하고 필요할 때마다 활용하는 역량은 부족했던 것이 사실이다. 그러나 이제는 무슨 업무를 하든지 데이터 중심 사고를 하지 않으면 효율적인 업무를 수행할 수 없을 것이다.

업무환경이 변화하고 이해관계자 간에 의사소통하는 방식이 변화하면서 데이터 중심 사고가 매우 중요해졌다. 그러한 이유로 기업들은 데이터 중심 조직으로 변화하기 위한 계획을 세우고 구성원들을 체계적으로 훈련시키는 준비가 필요하다. 이제는 기업들이 데이터를 관리하는 수준을 넘어 적극적으로 활용하고 비즈니스에 접목시키는 노력이 지속될 때 비로소 경쟁력을 갖추고 세계 무대를 누빌 수 있게 될 것이다. 또한 데이터를 통해 세상의 변화를 읽으면서 유연하게 대처하는 스마트한 조직이 될 수 있을 것이다.

앞서 언급했던 안광지배眼光紙背라는 고사성어가 있다. "눈빛이 종이의 뒤를 꿰뚫어 본다"는 의미로 독서의 이해력이 깊고 날카로움을 이르는 말이다. 안광지배는 요즘 시대에도 적용 가능한 말이다. 수많은 데이터 속에서 숨겨진 의미를 찾고 통찰력Insight을 얻는 것은 결코 쉽지 않다. 그러나 데이터 중심 경영을 통해 조직의 체질을 바꾸고 모든 업무를 데이터 기반에서 움직일 수 있도록 혁신한다면 불가능한 일도 아니다. 마치 눈빛이 종이의 뒤를 꿰뚫어 보듯이 데이터라는 구슬을 꿰어서 보석으로 만든다면 그 자체로 안광지배라 할 수 있을 것이다. 앞으로 우리나라 많은 기업들이 데이터 중심 경영을 통해 경쟁력을 높이고 조직의 체질을 개선하여 그 어떤 변화의 파도가 밀려와도 극복하고 글로벌 시장에서 우뚝 서기를 희망해 본다.

리스크 애널리틱스와 리스크 인텔리전스

기업이 확보한 빅데이터 활용에 소극적일수록 시시각각 변화하는 리스크를 조기에 감지Sensing하지 못하는 우를 범할 수 있다. 또한 휴먼 에러Human Error, 부정Fraud, 법규 미준수Compliance Risk 등과 같이 기업 내부에서 일어날 수 있는 다양한 형태의 리스크를 적시에 인지하지 못할 수 있다. 그런 의미에서 '리스크 애널리틱스 Risk Analytics'는 4차 산업혁명이라는 거대한 변화의 파도에서 살아남기 위해 기업들이 반드시 갖추어야 하는 경쟁력이자 지속가능한 기업이 되기 위한 필수적인 리스크 관리활동이라 할 수 있다.

기업이 리스크 애널리틱스Risk Analytics를 도입해야 하는 이유는 다음과 같다. 첫째, 비즈니스활동의 결과로 생산되고 유통되는 빅데이터를 분석함으로써 비정상적인 거래 패턴과 아웃라이어를 확인하여 적시에 조치할 수 있도록 의사결정을 지원할 수 있다. 데이터 시각화Data Visualization를 통해 직관적으로 데이터를 해석하고 데이터가 전하는 의미와 스토리를 이해하는 데 도움을 주어 데이터로부터 '리스크의 가시성 확보Bringing Data to Light'가 가능해진다.

둘째, 고위험High Risk 영역을 식별하여 내부통제나 감사 수행 시 선택과 집중을 통한 리스크 관리가 가능하도록 한다. 통제는 최소한의 자원으로 최대한의 효과를 거두어야 하는 어려움이 있다. 과도한 통제는 기업활동의 제약을 가져올 수 있고, 수동적인 문화가 확산되게 하는 단점이 있다. 따라서 데이터 분석을 통한 리스크 조기 감지Sensing와 적시 모니터링 체계를 갖추어 리스크 예방에 초점을 맞추는 스마트 감사Smart Audit가 가능하도록 할 수 있다.

셋째, 리스크 시나리오 분석을 위해 필요한 데이터를 수집하고 서버에 적재하여 정해진 룰에 따라 분석을 수행하는 업무를 자동화할 수 있다. 분석절차를 자동화함으로써 오류를 최소화하고 분석과정에서 임의로 데이터를 가공하는 것을 방지할 수 있다. 또한 데이터 시각화Data Visualization를 통해 데이터의 요약, 집계된 정보를 확인할 수 있고, 대시보드를 구성하고 있는 차트를 클릭하여 원천 데이터Raw Data를 바로 확인할 수 있다.

리스크를 관리하기 위한 노력은 다양하게 이루어져 왔다. 리스크는 예방을 통해 현실화되지 않도록 하는 것이 가장 좋겠지만 현실은 그렇지 못하다. 그래서 생겨난 것이 리스크 센싱이다. 건강을 예로 들면, 건강에 가장 중요한 것은 미리미리 예방하는 것이다. 그러나 모든 질병을 예방하기란 불가능에 가깝다. 예방을 철저히 하되 병에 걸렸을 때 조기에 확인하는 것이 더 중요하다. 사실 우리 몸에는 이러한 조기 경보 기능이 있다. 질병에 감염되거나 다쳤을 때 우리 몸은 즉각적인 신호를 보낸다. 통증이나 몸의 변화를 통해 우리 몸의 이상 유무를 감지하게 된다. 우리 몸은 바이러스나 균이 침투할 경우 방어기제를 작동한다. 면역체계가 우리 몸의 보호를 위해 싸움을 시작하는 것이다. 이 과정에서 약이나 직접 치료를 통해 원상회복을 돕기도 한다.

리스크 관리는 한 번으로 그쳐서는 안 된다. 지속적으로 리스크를 최신화하고 이슈를 관리하며, 개선활동을 해야 한다. 그러기 위해서는 선순환이 가능한 형태로 리스크 관리 모델을 수립해야 한다. 리스크 애널리틱스를 통해 잠재된 리스크를 관리하면서 이슈가 불거졌을 때 즉각 대응할 수 있도록 하기 위해서는 지속적이고 상시적인 모니터링이 필요하다. 리스크 애널리틱스 프로세스는 리스크 식별부터 출발해서 원인과 영향을 분석하고 영향도와 발생빈도 그리고 전사 노출도를 고려해 우선순위를 평가하며, 데이터 분석과 시나리오에 따른 검토를 통해 문제점을 파악하고, 해결 방안을 도출하는 방식으로 진행된다.

| 리스크 애널리틱스 프로세스 |

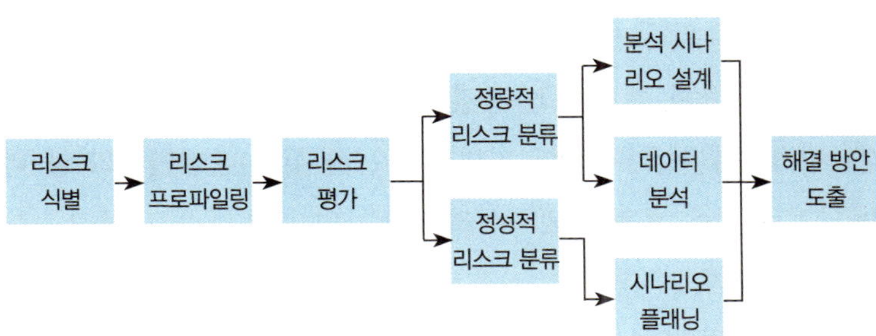

빅데이터와 데이터 리스크

빅데이터 속에 오류가 있는 쓰레기 데이터가 포함되어 있는 경우를 상상해 보았는가? "Garbage in Garbage out"이라는 말이 있다. 쓰레기가 투입되면 쓰레기가 나온다는 뜻이다. 데이터도 마찬가지다. 오류투성이의 데이터를 처리하여 생산된 정보는 크나큰 문제를 야기할 수 있다. 대표적인 것이 수요예측이다. 생산관리 분야의 세계적인 석학인 스탠포드 대학교의 황승진 석좌교수가 주창한 채찍이론Bullwhip Effect에 따르면, 수요의 작은 변동이 공급사슬Supply Chain을 거슬러 올라가면서 점점 수요가 왜곡되어 공급사슬 전체의 재고 수준이 크게 증가하는 경향을 보인다. 예를 들어, 전방에서 수요예측을 잘못할 경우 마치 채찍이 점점 큰 궤적을 그리며 움직이듯이 수요예측의 실패가 가져오는 영향이 기하급수적으로 커질 수 있다는 것이다.

많은 기업들이 안정적인 재고 확보와 생산 수율을 높이고, 가동률을 높이기 위해 정확한 수요예측Forecasting을 하기 위해 노력한다. 그러나 분기 단위, 월 단위로 예측치를 보정Rolling하는 작업을 하는 데 인적, 물적 자원을 사용한다. 만일 실제 수요에 근사치를 예측할 수 있다면 어떨까? 재고 효율뿐만 아니라 생산성 향상, 재무적 개선효과도 기대할 수 있다. 그렇게 되기 위해서는 데이터 애널리틱스가 매우 중요한 기법이다. 빅데이터는 데이터의 볼륨, 즉 양적 크기에 초점이 맞추어져 있었다면 이제는 질적 중요성도 고려해야 한다.

데이터 품질에 따라 기업이 활용할 수 있는 정보의 수준과 그로 인한 전략적 의사결정의 성패가 좌우될 수 있기 때문이다. 과거에 비하면 가히 데이터 홍수의 시대에 살고 있다고 해도 과언이 아닐 정도로 스마트폰, 노트북, PC를 통해 얻을 수 있는 정보는 차고 넘친다. 그런데 과연 우리는 정보화 사회 이전에 비해 똑똑해졌는지에 대해 의문을 갖게 된다. 어떻게 정보를 취득하는지에 대한 기술은 발전했지만 수많은 잘못된 정보로부터 유용한 정보를 걸러내고 다시 유의미한 정보들로 분류해서 활용하는지에 대해서는 여전히 스마트하지 못한 세상을 살고 있다.

'애니멀 호더Animal Hoarder'라는 말이 있다. 주인 없는 개나 고양이를 계속해서 데려다 놓고 방치하거나 돌볼 여유가 없음에도 불구하고 무작정 데려와서 집착하는 사람들을 일컫는 말이다. 요즘 우리 사회는 '데이터호더Data Hoarder'가 많아지고 있지 않은지 되돌아볼 필요가 있다. 많은 기업들이 더 많은 데이터를 수집하고 저장해 두려고 한다. 쓸모와 가치를 생각하지 않은 채 무작정 많은 데이터를 가지려고 하는 데서 문제가 발생한다. 데이터는 시간이 지날수록 효용가치가 떨어지는 유통기한이 있게 마련이다. 10년 전에 만들어진 자료를 보라. 당시에는 멋진 차트와 도형으로 구성되고 유려한 문장으로 설명되어 있던 자료도 지금 보면 디자인이나 내용이 진부하게 느껴진다. 왜 그럴까? 데이터가 조합되고 유의미한 관계로 묶일 때 유용한 정보가 된다. 정보는 다른 정보와 연결되고 가공되어야 지속성과 유용성이 담보된다. 따라서 시의적절하게 신규 데이터가 생산 유입되어야 하고 업데이트된 데이터의 조합으로 유용한 정보가 확대 재생산되는 과정을 거쳐야 한다.

데이터가 이야기하는 진실Data Storytelling

지금 벌어지는 현상을 파악하기 위해 관련자들의 진술을 청취하는 방법도 있고 각종 자료를 분석하는 방법도 있다. 거래와 업무처리과정을 통해 생산되는 데이터는 한 건 한 건을 따로 놓고 보면 특별한 힘을 갖지 못하지만 수개월, 수년간 축적되다 보면 데이터는 스토리가 생겨나고 우리에게 진실을 이야기해 주기도 한다. 다음 그림은 어느 기업의 10년간 매출액과 영업이익을 분석한 그래프이다.

각각의 그래프는 같은 회사의 같은 기간 동안의 매출액과 영업이익을 분석한 자료이다. 그러나 연도별 기준에 따라 직관적으로 안정적으로 보이나 분기별, 월별로 세분화하여 분석할 경우 매출과 영업이익의 변동성이 매우 심해지는 경향을 확인할 수 있다. 이처럼 같은 데이터를 가지고도 분석 목적과 기준에 따라 전혀 다른 해석을 하게 되고 상반된 의사결정을 할 수 있게 된다.

| 연도별 매출액, 영업이익 |

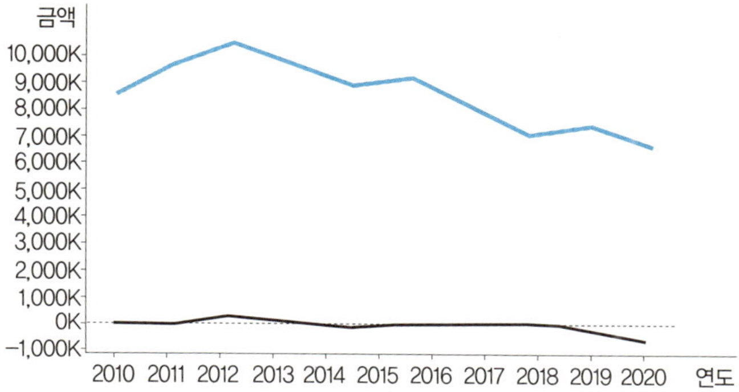

| 분기별 매출액, 영업이익 |

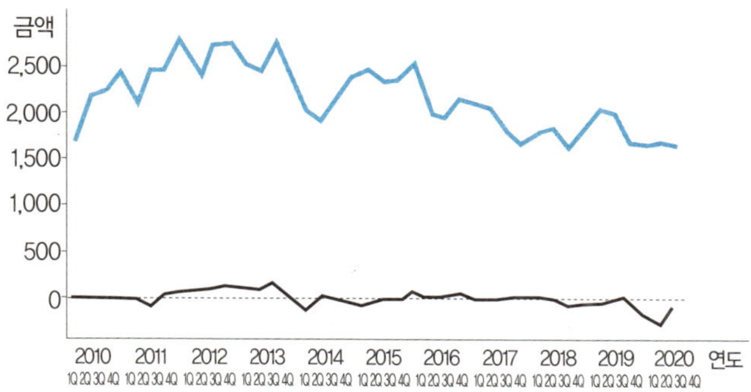

| 월별 매출액, 영업이익 |

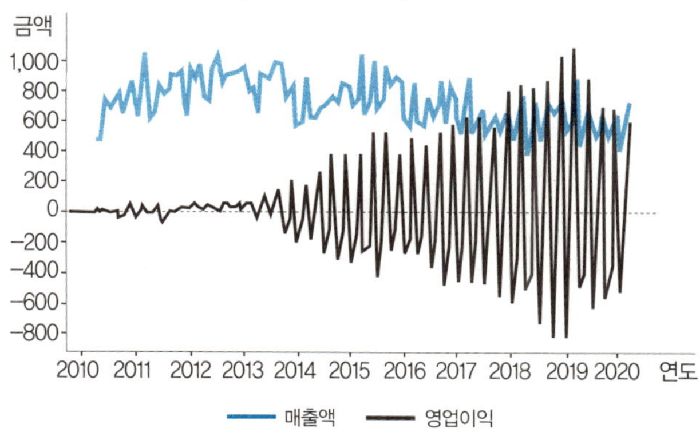

끊임없는 변화의 노력

영국의 사상가 에드먼드 버크Edmund Burke는 소나무가 늘 푸른 이유로 끊임없이 잎을 바꾸기 때문이라고 했다. 소나무도 끊임없는 변화의 노력을 통해 푸르른 생명력을 이어나가는데 하물며 기업의 생존 전략이라고 다를 리 없다. 특히 요즘 같은 충격파가 큰 외부 리스크가 자주 발생하고, 글로벌 경쟁이 격화될수록 변화는 생존을 위한 필수 요소다. 35억년 전부터 지구상에 존재했던 약 140만여 종의 생명체 중 96%는 이미 멸종했다. 4년마다 평균 1종씩 멸종한 셈이다. 그러면 과연 어떤 종이 살아남았을까?

2008년 4월 세계 최대의 투자은행 리먼 브라더스가 파산했고, 투자수익률 87%에 달하던 세계 최고의 펀드였던 펠러톤은 2008년 파산신청을 했다. 85년 역사의 월가 5대 투자은행으로 불리던 베어스턴스 역시 같은 해 위기가 현실화된 지 단 20일 만에 몰락하고 만다. 2008년 금융위기를 겪으면서 일생에 한 번 있을까 말까 한 대형 사건이 연이어 터졌다. 1970년 포춘지 선정 글로벌 500대 기업 중 30년 후까지 생존한 기업은 불과 30%에 그쳤다. 2000년대 들어 기업 수명은 20년 수준으로 급격히 줄어들었다. 전문가들이 그 원인을 들여다본 결과 '찰스 다윈'이 주장한 "가장 강하거나 똑똑한 종이 아닌 변화에 가장 잘 적응하는 종이 살아남는다"는 말이 들어맞았다.

기업들도 변화에 적응해 온 기업들이 살아남은 것이지 규모가 크고 한때 최고였던 기업이 지속가능한 것이 아니었다. 결국 변화는 생물이나 기업에게 있어 리스크다. 즉, 리스크 관리를 잘하는 기업이 오래 살아남고 그렇지 못하면 도태되는 것이 자연의 이치다. 유연하고 민첩하게 변화에 대응하는 기업이 되기 위한 리스크 관리가 중요한 이유가 여기에 있다.

상상할 수 없는 것을 상상하라

2001년 9월 11일 상상할 수 없는 일이 벌어졌다. 미국 뉴욕 맨해튼 중심에 있는 월드 트레이드 센터 빌딩에 두 대의 여객기가 충돌하는 사건이 발생했다. 미국은 이 끔찍한 테러로 인해 사망자 2,999명, 부상자 6,291명, 약 2천억 달러의 천문학적 경제적 손실을 입었다. 2004년 미국 의회는 9.11 진상조사위원회 보고서를 통해 테러를 막지 못한 원인으로 '상상력 부족'을 지적했다. 비행기가 날아와 고층 빌딩에 테러를 감행할 것이라는 생각을 하지 못했던 것이다. 즉, 상상조차 할 수 없는 '블랙스완'이 벌어진 것이다. 블랙스완이란 일반적으로 털갈이를 한 백조는 흰색이라고 생각하지만 검은 백조가 나타난 것을 말한다. 이는 '불가능하다고 인식된 상황이 실제 발생하는 것'을 의미한다. 예측 가능한 일에만 관심을 갖던 것에 대한 대가는 혹독했다. 미국은 9.11 테러를 통해 경험에 의존하는 리스크 관리의 허점을 통해 상상력의 중요성이 리스크 관리에서 얼마나 중요한지 배울 수 있었다.

2010년 아이슬란드 에이야프얄라요쿨 화산이 폭발했다. 189년 만에 재폭발한 것으로 일어날 것 같지 않던 일이 발생한 것이다. 거대한 화산재가 분출하면서 유럽의 하늘 길을 막았다. 화산재가

영국과 북유럽 상공을 뒤덮으면서 유럽의 공항들은 항공기 운항이 전면 금지되었다. 단순히 하늘 길만 막힌 것이 아니라 항공 물류가 완전히 마비되었다. 비엠더블유BMW, 아우디AUDI, 닛산NISSAN 등 완성차업체는 부품 공급 지연으로 인해 생산이 중단되는 초유의 사태를 겪었다. 유럽 공항 인근 호텔들은 몰려드는 손님들로 아수라장이 되었고, 유럽 전역뿐만 아니라 북미 대륙까지 항공 일정에 심각한 차질이 빚어졌다. 이로 인해 유럽으로 가는 물동량 대부분의 일정이 지연되는 사태가 발생했다. 화산 폭발로 인한 연쇄적 리스크 확산의 파급효과는 상상을 초월했다.

테러, 자연재해, 인적 재난, 소요사태, 전쟁, 산업구조 변화, 규제환경 변화, 정치불안, 무역전쟁 등 다양한 원인에 의해 기업들은 위기 상황에 직면할 수 있다. 내부통제가 잘 갖추어진 기업이라 할지라도 외부로부터 밀려오는 충격파나 내부로부터 발생한 리스크가 외부로 확산될 때 파급효과는 기하급수적으로 늘어날 수 있다. 문제는 확산되는 과정과 충격에 대해 사전에 시나리오를 상상해 보았는지에 따라 결과가 달라질 수 있다는 것이다. 물에 빠졌을 때를 대비해 생존 수영을 배운 학생이 이안류離岸流에 떠밀려 바다에 표류한 지 20여 분 만에 구조된 사례가 언론을 통해 전해졌다. 위기 상황에 빠졌을 때 견뎌낼 수 있도록 민첩하고 복원력을 갖추기 위한 훈련을 하기 위해서는 무엇보다 상상력을 키우고 시나리오를 설계하는 역량이 필요하다.

불확실성의 시대, 끊임없이 경계하라

"작전에 실패한 군인은 용서해도 경계에 실패한 군인은 용서하지 않는다"는 말이 있다. 그만큼 위기 상황이면서도 앞을 내다보기 어려운 불확실한 상황에서는 무엇보다 끊임없는 경계가 중요하다는 뜻이다. 하버드 대학교 크리스토퍼 차브리스와 대니얼 사이먼스는 연구에서 일명 '고릴라 실험'을 진행했다. 흰색 셔츠를 입은 팀 3명과 검은색 셔츠를 입은 팀 3명 등 총 6명이 동그랗게 모여 서로 농구공을 패스한다. 이때 실험 참가자는 흰색 셔츠 팀의 패스 횟수만 세면 된다. 패스가 진행된 지 1분가량 지난 시점에 고릴라로 변장한 학생이 천천히 등장해 카메라 정면을 보고 고릴라처럼 가슴을 두드린 뒤 퇴장한다. 흥미로운 사실은 실험 결과, 실험 참가자의 50%가 고릴라의 등장을 눈치 채지 못한다는 점이다. 여기서 연구팀은 사람의 시각적 주의력과 인지능력에는 허점이 존재함을 밝혔다.

2008년 금융위기 때 수많은 거대 은행들이 쓰러져 갈 때 오히려 '골드만삭스'는 경쟁력을 강화하면서 살아남았다. 골드만삭스는 2006년부터 손익계산서와 각종 지표들로부터 이상징후를 감지했다. 최고 재무책임자였던 '데이비드 비니어'는 리스크 관리 담당자들과 딜러들을 소집해 이상징후를 분석했고 앞으로 상황이 악화될 것이라는 판단을 했다. 즉시 각 부문별 리더들과 적극적인 커뮤니케이션을 하면서 서브 프라임 모기지론과 관련된 고위험 파생상품을 처분하고 재무건전성을 강화했다. 그 덕분에 골드만삭스는 위기 상황에서 살아남았고, 오히려 번영하는 기회를 잡았다.

불확실한 상황에서는 무엇보다 끊임없는 경계를 통해 리스크를 인지하고 효과적으로 대응하는 것이 중요하다. 아프리카 야생에 서식하는 '미어캣'이라는 동물이 있다. 천적을 경계하기 위해 수시로 서서 주변을 살핀다. 이렇게 철저한 경계를 통해 변화신호를 감지하는 연약한 동물이 주의를 게을리하는 맹수보다 초원에서 더 오래 살아남을 수 있다. 기업도 거대해질수록 변화를 인지하지 못할 수 있으며, 훈련이 덜 된 상태에서는 위기 상황에서 일사불란한 대처가 어렵다. 내부 커뮤니케이션 부재로 인한 변화감지와 전파, 해석이 적시에 이루어지지 않아 위기 상황에서 제대로 대처하지 못하는 경우가 많다.

가정^{if}의 개수를 늘려라

독일 출신의 로켓 연구가인 '베르너 폰 브라운Wernher von Braun' 박사는 1945년 제2차 세계대전이 끝나자 미국으로 건너가 NASA에 합류하여 '아폴로' 우주선 개발에 참여하게 된다. 아폴로호의 당초 예상 무게는 34톤이었으나 개발과정에서 45톤으로 증가하게 된다. 무게가 증가한 만큼 그에 따른 더욱 강력한 추진로켓이 필요했다. 만일 증가한 무게만큼만을 고려해서 추진로켓을 설계했다면 아폴로호는 발사에 실패했을 것이다. 브라운 박사가 무게 증가에 따른 돌발 변수를 고려해 안전하게 추진할 수 있도록 설계에 반영했기 때문에 발사에 성공할 수 있었다.

2011년 3월 11일 규모 9.0의 대지진이 일본 동북부 센다이 지역을 강타했다. 대지진 발생으로 센다이 지역을 비롯해 도쿄 인근 지역에 생산 기반 시설을 갖춘 기업들은 직격탄을 맞게 된다. 일본 최대 완성차업체인 '도요타' 역시 대지진의 여파에서 자유로울 수 없었다. 자동차 한 대에 약 2만여 개의 부품이 필요하기 때문에 이 중 하나만 없어도 완성차업체로서는 치명적일 수 있다. 사실 대지진 발생 전에 도요타는 만일의 생산이 전면 중단되는 사태를 막고자 다양한 1차, 2차, 3차 부품업체들로 복수의 공급망을 구축했다. 그러나 막상 일본 대지진이 발생하자 문제가 드러났다. 2차 부품 중 ECU를 공급하는 협력업체들이 지난 10여 년 동안 인수합병을 거듭하면서 사실상 '르네사스'사 하나만 남은 것이었다. 리스크 분산을 위해 공급망 다변화를 꾀하였으나 이후 공급망 변화에 대한 가정을 하지 않은 것이 문제였다.

세상에 완벽한 것은 없고, 예측대로 흘러가지도 않는다. 아이스크림을 판매하는 기업이 매년 여름철이 되면 당연히 많이 팔릴 것이라고 경험에 의존해 경영을 한다면, 만일 기후변화로 인해 기온이 높지 않거나 타사 제품의 식중독 사고 등으로 인한 수요감소가 발생하여 매출이 급감할 경우 어떻게 대처해야 할지 모른 채 우왕좌왕할 수 있다. 급변하는 경영환경에서 가정If의 개수를 많이 갖고 있는 기업일수록 위기 상황에 대처하기 위한 훈련을 수행하고, 내 · 외부 이해관계자들과 커뮤니케이션을 하며, 리스크가 확산되는 과정에서 대응 방안을 수립할 가능성이 높다. 우리나라 양궁 선수들이 올림픽 무대에서 거둔 성과는 실로 눈부시다. 그러한 실력을 쌓기까지 응원 소리에 집중이 어려운 야구장, 바람이 많이 부는 빌딩 옥상, 비바람이 몰아치는 야외 등에서 이미지 트레이닝을 통해서 실전 대응력을 높이는 과정이 있었다. 경영은 실전이다. 따라서 실전 대응력을 높이는 이미지 트레이닝인 시나리오 플래닝 Scenario Planning은 기업의 생존과 번영을 위한 중요한 도구가 아닐 수 없다.

전통적 예측의 한계 극복을 위한 시나리오 플래닝

1970년대 초만 해도 향후 오일산업에서 유가는 안정적인 상승세를 유지하고, 유전개발이 활발히 이루어져 석유 시추장비와 유전 시설에 대한 투자가 확대될 것으로 예측되었다. 그러나 중동 정세와 팔레스타인 지역을 둘러싼 세계 열강들의 경쟁으로 인한 긴장이 지속되면서 오일전쟁이 발발하고, 기존 예측과는 달리 1980년대 들어 급격히 투자가 위축되었다. 기업을 둘러싼 외부 변수로 인해 한순간에 예상과는 전혀 다른 양상으로 상황이 바뀔 수 있고, 그로 인해 심각한 타격을 입을 수 있다. 정치, 경제, 사회, 문화 등 다양한 이슈가 현실화되면서 과거 경험에 의존한 회귀분석적이고 선형적 미래예측 방식의 한계를 보여준 것이다.

우리가 예상치 못한 외부변수가 발생할 경우 예측치와는 전혀 다른 방향으로 상황이 전개될 수 있다. 이는 기업의 의사결정에 상당한 위협 요소가 될 수 있다. 장치산업과 같은 대규모 투자가 필요한 경우 잘못된 투자계획과 실행으로 인해 돌이킬 수 없는 지경에 이를 수 있다. 따라서 상황별로 그에 맞는 합리적인 의사결정을 내리기 위해서는 불확실성이 높고 변동성이 큰 변화동인에 따라 다양한 상황을 가정하여 대응방안을 수립하는 것이 필요하다.

'시나리오 플래닝'은 전통적인 예측의 한계를 극복하고자 고안된 전략 수립 기법이다. 불확실한 상황에서 어떻게 전개될지 모르는 이벤트를 가정하고, 그로 인한 이슈와 변화동인을 설정함으로써 상황별 흐름에 따라 전개되는 양상은 다양할 수 있으므로 시나리오를 설계하고 이벤트가 발생할 때마다 내·외부 커뮤니케이션 전략과 전사 차원의 대응 방안을 수립하여 지속적으로 시뮬레이션하는 것이 '시나리오 플래닝'이다.

시나리오 플래닝 성공 사례

1973년 10월 6일부터 시작된 중동전쟁이 10월 17일부터 석유전쟁으로 비화되었다. 세계 경제는 제2차 세계대전 이후 가장 심각한 불황에 직면했다. OPEC은 원유 고시 가격을 17% 인상함과 동시에 이스라엘이 점령지에서 철수하고 팔레스타인의 권리가 회복될 때까지 매월 전월에 비해 5%씩 원유 생산을 줄인다고 선언했다. 석유를 정치적 무기화하면서 자원민족주의가 강화된 것이다. 이때부터 자원민족주의 문제가 대두되었고, 그 어느 때보다 불확실성이 가중된 상황에 놓이게 되었다. 1973년 1차 석유파동 시 OPEC은 원유가격을 그들이 원하는 만큼 끌어올리는 데 실패하자 1978년 12월 14.5%의 인상을 결정하면서 제2차 석유파동을 주도했다. 1973년 1차 석유파동 이후 배럴당 10달러 선을 조금 넘었던 원유가격은 6년 사이에 20달러 선을 돌파했고, 현물시장에서는 배럴당

40달러에 이르렀다. 반면 선진국의 경제성장률은 1978년 4.0%에서 1979년에는 2.9%로 낮아졌다. 물가 면에서는 선진국의 소비자 물가상승률은 10.3%를 기록하였으며, 개발도상국의 경우 32.0%의 급격한 상승세를 보였다. 가격 통제를 위해서는 석유 생산량을 줄여야 하고, 석유 생산량이 줄어들면 석유장치 투자를 줄여야 했다.

셸Shell사는 이때 설비 확장보다 제품 질 향상에 초점을 맞추어 투자계획을 변경했다. 트롤 유전 개발의 6조 원 규모 투자계획을 철회함으로써 대규모 투자비를 절감하고, 1980년대 중반의 고평가된 유전 매입을 중지했다. 그와 동시에 제품 차별화가 가능한 새로운 채굴 방식을 개발하고, 미래의 안전성을 강조하는 경영을 펼친다. 결과적으로 석유파동을 겪으면서 오히려 수익률이 높아지고, 대규모 투자 회피를 통한 재정건전성 강화를 통해 기업 경쟁력이 높아졌다. 석유산업의 높은 불확실성을 고려하여 보다 합리적인 의사결정과 예측하지 못한 상황 전개 시 재빠르게 대응할 수 있도록 기업 체질을 개선하는 것이 시나리오 플래닝이다. 셸사는 잘못된 투자 결정 또는 유가 하락 시 발생할 손실을 회피하기 위해 탄력적인 시나리오를 수립해서 대응 방안을 수립했다. 일반적인 인식과 다르게 석유 공급을 생산국이 통제하는 비정상적인 상황이 발생할 것을 대비해 시나리오를 수립한 덕분에 기초 설비 확장에서 제품의 질 향상으로 전략을 수정하고, 빠르게 투자계획을 변경한 덕분에 세계 정유업계 2위로 도약할 수 있었다.

리스크 유형별 대응 방안

21세기 들어 리스크는 광속화되고 파급효과가 누적되는 경향이 있다. 그만큼 조기에 센싱하고 전사 차원의 역량과 자원을 집중하여 리스크로 인한 영향을 감소시키는 것이 필요하다. 리스크는 또 다른 리스크의 원인이 될 수 있다. 다양한 원인에 따라 리스크가 발생하는 만큼 유형에 따라 대응 방법도 다양하다.

아래 표에서와 같이 돌발적인 상황에서 대응하기 위한 컨틴전시 플랜, 위기 상황에 대한 가정과 이벤트 발생 시 어떻게 대응할지에 대한 시나리오 플래닝, 비정상 거래, 이상 패턴을 주기적으로 모니터링하기 위한 애널리틱스, 오류 및 부정을 통제하기 위한 내부통제, 감사 등 리스크 유형별 대응 방안이 다양하다. 특히 시나리오 플래닝은 시나리오 설계, 워크샵, 워게임, 시뮬레이션 등을 통해 내재화시키는 작업이 필요하다. 시나리오 플래닝에서 무엇보다 중요한 것은 다양한 시나리오를 설계하고 각 단계마다 어떻게 이해

| 리스크 유형별 대응 방안 |

	컨틴전시 플랜	시나리오 플래닝	KRI 모니터링	내부통제
유형	사건 · 사고	위기 상황, 이벤트	비정상 거래, 이상 패턴	오류, 실수, 부정, 오남용
대응 방법	인지, 매뉴얼, 훈련	대응계획, 워크샵, 워게임, 시뮬레이션	데이터 애널리틱스, 상시모니터링, 시각화	프로세스 개선, 내부통제, 감사
도구	액션 가이드, 지침	대응 프로세스, 커뮤니케이션	애널리틱스	내부통제 운영

관계자 간의 커뮤니케이션을 할지 체계를 수립하는 것이 중요하다.

리스크는 시간이 지남에 따라 누적되고 확산되는 특징이 있다. 시계열적 리스크 확산과정을 보면 초기에는 일반적으로 발생빈도

시계열적 리스크 확산 및 대응 방안 예시

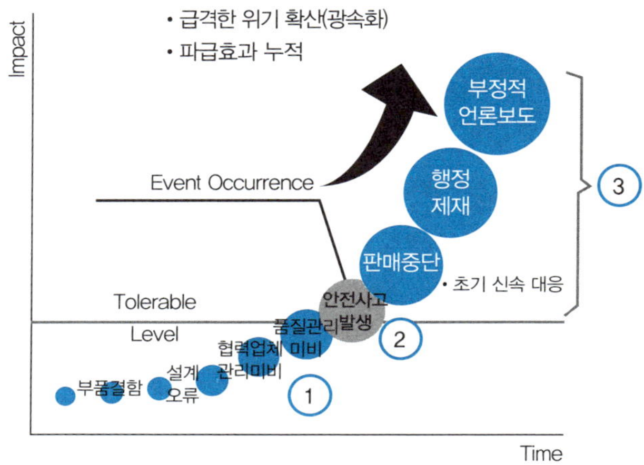

① 평상시 예방활동	• 내부통제, 교육, 인식제고 등 통제 강화 필요 • 개선과제(조직, 프로세스, 인프라) 이행을 통한 통제 수준 향상 필요 • 관리 방안: 리스크 식별 및 상시모니터링 KPI 운영
② 리스크 발생	• 사전 모니터링 통한 조기 Sensing 필요 • 발생 시 신속한 초등 대응이 효과적 • 관리 방안: Contingency Plan 가동
③ 리스크 확산	• 리스크 영향 및 범위 확산으로 전사 대응 필요 • 커뮤니케이션 및 체계적인 대응 필요 • 관리 방안: 시나리오별 리스크 대응 방안 수립

는 높은 편이나 영향도가 낮은 것이 특징이다. 내부통제를 위한 거버넌스, 조직, 프로세스, 인프라를 갖추고 있는 경우 리스크 대응 수준에 따라 수용 가능한 리스크의 범위가 달라질 수 있다. 초기 수용 가능한 수준의 리스크는 평상시 예방활동을 위한 내부통제, 교육 등을 통해 지속적인 관리가 필요하다. 리스크가 미치는 영향이 수용 가능한 범위를 벗어나는 경우 조기에 센싱이 중요하고, 신속한 초동 대응이 효과적이다. 리스크가 확산될 경우 융·복합화되는 경향을 보이기 때문에 어느 시점에 어떤 이벤트가 발생하는지 리스크의 시작점 판단이 매우 중요하며, 이슈가 현실화되어 확산될 경우 변화 상황마다 특징과 영향을 파악해야 한다. 그리고 매 상황마다 관련자, 관련부서, 이해관계자 등과 커뮤니케이션하여 일사불란하게 대응함으로써 리스크 확산을 방지하고 영향을 최소화하는 것이 것이 중요하다.

IT 활용과 스마트한 내부통제 구축

외감법(주식회사 등의 외부감사에 관한 법률) 개정에 따라 내부회계관리제도가 현행 검토에서 감사 대상으로 전환되었다. 자산규모 2조 원 이상 기업은 2019년부터 우선 적용되고, 5,000억 원 이상은 2020년, 1,000억 원 이상은 2022년부터 적용되며, 2023년부터는 전체 상장기업을 대상으로 적용된다. 정부는 외감법을 개정하면서 기업의 내부회계관리제도 운영을 강화하는 것을 골자로 대표이사가 직접 주주총회, 이사회, 감사 또는 감사위원회에 내부회계관리제도 운영실태를 보고하도록 의무화했다. 그동안 내부회계관리제도는 경영진과 이사회의 무관심으로 유명무실한 제도라는 지적이 끊임없이 제기되어 왔다. 그러나 이번 제도 개선으로 인해 내부회계관리제도에 대한 외부감사인의 인증 수준이 '검토'에서 '감사'로 전환됨에 따라 내년부터는 내부통제 운영을 설계부터 실질적인 운영까지 강화하지 않으면 감사기준에 부합하지 않을 가능성이 있어 기업들의 철저한 대비가 필요하다.

2002년 미국의 엔론과 월드콤의 대형 회계부정 스캔들이 터지면서 기업의 재무보고에 대한 투자자 신뢰 회복을 위해 그 해 일명 SOX법이라 불리는 사베인스-옥슬리 법Sarbanes-Oxley Act이 제정되었다. 이 법의 명칭은 법안을 처음 발의한 메릴랜드 주 민주당 상원의원 폴 사베인스와 오하이오 주 공화당 하원의원 마이클 옥슬리, 두 사람의 이름에서 따왔다. SOX 법은 미국 법률 제정 이래 가장 강력하다는 평가를 받는다. 국내에 2003년 처음 도입된 내부회계관리제도는 미국의 SOX 법에 기초해 재무제표 작성 및 공시를 위한 회계정보의 투명성과 신뢰성을 확보하기 위한 기업의 내부통제 운영을 경영진이 인증하는 제도다. 분식회계는 주주나 이해관계자들에게 잘못된 시그널을 보내 자본주의 시장을 교란할 수 있다. 따라서 회계 투명성 확보를 위한 경영진의 의지를 제도화하여 기업 내부에 정착시키기 위한 것이 내부회계관리제도다.

내부통제는 경영진의 확고한 의지와 철학이 반영된 정책에서 출발해 각 현업 부서별 업무규정과 업무 프로세스에 녹아들어야 한다. 내부통제가 적절히 설계되었다면 그것을 운영하기 위한 인력과 인프라가 갖추어져야 한다. 대부분의 업무가 IT를 통해 처리되기 때문에 효과적인 내부통제 운영을 위해서는 IT의 지원을 받아야 한다. 특히 이번에 개정되는 내부회계관리제도 설계 및 운영 모범규준에 따르면 전사수준의 통제뿐만 아니라 IT에 대한 통제가 강화되었다. IT 관점에서 보면 기업 재무제표 작성에 관련된 대부분의 주요 업무가 IT 시스템에 의존하기 때문에 IT 일반환경에 대한 통제뿐만 아니라 업무 프로세스 관련하여 IT에 의한 자동화된 통제를 적극적으로 식별하고 주기적으로 운영 테스트를 수행해야 한다. 추가로 대량의 데이터를 분석하여 내부통제의 객관성 및 효과성을 확보하기 위한 상시모니터링 체계를 갖추기 위해 IT를 활용하는 것을 권고하고 있다.

IT에 대한 내부통제를 검토하는 이유는 잘못된 데이터 처리, 데이터 위조 및 변조, 비인가된 프로그램의 실행, 업무분장에 따르지 아니한 부적절한 권한부여, 임의의 프로그램 수정, 데이터 유실 등의 위험에 노출될 경우 파급효과가 매우 크기 때문이다. 따라서 이러한 위험에 대응하여 내부통제가 적절히 설계 및 운영되고 있는지 검토하는 것이 필요하다.

미국 하버드 대학교의 마이클 포터 교수가 제안한 모델로 기업 활동에서 부가가치가 생성되는 과정을 의미하는 가치사슬Value Chain에서 보면 IT는 주활동Primary Activities이 아닌 지원활동Support Activities에 해당한다. 그러나 주활동에 해당되는 생산, 물류, 마케팅, 판매, 운송, 서비스 등의 모든 활동이 IT에 의해 처리되고 하루에도 대량의 데이터가 생산되고 이해관계자들은 그 데이터를 기반으로 거래를 하고 업무를 처리한다. 당연히 재무제표 작성에 이르는 과정에 IT의 역할이 클 수밖에 없다.

최근 중국 알리바바 CEO에서 물러난다고 선언한 '마윈'뿐만 아니라 많은 미래학자, 글로벌 컨설팅 기업들이 4차 산업혁명 시대에 기업활동의 근간은 '돈'이 아닌 '데이터'가 될 것이라고 주장하고 있다. 거래의 투명성을 높이기 위한 수단으로 '블록체인' 기술 활용이 적극 논의되고, 이미 도입하고 있는 기업들이 있는 것을 보면 전혀 틀린 말은 아니다. 향후 수년 내에 기업 내부통제에서 IT 환경 통제를 넘어 데이터 자체에 대한 통제환경을 적극 검토하게 될 날이 멀지 않았다. 그러한 준비를 위해서는 데이터 거버넌스 체계 수립부터 데이터 애널리틱스를 총괄하는 'CDO(최고 데이터 책임자)' 또는 'CAO(최고 애널리틱스 책임자)' 도입이 필요하다. 또한 상시적으로 데이터를 분석하여 내부통제에 위배되는 이상징후를 적시에 포착하여 조치할 수 있는 IT를 활용한 스마트한 내부통제 체계 구축이 필요하다.

내부통제의 기본으로는 업무분장, 승인체계, 사후검토, 문서화 등을 들 수 있다. 그러나 비정상적인 거래, 업무처리 등은 적시에 인지하고 조치하는 것이 중요한 만큼 데이터 분석을 통해 내부통제 수준을 향상시킬 수 있다. 종종 공공기관의 부적절한 법인카드 사용 적발에 대한 기사를 언론을 통해 볼 수 있다. 만일 비용 지급과 법인카드 모니터링을 위한 시나리오 설계, IT를 활용한 분석체계를 수립한다면 보다 쉽고 빠르게 확인해 통제할 수 있다.

내부통제는 스스로 리스크 대응활동을 하고, 적극적으로 적시에 인지하여 미비한 부분을 고쳐나가도록 하기 위해 구축하는 것이다. 그런 의미에서 IT는 스마트한 내부통제를 위한 훌륭한 도구가 될 수 있으며, 데이터 분석 역량은 기업이 내부통제활동을 해나

가는 데 없어서는 안 될 중요한 요소라 할 수 있다. 소를 잃어도 외양간은 고쳐야 한다. 두 번 다시 소를 잃지 않도록 보수하는 일은 소를 활용해 농사를 짓거나 소를 길러 이윤을 얻는 축산업자에게는 사업을 영위하는 한 반드시 필요한 일이기 때문이다. 소를 잃고 나서 외양간마저 잃는 우를 범하지 않으려면 말이다.

내부감사 디지털 혁신: 데이터 기반 감사가 답이다

언론을 통해 심심치 않게 기업 내의 부정행위로 인한 스캔들이 보도되곤 한다. 사회는 급격히 변화하고 투명한 사회로 가고 있음에도 불구하고 왜 이런 일들이 반복되는지 근본 원인을 생각해 볼 필요가 있다.

부패는 "모두 같이 파멸한다"는 의미다. 부패가 누군가의 이익으로 환원되더라도 결국은 모두가 손해 본다는 의미다. 이러한 상황이 개선되지 못한다면 결국 모두 파멸하는 상황이 올 수 있는 것이다. 싱가포르의 국부國父로 불리는 리콴유 전前총리는 "부패 방지는 선택이 아니라 국가 생존의 문제다. 반부패 정책을 따르지 않는 사람은 모든 수단을 동원해 굴복시켜야 한다"고 했다. 그만큼 부정부패는 사회 전체를 병들게 한다.

기업도 마찬가지다. 기업 내부에는 올바른 경영활동을 위해 정책, 지침, 프로세스, 조직, 책임과 역할, 시스템이 갖추어져 있다. 그럼에도 불구하고 앞서 언급한 부정의 트라이앵글(기회, 동기, 합리화)은 부정부패를 완벽하게 예방하기 쉽지 않음을 의미한다. 기업들은 선제적으로 부정이나 비효율적인 운영을 예방하기 위해 내부통제를 구축하고 운영한다. 그러나 통제는 불편함을 수반하기 때문에 선택과 집중을 할 수밖에 없고 리스크가 높은 영역에 대해 내부통제를 설계하고 구축한다. 그러다 보니 틈새가 생기게 마련이다. 이틈을 타고 부정행위가 발생할 수 있기 때문에 리스크를 통제하는 최후방에 감사Audit가 독립적으로 운영되는 것이다.

| 부패의 의미 |

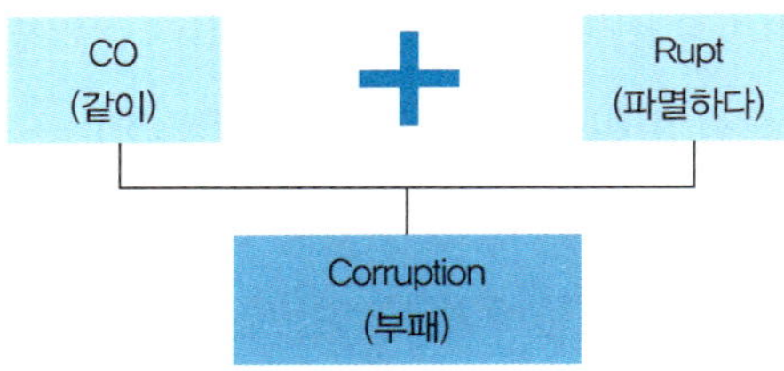

일명 부정의 트라이앵글Fraud Triangle이라는 개념이 있다. 부정을 유인하는 요인으로는 기회Opportunity, 동기Incentive or Pressure, 합리화Attitude Rationalization 등이 있다. 이러한 요인들이 서로 묶일 때 내부통제를 무력화시킬 수 있다. 그러나 기회가 있어도 동기가 약하거나 부정을 합리화하려 해도 촘촘한 내부통제로 인해 기회가 없다면 좀처럼 부정을 저지르기 어렵다. 부정이 쉽사리 드러나지 않는 이유도 이러한 복잡한 속성이 있기 때문이다.

부정은 일반적으로 혼자 저지르기 쉽지 않다. 대개 공모자가 있거나 적극적으로 돕는 조력자 또는 모른 체하는 방관자가 있게 마련이다. 또는 프로세스나 시스템이 매우 허술해서 내부통제가 설

| 부정의 트라이앵글 |

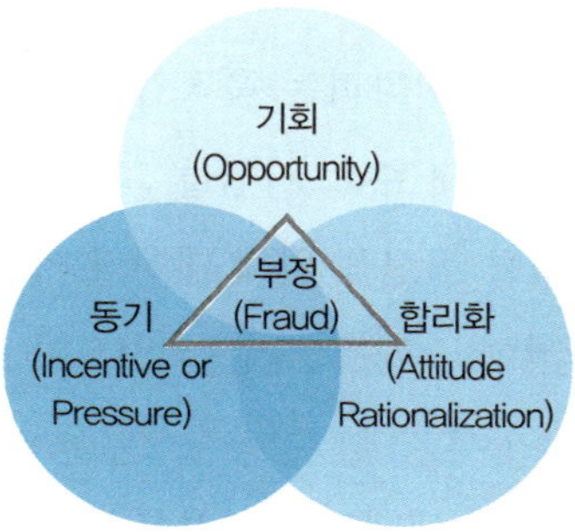

기회	• 인원감축 등 내부통제 미흡 • 내부 감사자의 업무 증가 • 새로운 영역으로 영업 개척
동기/압력	• 달성 어려운 재무목표 • 실직의 두려움 • 재무적 보상
합리화	• 부정에 대한 인식 부족 • 사치스러운 생활 유지 • 불공평한 성과급 지급

계되지 않은 경우에 부정이 발생하기 쉽다.

따라서 내부통제가 설계되고 운영된다면 1차적으로 실무 레벨에서 통제를 우회하거나 부정을 어느 정도 예방할 수 있다. '외부감사에 관한 법률'에 따라 자산총액이 1천억 원 이상인 기업의 경우 내부통제를 설계하고 운영해야 한다. 기업들은 회계정보의 오류를 통제하기 위해 이해상충이 발생하는 업무는 서로 배타적으로 운영하는 직무분리SOD, Segregation of Duties를 설계하고 전결규정을 두어 승인 프로세스를 설계하며 재무보고 관련 업무과정을 기록하고 위변조를 방지하기 위한 내부통제를 설계해야 한다.

내부통제는 절차적이고 설계된 룰Rule에 따라 검토가 이루어지기 때문에 통제를 우회하거나 의도적인 자산의 오용Abuse과 남용Waste을 막기 어렵다. 그래서 내부감사 기능이 그러한 빈틈을 막고 사후적이라도 부정을 탐지해 내는 것이 필요하다. 이러한 이유로 최근 내부감사의 디지털 혁신이 활발히 논의되고 있다. 감사위원회를 비롯해 상임감사의 본연의 기능과 책무를 지원하기 위해 내부감사가 진화할 필요성이 대두된 것이다.

최근에는 내부감사를 디지털 기반으로 혁신하려는 움직임이 활발하게 일어나고 있다. 글로벌 기업들과 국내 주요 기업들 그리고 공공기관들을 중심으로 내부감사의 디지털 혁신을 위해 데이터 기반 감사, 디지털 기술을 활용한 포렌식Forensic 등 다양한 시도가 일어나고 있다.

과거의 내부감사 선진화는 리스크 기반의 체계적인 감사를 의미했다. 즉, 문제가 있을 법한 영역에 집중하자는 의미다. 타깃이 어디 있는지 모른 채 총을 난사하는 것이 아니라 어디쯤 있을 것이라는 것을 알고 집중 사격하는 것은 결과도 다르겠지만 효과성과 효율성에 있어 차이가 크다. 최근 내부감사 선진화는 디지털 기반 내부감사를 의미한다. 내부감사의 인프라 환경이 IT 기반으로 바뀌면서 현대화Modernization되고 있다. 내부감사에서 디지털 기술을 활용하면서 다이내믹한 감사가 가능하다. 시나리오가 설계되고 데이터만 있다면 얼마든지 부정이 의심되는 상황이나 거래, 리스크가 높은 거래처, 내부통제를 우회하는 운영행위들을 식별해 낼 수 있다. 앞서 언급했듯이 최근에는 거의 모든 업무가 IT 시스템 기반으로 운영되기 때문에 가능해진 것이다.

이제는 내부감사 현대화Internal Audit Modernization를 위해 어떤 것들이 고려되어야 하는지 살펴보고 이를 적극적으로 추진할 필요가 있다. 첫째, 감사업무 표준화다. 대부분의 내부감사는 사후점검 성격을 갖고 있기 때문에 절차를 표준화하는 데 한계가 있으나 각각의 업무절차를 IT 시스템 내에서 수행하고 기록하며 활용하도록 한다면 정형화와 표준화가 가능하다. 이는 감사 품질을 상향 표준화시키는 데 기여할 수 있다.

둘째, 감사 자료를 전산화하는 것이다. 감사절차가 표준화되더라도 감사자료가 체계적으로 전산화되지 않으면 활용도가 떨어질 수 있다. 감사 착안사항, 감사 체크리스트가 업무 프로세스나 감사 대상 영역에 따라 정리되고 활용 이력을 관리한다면 감사 프로그램을 만들어서 운영할 수 있다. 또한 감사절차가 투명하게 관리될 수 있어 피감부서의 수용도를 높이는 긍정적인 효과가 있다.

셋째, 데이터 분석을 활용하는 것이다. 감사의 기초 자료는 시나리오와 데이터 분석 결과가 되도록 하는 것이다. 이미 처리된 업무 결과나 진행 이력에 대해 데이터 기반으로 감사자료를 확보한다면

| 디지털 기반 감사 전환 전략 |

감사업무 표준화	감사 자료 전산화	데이터 분석 활용	체계적 지식 전수
• 감사업무 프로세스를 정형화, 표준화하여 체계적인 감사업무 수행 가능 • 감사인별 감사 품질 차이를 최소화하여 전반적인 감사 품질 제고 • 표준화된 감사업무 관련 양식으로 보고서 품질 제고	• 일련의 감사절차가 시스템에서 관리되어 각 감사업무 간 연계성 확보가 용이해짐 • 감사절차과정이 투명하게 관리되며, 진행 상황에 대한 체계적인 관리가 가능 • 제보, 피감부서 소명 현황 등 감사 관련 자료 전산화	• 상시모니터링을 활용한 데이터 기반 감사 자료 확보 • 데이터 분석 결과를 활용한 사전적 · 예방적 감사 가능 • 감사 실적과 데이터 분석 보고서 및 각종 자료의 체계적인 관리로 감사 데이터 활용성 증대	• 감사 지식, 내 · 외부 감사 지적 사례 DB화를 통한 감사 관련 지식 축적 • 감사 관련 자료 공유로 감사 지식 확대 • 감사 프로그램 DB화로 인한 감사 지식관리와 활용 가능

사전적이고 예방적인 감사가 가능해진다. 이는 곧 증거 기반 감사가 되어 감사 품질을 높이는 데 기여할 수 있다.

넷째, 체계적인 지식 전수다. 감사 지적 사례나 개선했던 사례를 공유하고 재발하지 않도록 상시모니터링한다면 감사 지식이 확대되고 풍부해질 수 있다. 감사 자료를 전산화하면서 축적된 감사 프로그램은 감사 경험이 쌓이면서 더욱 정교하고 체계적인 감사 프로그램으로 업그레이드될 수도 있다.

과거 내부감사는 주로 계획을 세워 정기적으로 절차의 하자를 검토하거나 제보 내용을 조사하는 수준에 머물렀다. 그러나 최근 디지털 트랜스포메이션이 거의 모든 영역에 걸쳐 추진되면서 내부감사에도 디지털 혁신 바람이 불고 있다. 기업의 업무 전반이 디지털화되고 있는 영향도 크다. 특히 재무 영역의 디지털화가 거세지고 스마트 팩토리와 같이 생산 영역도 디지털화가 추진되고 있다. 공급망 역시 디지털 네트워크 기술이 활용되고 기본적인 업무 결과물은 대부분 ERP를 비롯해 시스템에서 생산되고 저장된다. 영업활동 역시 디지털 채널이 대세를 이루고 업무 프로세스는 표준화를 통한 자동화가 대세를 이루고 있다. 이제 그야말로 디지털 시대인 만큼 내부감사도 변화해야 한다는 목소리가 높다. 이미 글로벌 기업들은 내부감사를 디지털 기반으로 전환하고 있다. 수작업 위주의 감사업무를 IT 시스템을 활용한 감사로 바꾸고 있으며 데이터 분석을 통한 사전 리스크 확인 후 사실관계를 확인하는 방식으로 변화하고 있다.

IT와 데이터 기반 업무가 증가하면서 IT 인프라 역시 급격히 늘어나고 있는 추세다. 과거의 방식으로 접근해서는 감사가 제대로 이루어질 수 없는 환경이 된 것이다. 이러한 이유로 디지털 감사, 데이터 기반 감사로 변화하려는 기업들이 늘고 있다. 스스로 리스크를 관리하고 예방하는 것이 결국 지속가능한 기업이 되는 길임을 공감하는 것이다.

생존과 번영을 위한 리스크 관리

기업들은 치열한 경쟁환경하에서 매 순간 선택의 기로에 선다. 만일 로또에 당첨되어 1억 원이라는 행운의 돈이 생긴다면 어떻게 할까? 아마도 대부분의 사람들은 상상해 보지 않아서 당장 무엇부터 해야 할지 난감해 할 것이다. 1억 원을 어떻게 쓸까에 대한 결정도 모두 다를 것이다. 자신을 위해 자동차를 바꾸거나 여행을 떠날 수도 있고 채무를 변제할 수도 있다. 누군가는 가족을 위해 사용하기도 하고 미래를 위해 저축할 수도 있다. 개인도 선택의 기로에 섰을 때 다양한 의사결정을 하는 것처럼 기업도 매 상황마다 다양한 의사결정을 할 수 있다.

불확실한 상황에서 어떤 의사결정이 이익이 될지, 위기를 피해갈 수 있을지 어려운 선택의 순간에 직면하곤 한다. 타조는 천적을 만나면 도망가다가 갑자기 모래 속에 머리를 파묻고 "나는 안전하다"라고 믿는 습성이 있다. 이를 두고 '타조 증후군'이라 한다. 일반적으로 기업에 리스크가 발생했을 때 경영진들은 적극적으로 대응하기보다는 위기 징후를 은폐하거나 벗어나려는 경향이 있다. 당장 대응하기 위해 전사 차원의 역량을 집중해야 하지만 이를 비용으로 인식하여 잠시 제쳐 두려다 보면 리스크는 또 다른 리스크의 원인이 되어 누적되며 확산될 수 있다. 리스크에 직면했을 때 스스로의 눈을 가리고 부정하면 향후 대응이 더욱 어려워질 수 있다. 지금은 어렵지만 적극적인 대응을 할 때 생존과 번영의 기회를 누릴 수 있을 것이다.

리스크 대응력은 다양한 시나리오와 대응방안 수립 여부, 그리고 지속적인 훈련을 거듭할 때 높아질 수 있다. 끊임없이 경계하고, 가정을 되돌아보며 다양한 상황을 추가해 가며 대응 방안을 수립할 때 변화에 적응하고 리스크에 강한 기업이 될 수 있다. 리스크의 시작은 미약할 수 있다. 그러나 적시에 대응하지 않을 경우 상상 이상의 결과가 초래될 수 있다. 상상할 수 없는 것을 상상하는 것은 지속적인 훈련이 필요하다. 또한 그것을 수용하여 기업 내부에서 전사 차원의 대응을 위한 끊임없는 시뮬레이션이 필요

| 상상할 수 없는 것을 상상하라 |

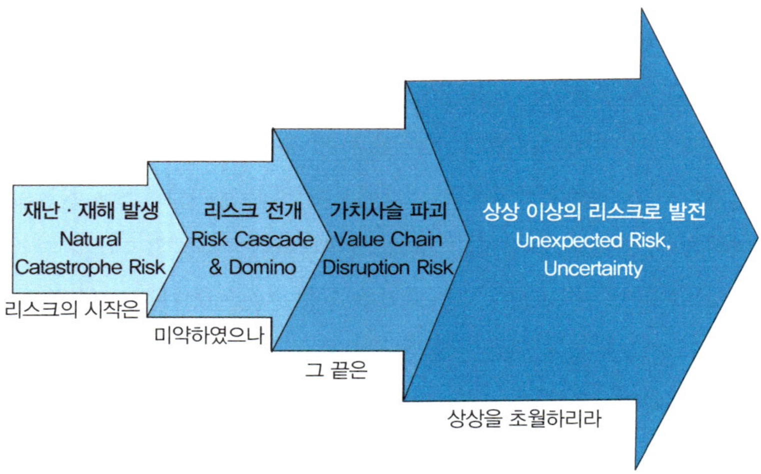

하다. 리스크 관리는 더 이상 선택의 문제가 아닌 생존과 번영을 위한 필수조건이다. 기업들은 어떠한 변화에도 견뎌낼 수 있는 복원력과 민첩한 대응력을 키우기 위해 시나리오 플래닝을 리스크 관리 기법으로 도입하는 것이 필요하다.

데이터를 활용한 기회 창출

2016년 천재 바둑 기사 이세돌 9단과 영국의 인공지능AI 프로그램 개발 기업인 '딥마인드'사가 개발한 '알파고'의 세기의 대국이 큰 화제를 모았다. 사실 이 대국은 인간과 데이터의 대결이었다고 해도 과언이 아니다. 알파고의 능력은 수많은 컴퓨터 자원에게 바둑 기보를 학습시켜 상황별 전략을 빠르게 판단할 수 있도록 했다. 이러한 알파고 훈련의 기본 재료는 데이터였다. 즉, 데이터의 축적과 활용이 알파고로 하여금 매 상황별 대처 능력을 키워 인간계 최강 바둑 천재를 이길 수 있게 만든 것이다. 알파고의 사례를 보면 인공지능이 능력을 발휘하기 위해서는 데이터 축적과 활용이 매우 중요한 요소임은 틀림없다.

4차 산업혁명 이전에는 눈에 보이는 유형자산이 기업활동의 주요 자원이고, 현금이 부의 기준이었다면 4차 산업혁명 시대에 접어든 지금은 눈에 보이지 않는 데이터가 부를 창출하는 원천이 될 수 있다. 글로벌 숙박업체인 '에어비앤비'는 큰 건물과 화려한 인테리어로 치장된 객실을 보유하지 않고도 전 세계에서 숙박 중개업을 하고 있다. 숙박 서비스 제공자와 수요자 간의 정보를 제공해 주는 역할을 함으로써 가능한 서비스다. 글로벌 차량 공유업체인 '우버'는 배차와 고객 앞까지 도착하는 데 1초를 줄이기 위해 수많은 개발자들이 빅데이터를 분석하는 데 역량을 집중하고 있다. 글로벌 패스트푸드 프랜차이즈 기업인 피자헛, 버거킹, 맥도날드 등은 매장 내 키오스크KIOSK와 딜리버리 채널인 모바일, 인터넷 등을 통해 수집한 매출 정보와 티켓(영수증) 정보를 분석해서 매장별 맞춤형 프로모션 전략을 수립한다. 여기에 그날의 날씨, 요일, 시간대, 휴일 여부 등 다양한 정보들을 조합해서 끊임없이 매출을 증가시키기 위한 노력을 하고 있다.

최근 현대자동차는 미국의 '보스톤 다이내믹스Boston Dynamics'사를 인수했다. 로봇 개발업체인 '보스톤 다이내믹스'를 인수했다는 것은 여러 가지 의미가 있다. 로봇의 센서를 통해 수집된 데이터를 기반으로 위험한 현장에 투입하거나 탐사업무에 투입하는 로봇이지만 향후 자동차에 적용할 경우 다양한 상황에서 운전자의 안전을 지키는 기술로 진화할 수 있다. 또한 자율주행을 비롯해 네트워크 기술을 활용한 스마트 자동차 시대를 앞당기는 데 활용할 수도 있다.

이처럼 글로벌 기업들은 다양한 방식으로 데이터를 활용한 미래 기회를 창출하기 위해 끊임없는 노력을 하고 있다. 로봇과 자동차가 만나 새로운 것이 탄생해서 사람을 이롭게 하고 풍요로운 삶을 이루는 데 도움이 되기를 바란다.

선조들로부터 배우는 지혜

조선의 가장 위대한 성군으로 불리는 세종대왕께서 남기신 말이 있다. "사람들이 말하기를, 평화로운 세상에 어찌하여 성 쌓기에 급급히 구는가 한다. 하지만 나는 그렇지 않다고 생각한다. 편안한 때일수록 오히려 위태로운 것을 잊지 않고 경계함은 나라를 위하는 도리이다. 어찌 도적이 침범하여 들어 온 후에야 성 쌓을 이치가 있겠느냐?" 눈에 보이지 않는 도적을 경계하기 위해 평화로운 때에 성을 쌓았던 세종대왕께서는 잠재해 있는 리스크를 보는 눈을 갖고 계셨다고 볼 수 있다. 글로벌 경쟁하의 기업들이야말로 양적 성장과 질적 성장의 두 마리 토끼를 잡기 위해서는 경쟁력의 원천을 되돌아볼 필요가 있다. 양적 성장을 위한 숨겨진 기회의 포착과 실현을 위해서는 데이터의 숨겨진 스토리를 해석하고 활용하는 능력이 필요하고, 질적 성장을 위해서는 리스크를 적시에 발견하고 대응하기 위해서 데이터 애널리틱스를 활용하는 것이 필요하다.

성을 쌓듯 데이터를 모으고 이를 끊임없이 활용한다면 세종대왕께서 부국강병을 통해 태평성대를 이루셨듯이 위기의 상황에서도 경쟁력을 갖춘 기업이 될 수 있을 것이다.

전쟁에서 정보는 생명과도 같다. 보급과 정보는 전쟁의 승패를 가를 수 있는 가장 중요한 부분을 차지한다. 특히 정보는 전략에 지대한 영향을 미칠 수 있기 때문에 지휘관이 자칫 잘못된 정보로 오판을 할 경우 군대가 큰 위기에 빠질 수도 있다.

조선 통신사로 일본에 갔던 정사 황윤길과 부사 김성일이 조선으로 돌아와 일본의 전쟁 준비에 대한 잘못된 정보를 조정에 알리는 바람에 왜倭의 침략에 속수무책으로 당할 수밖에 없었다. 이때 만일 일본의 침략 야욕 징후를 객관적인 정보를 바탕으로 임금과 조정대신들에게 알렸다면 상황은 달라졌을 수도 있다. 역사에 가정은 없다지만 만일 당시에 조속히 군대를 재정비하고 군량을 비축하며 방어선을 튼튼히 했다면 역사의 물줄기는 바뀌었을지도 모른다.

"신에게는 아직 열두 척의 배가 남아있사옵니다(금신전선 상유십이今臣戰船 尙有十二)." 아마도 이순신 장군을 아는 사람이라면 한 번쯤 들어보았을 말이다. 명언이라고 하기에는 너무나 무모해 보였던 말이었으나 이순신 장군은 실제 명량대첩으로 그 패기를 입증해 냈다. 이때 단순히 패기로만 전쟁을 치른 것이 아니었다. 이순신 장군은 지형과 조류에 대한 정보를 활용해 133척의 왜군과 맞서는 전략을 구상했다. 울돌목의 빠른 물살을 이용했다는 것은 그만큼 주변 지형에 대한 정보를 충분히 분석했다는 의미이다. 인근 백성들이 제공해 주는 정보와 이순신 장군이 직접 보고 수집한 정보가 더해져 세밀한 작전을 세울 수 있었던 것이다.

명량해전에 대한 기록을 보면 이순신 장군이 전투를 대승으로 이끌 수 있었던 이유 중 하나가 정보 분석에 따른 필승 전략 구상이라는 것도 일리가 있는 추정이다. 정보를 적극 활용하여 위기 상황을 극복한 우리 선조들의 역사적 사실들을 보면 이러한 유전자가 지금까지도 후손들에게 이어져 내려오는 것은 아닐까 생각된다.

지식의 축적, 지혜가 되다

사전적 의미로 어질고 총명하여 성인에 가까운 사람을 현인賢人이라 칭한다. 흔히 현인은 식견이 탁월하여 세상 이치를 내다보는 안목이 뛰어난 사람을 뜻한다. 방대한 양의 독서를 하고 의미를 곱씹는 노력을 기울인 시간이 축적될수록 혜안이 넓어진다. 이러한 현인의 말 한마디가 때로는 이정표와 같은 역할을 할 때도 있다. 바둑에서 몇 수를 미리 내다보는가에 따라 고수와 하수를 판가름 짓기도 한다. 그만큼 앞을 내다보는 것은 쉽지 않은 일이다.

"지식이 쌓이면 지혜가 된다"는 말이 있다. 복잡하게 꼬인 일도 슬기롭게 해결하는 것은 지식만으로는 부족하고 지혜가 발휘되어야 한다. 앞을 내다보고 현명하게 대처하는 것 역시 지혜가 필요하다. 4차 산업혁명 시대에서의 지혜 역시 현인이 되어가는 과정과 같다. 방대한 데이터를 체계적으로 수집하고 처리하며, 분석과 결과가 축적될수록 통찰력을 얻기 때문이다. 최근 인공지능이 화두가 된 이유는 정보의 홍수로 인해 지식 자체만으로 경쟁력이 아닌 시대가 되었고, 지식을 축적하고 연결해 지혜로운 통찰력을 갖추는 것이 경쟁력인 시대가 되었기 때문이라 생각된다.

4차 산업혁명 시대에서 요구되는 경쟁력은 지식이 아니다. 이미 축적된 지식은 방대하다. 전 세계인이 웹사이트를 통해 손쉽게 지식을 구할 수 있는 초연결 사회이기 때문이다. 넥스트 노멀 시대에서 요구되는 경쟁력은 무한한 빅데이터를 통해 지식을 축적하고 이를 활용해 지혜를 얻는 것이다.

일반적으로 누구나 알 수 있는 현상을 나열하는 수준의 정보는 축적되면 지식이 될 수 있으나 지혜는 다른 차원이다. 미래를 예측하고 위기 상황을 감지하며 데이터로부터 숨어있는 통찰력을 끄집어내 올바른 판단을 하도록 돕는 것이 지혜의 수준에 이른 것이다. 따라서 지식의 축적을 넘어 지혜로 가기 위한 투자와 노력이 필요한 시점이다.

인공지능 시대의 도래

미래를 내다볼 수 있다면 얼마나 좋을까? 공상과학 소설 또는 영화에서나 있을 법한 일이 과연 가능할까? 최근 인공지능을 활용해 미래를 예측하고자 하는 노력이 계속되고 있다. 물론 내일의 주가를 맞추거나 마치 노스트라다무스처럼 특정 사건이 일어날 것을 예측할 수는 없다. 그러나 인공지능 기술을 활용해 방대한 양의 데이터를 분석하고 기계를 학습시켜 미래예측의 정확도를 높이거나 의사결정에 도움을 주기 위한 노력이 계속되고 있다.

세계적인 리서치기관인 가트너Gartner와 포레스터Forrester는 앞다투어 인공지능과 관련해 기업들의 투자가 폭발적으로 증가할 것으로 예측하고 있으며, 이를 비즈니스 전반에 적용하고 운영할 인력 수요가 급증해 당분간 인공지능 관련 인력 확보에 어려움을 겪는 시기가 올 것이라 전망하고 있다.

또한 향후 수년간 기업들은 디지털 변혁Digital Transformation을 겪으면서 선제적인 투자와 체질 개선이 요구되고 그로 인해 부침이 있을 것으로 예측되고 있다. 기업들은 주요 사업 영역의 경쟁력 확보를 위해 인공지능 관련 인프라를 확대하고, 이를 실무에 접목하려는 시도를 계속할 것이다.

인공지능AI, Artificial Intelligence이란 인간의 학습능력과 추론능력, 자연언어 이해능력 등을 컴퓨터 프로그래밍에 의한 기계학습을 통해 소프트웨어로 실현한 기술을 말한다. 인공지능과 더불어 머신러닝(기계학습), 딥러닝이 함께 거론되는 경우가 많다. 인공지능은 가장 광의의 의미로 마치 인간이 사물을 인지하고, 상황을 이해하여 판단하는 능력을 가진 것과 같이 컴퓨터가 그러한 능력을 갖도록 하려는 기술을 말한다. 이러한 인공지능 개념을 실현하기 위해 인공신경망, 회귀분석 등의 기법을 적용한 머신러닝과 딥러닝 기술이 활용된다.

2000년대 초까지만 해도 인공지능의 수준은 데이터를 분석해서 과거에 발생한 사실을 수치화해 축적하고 경험과 시행착오를 지식으로 활용하는 데 그쳤다면, 지금은 방대한 양의 데이터를 처리하고 기계 스스로 학습시켜 축적된 지식으로부터 통찰력을 얻는 수준으로 발전했다.

인공지능과 변화된 세상

인공지능 기술은 아직 갈 길이 멀다. 세상을 바꿀 만한 혁신적인 기술로 평가받기도 하지만 부작용에 대한 우려의 목소리도 크다. 인공지능의 발달로 인해 몇몇 일자리는 사라질 거란 얘기도 있고, 로봇에 의해 일부 사람들이 도태될 우려를 나타내는 의견도 있다.

한편으로는 인공지능이 우리의 삶을 풍요롭게 해주리라는 장밋빛 견해도 있다. 볕이 들면 그늘도 생기듯 인공지능 기술의 발달로 세상이 발전하는 만큼 반대급부도 생길 수 있다.

앞으로 인공지능의 활용 방향은 기계학습을 통해 얻어지는 지혜를 활용해 긍정적인 변화를 이루는 데 초점이 맞추어져야 한다. 인공지능 기술을 통해 생산성을 향상시키고 시행착오를 줄이며 보다 안전하고 인간을 이롭게 하는 방향으로 활용되어야 한다.

오랜 시간과 노력을 들여야 가능했던 지식의 축적이 인공지능 기술로 빠른 시간에 가능해졌고, 사람이 하기 힘든 일은 로봇이 대체할 수 있게 되었다. 이를 통해 사람은 판단이 필요하거나 가치 중심적인 일에 집중함으로써 생산성 향상과 부가가치 증대를 이룰 수 있으리라 기대된다.

인간은 도구의 노예가 아닌 그것을 활용한다는 데서 여타의 동물과 구별된다. 인간은 도구가 어떤 것이든 그것을 잘 활용해 변화에 적응하고 지금까지 생존해 왔다. 인공지능 기술이 가져올 변화가 두렵지만은 않은 이유는 인공지능이라는 도구를 활용하는 주체가 인간이고, 결국 그것을 통해 지혜의 수준을 한 단계 높임으로써 풍요로운 세상을 만들 수 있으리라 기대하기 때문이다.

디지털 공급망 혁신

1980년대만 해도 손글씨로 쓴 편지를 보내 안부를 묻곤 했다. 1990년대 인터넷이 등장하면서 손편지 대신 이메일로 안부를 묻는 일이 흔해졌고, 필요한 서류도 우편 대신 인터넷을 이용해 보내기 시작했다. 이후 디지털을 활용한 커뮤니케이션 수단이 비약적으로 발전하면서 실시간 쌍방향 커뮤니케이션이 가능해졌다.

기업의 공급망도 커뮤니케이션과 흡사하다. 공급망Supply Chain이란 수요를 예측해 생산량을 계획하고, 구매, 생산, 재고, 물류관리 등이 선순환되는 구조로 각각의 단계는 분할되고 순차적으로 진행된다. 그렇기 때문에 초기 왜곡된 정보가 전달되면 수요예측이 잘못되고, 이어 구매, 생산, 재고관리, 물류 등 공급망 전반에 영향을 미치게 된다. 초기에 커뮤니케이션 오류를 파악하지 못하면 관련된 모든 이들이 혼란에 빠지게 되는 셈이다.

최근 들어 공급망관리는 더욱 다이내믹해져야 할 것을 요구받고 있다. 커뮤니케이션 채널의 발달로 정보 불균형에 의한 공급자 우위는 거의 사라졌고, 고객들의 기대 수준은 더욱 높아졌기 때문이다. 대량생산의 대명사였던 완성차업체에서도 마치 인터넷 쇼핑으로 상품을 고르듯, 소비자 개개인에 맞추어 자동차를 맞춤주문 생산하는 시대가 도래했고, 소비의 형태 역시 '소유'에서 '공유'로 재편되면서 자동차도 '구독'하기에 이르렀다.

이러한 소비 패턴의 변화는 기업들의 공급망 변화를 유도한다. 과거와 같은 방식으로는 고객의 눈높이를 맞추기 어렵고, 경쟁력 또한 낮아질 수밖에 없다. 이 같은 이유로 산업 전반의 구조적 변화로 인해 재고비용, 물류기간 단축 등 공급망 최적화를 위한 끊임없는 노력이 요구되고 있다.

사회 전반적으로 디지털화가 진행되면서 파괴적 혁신 수준의 급격한 변화가 요구되고 있다. 산업 간 경계가 무너지면서 전통적 제조업 역시 기존의 공급망관리 방식에서 탈피해 데이터를 기반으로 한 디지털 혁신이 필요하다. 디지털 공급망이 잘 갖추어져야 빅데이터, 인공지능, 머신러닝, 블록체인 등의 기술을 적용한 혁신이 지속가능하기 때문이다.

그렇다면 공급망 혁신은 어떻게 해야 하는 것일까. 단순한 인적·물적 자원 투입만으로는 과도한 비용 증가로 재무부담이 커지는 결과를 초래할 뿐 혁신을 이룰 수 없다. 물류과정에서 쌓이는 빅데이터를 즉각 처리하고, 상호 데이터를 주고받을 수 있는 사물인터넷IoT 기술을 이용해 공급망 내의 모든 관계자가 효과적으로 활용해 운영비용을 줄이는 노력이 수반되어야 한다.

최근 전 세계에 걸쳐 공급망을 구축한 글로벌 기업들을 주축으로 다자간 쌍방향 커뮤니케이션 형태의 디지털 공급망을 구축하려는 움직임이 있다. 글로벌 디지털 공급망을 구축하는 기업들은 파트너사에 ERPEnterprise Resource Planning의 일부 정보를 오픈하고, 재고 정보와 출고된 제품을 추적할 수 있는 디지털 기술 적용에 투자함으로써 장기적인 비용절감과 물류 경쟁력을 높이는 방향으로 전략을 수립하고 있다. 드론, 로봇, 인공지능, 빅데이터와 같은 기술을 적용해 공급망의 가시성을 높임과 함께 신뢰도와 안전성을 높이려는 노력도 계속되고 있다. 대규모 물류가 필요한 고가상품일수록 상품의 안전과 납기 준수가 중요하기 때문에 전 물류과정이 추적 가능한 시스템을 갖추려는 기업이 늘고 있다.

수많은 파트너들과 관계를 맺고 있는 글로벌 기업에게 효율적인 공급망관리는 기업의 핵심 역량과 직결된다고 할 수 있다. 공급망은 다수의 이해관계자가 생산, 물류, 서비스 등을 하나의 생태계

안에서 고객에게 제공하는 것으로 전략적인 디지털 동기화가 이루어져야 한다. 디지털 동기화를 통해 공급망 내 수많은 거래과정을 효율적으로 발전시켜 경쟁력을 높이고, 신뢰에 기반한 장기적인 거래를 유지할 때 효과적인 공급망 생태계 유지가 가능하다. 그리고 공급망의 안정성이 유지될 때 고객에게 제공하는 상품과 서비스의 품질을 높일 수 있다. 따라서 디지털 공급망 구축에 대한 투자와 변화관리는 경쟁력 강화를 위해 매우 중요하게 고려할 요소다.

비단 글로벌 기업뿐 아니라 모든 기업에게 4차 산업혁명 시대의 디지털 혁신은 이제 거스를 수 없는 큰 흐름이 되었다. 디지털 공급망은 미래의 비즈니스 환경에서 가장 기본인 인프라이자 비즈니스 파트너들 간 공동의 효율성을 높일 수 있는 가장 효과적인 도구이다. 비즈니스 파트너들 간의 시의적절한 데이터 전달률, 활용도에 따라 기업의 경쟁력은 시시각각 바뀔 수 있다. 따라서 궁극적으로 모든 참여자가 보다 나은 의사결정으로 비용을 절감하고, 수익을 창출할 수 있는 환경을 마련하기 위해서 디지털 공급망을 구축하는 데 적극적인 투자가 필요하다.

진화하는 비즈니스 인텔리전스

최근 국내외 많은 기업들이 비즈니스 인텔리전스 구축에 투자를 늘리는 추세다. 빅데이터 활용을 위해서는 데이터 저장부터 처리에 이르기까지 인프라 개선이 필요하고, 적시에 수요자 중심의 리포트 생성 및 공유를 위해서는 데이터 분석 기법과 시각화 도구가 필요하다. 경영진은 KPI(핵심성과지표)와 KRI(핵심리스크지표)를 수시로 보고 의사결정에 도움을 얻고자 하는 요구가 높다. 이를 위해 유용한 정보를 생산하여 의사결정에 도움을 주는 고도화된 애널리틱스 기법을 활용하는 기업이 증가하고 있다.

과거에는 빅데이터 안에 숨겨진 함의를 뒤늦게 찾아 시사점을 얻는 것이 데이터 분석의 주 목적이었다. 최근에는 통찰력을 얻기 위한 데이터 탐색과 시각화 도구를 활용해 직관적인 대시보드를 자유자재로 만들어 업무에 활용하는 방향으로 데이터 분석의 목적이 변화하고 있다. 여기에 머신러닝과 인공지능 기술이 더해지면서 미래예측을 위한 도구로 영역이 확장되고 있다. 빅데이터 분석 기법을 통해 비즈니스 인텔리전스 환경이 구축되면서 데이터 가치도 더불어 증가하게 되었다. 자원의 보고라 불리는 바다와 마찬가지로 데이터는 유용한 정보의 보고이기 때문이다. 따라서 통찰력을 넘어 선견지명으로 진화해 가는 빅데이터 분석은 이제 비즈니스 경쟁력을 위한 필수 도구로 자리매김하고 있다.

글로벌 주요 기업 CFO(최고 재무책임자)에 대한 설문조사에 따르면, 설문 응답의 약 40%에 해당하는 기업들이 재무회계와 관련해 '데이터 시각화Data Visualization' 기술을 실무에 활용하고 있다고 답했다. 주로 활용하는 분야는 고객 유지와 프로모션을 위한 고객 데이터 분석, 비즈니스 운영과 관련된 각종 리포트 개발, 그리고 리스크 관리에 활용하고 있다고 답했다. 데이터 시각화 기술을 활용해 데이터 가치를 높이기 위해서는 다음의 전략이 필요하다.

첫째, 데이터를 활용해 유용한 정보로 확대 재생산하기 위해서는 쉽고 빠르게 공유할 수 있어야 한다. 집단지성에 의한 데이터 탐색과 분석이 가능하도록 정보공유를 공유하여 가치를 높이는 것이 허용되는 데이터 활용 문화가 필요하다.

둘째, 빅데이터 처리 기술을 활용해 거의 실시간에 가까운 분석이 가능해야 한다. 실시간 매출 분석이 가능할 경우 맞춤형 프로모션 전략을 수립할 수 있다. 전국 단위 또는 글로벌 단위의 물류 흐름을 파악할 수 있고, 스마트 팩토리 구축을 통해 예측 가능한 유지보수와 관리가 가능해진다.

셋째, 다차원 분석을 통해 정보 수요자의 요구를 수용할 수 있어야 한다. 정보를 활용하는 수요자는 경영진부터 중간관리자, 실무자 등 다양할 수 있다. 이때 각각의 관점과 필요에 따라 분석 리포트를 다양하게 만들어 낼 수 있어야 한다.

마지막으로 동적인 분석과 대화형 조회가 가능해야 한다. 정해진 지표만 확인이 가능할 경우 분석의 범위가 좁아 상황에 따른 다이내믹한 분석이 어렵다. 따라서 필터링 조건을 사용하거나 변수를 다양하게 적용해서 마치 대화하듯 데이터를 조회하고 사용자가 편리하게 화면을 제어하여 다양한 분석을 수행할 수 있어야 한다

데이터 시각화, 비즈니스 경쟁력을 높이다

비즈니스에서 데이터를 활용하는 영역이 점차 확대되고 있다. IT 부서에 의뢰하여 정의된 요구사항에 대한 리포트를 활용하는 것에 그쳤던 과거에 비해 최근에는 실무자들이 직접 데이터를 활

용해 다양한 형태의 분석 리포트를 생산하여 업무에 활용하는 추세다. 매출 데이터 분석을 통해 기업의 역량을 집중해야 할 부분에 대한 통찰력을 얻을 수 있고, 성과관리를 위한 마이크로 매니지먼트가 가능해진다.

또한 기업의 잠재된 리스크를 파악하고 비정상적인 거래 패턴, 부정Fraud를 식별하기 위한 리스크 관리 목적으로 데이터 분석이 활용되기도 한다. 데이터 시각화 도구를 사용해 재무관리를 위한 기본적인 업무를 자동화하고, 다양한 분석 리포트를 개발하여 관련 담당자들과 공유함으로써 업무 생산성을 높일 수 있다. 기업들은 고도화된 데이터 분석 기법을 활용해 비즈니스 추세 파악과 예측을 통해 전략을 수정하고 오류를 줄이는 데 도움을 얻을 수 있다. 또한 빅데이터 활용에 투자함으로써 분석의 수준을 높여 비즈니스 경쟁력 확보에 기여할 수 있다. 따라서 4차 산업혁명 시대에 데이터 시각화를 도입하는 것은 비즈니스에서 볼 수 없던 것을 보는 능력과 미래를 내다보는 선견지명을 갖추는 것이라 할 수 있다.

보는 것이 힘이다

아는 만큼 보인다는 말이 있다. 높이 나는 새가 멀리 본다는 말도 있다. 둘 다 보이는 것이 경쟁력이고 그러기 위해서는 노력과 도전이 필요하다는 의미다. 기업의 입장에서는 어떨까? 불확실한 경영환경에서 경쟁사보다 빠르게 매출, 손익, 재고, 수불 현황을 들여다볼 수 있다면 이는 곧 엄청난 경쟁력이 될 것이다. 만일 전국 또는 세계 각지에 영업망과 온·오프라인 매장, 생산 라인이 갖추어져 있는 기업이라면 시간과 공간의 제약을 넘어서는 것은 매우 중요한 경쟁력이 될 수 있다.

1990년대까지만 해도 경영학 원론 교과서에는 기업의 혈액을 '돈'이라고 표현하였다. 물론 여전히 가용한 현금Cash-Flow과 현금 창출능력이 경영의 중요한 요소이지만 최근 들어, '돈' 못지 않게 중요해진 것이 바로 데이터다. 과거에는 데이터를 저장하고 처리하는 시스템은 유형자산으로 분류했으나 데이터는 유형 또는 무형 자산으로도 인식하지 않았다. 데이터를 업무활동의 부산물로 여겼기 때문이다. 그러나 이제는 데이터가 그 자체로 경쟁력의 원천이자 기업의 중요 자산으로 인식되고 있다.

1990년대 말부터 시작해서 2000년대 말까지 기업들은 업무 방식과 자원관리를 혁신적으로 바꾸기 위해 시스템 아키텍처를 설계하고 대규모 전사적 자원관리ERP, Enterprise Resource Planning 시스템을 도입했다. 이제는 과거 IT 인프라를 갖추는 데 집중하던 시대를 지나 데이터를 어떻게 경영 의사결정에 활용할지에 대해 고민하고 투자를 늘리고 있다. 급변하는 경영환경하에서 의사결정 주기Lead Time가 점점 빨라지고 있다. 지배구조가 복잡하고, 이해관계자가 다양해지면서 의사결정 방식도 과거와는 달라져야 한다는 요구가 거세다. 많은 기업들이 직관에 의한 의사결정의 한계를 극복하고자 다양한 방법으로 합리적인 확신을 얻기 위해 노력하고 있다. 글로벌 기업일수록 전 세계 각지에 퍼져 있는 영업 정보와 실시간 매출 현황, 손익 현황 등을 적시에 확인하고 판단해야 하는 일들이 많아졌다. 이를 위해 최근에는 정형, 비정형 빅데이터를 저장하는 데 그치지 않고, 분석Analytics하고 시각화Visualization하여 적시에 현황을 파악하고 부족한 부분에 자원을 집중하기 위해 데이터 애널리틱스에 투자하는 기업들이 늘어나고 있다.

기업 경쟁력의 원천으로서 데이터 애널리틱스가 효과적으로 활용되기 위해서는 적절한 투자가 필요하다. 데이터에 투자한다는 것은 단지 저장과 처리에만 국한된 것이 아니라 데이터 간 이동, 생성, 조합, 연산 등이 설계되고, 이를 효과적으로 적시에 보여줄 수 있는 대시보드가 설계되어야 한다. 이러한 인프라 투자뿐만 아니라 비즈니스 의사결정에 도움을 주기 위해서는 분석 요구사항을 충족시키기 위해 데이터 구조를 개선하고, 과학적인 데이터 처리 및 분석이 가능한 인력 확보와 프로세스 혁신이 선행되어야 한다.

직관의 위험성

1960년대 미국에서 큰 인기를 모았던 TV쇼인 〈Let's Make a Deal〉에서는 방청객을 대상으로 자동차가 있는 문을 맞추면 자동차를 경품으로 주는 코너를 진행했다. 3개의 문 뒤에는 2마리의 염소와 1대의 자동차가 무작위로 배치되어 있었으며, 진행자인 몬티 홀Monti Hall은 어떤 문 뒤에 자동차가 있는지 알고 있었다. 방청객이 문을 고르면 몬티 홀은 무조건 염소가 있는 문을 열어 보이며 선택을 바꿀 수 있는 기회를 주었다. 이때 방청객들은 어떤 선택을 했을까? 주로 직관에 따라 선택을 바꾸지 않는 방청객이 많았다.

하지만 확률적으로 보면 선택을 바꾸는 것이 2배의 당첨 가능성이 있었다. 만일 염소를 고르면 몬티 홀이 또 다른 염소를 보여주기 때문에 선택을 바꾸면 자동차를 고르게 된다. 다른 염소를 골랐을 때도 마찬가지다. 원래 자동차를 골랐을 때만 몬티 홀이 염소를 보여주기 때문에 선택을 바꾸면 염소를 고를 수밖에 없다. 따라서 확률적으로는 선택을 바꾸는 것이 당첨확률이 높다. 이를 몬티 홀 문제Monty Hall Problem라고 한다.

몬티 홀 쇼의 자동차 경품 코너는 분석이 선행되지 않는 직관은 위험할 수 있음을 보여준다. 감Feeling에 의한 선택이 짜릿한 좋은 결과를 가져다주기도 하지만 따지고 보면 매우 무모한 행위가 될 수 있다. 통계적인 시각을 갖추는 것이 직관의 위험을 줄여주는 매우 중요한 도구다. 분석이 선행되어 직관에 의한 실수를 줄이는 것은 짧은 시간 내에 의사결정을 해야 하는 경영진에게 매우 중요하다. 시각적 도구가 뒷받침이 되는 직관은 단순한 감에 의한 것이 아닌 합리적인 판단을 돕는다. 분석이 선행된 결과를 시각적으로 보여줌으로써 의사결정의 실패를 줄이고 훨씬 더 성공 확률을 높일 수 있다.

직관에 의한 빠른 의사결정이 때로는 도움이 될 수도 있다. 그러나 개인의 의사결정이든 조직의 의사결정이든 합리적이어야 실패를 줄일 수 있다. 리스크에 대한 지능을 높여 효과적으로 대응하고자 하는 것을 리스크 인텔리전스Risk Intelligence라고 한다. 이를 위해서는 기본적으로 비즈니스에 대한 이해와 데이터 분석을 통해 객관적이고 합리적인 의사결정을 내려야 한다. 기업의 의사결정은 직관에 의해 지배되는 것이 아니라 시나리오와 데이터 분석이 결합된 형태의 의사결정체계를 갖추는 것이 필요하다.

따라서 데이터를 활용한다는 의미는 일상생활이든 비즈니스 활동이든 기저에 깔린 각종 리스크를 지배한다는 뜻이다. 숨어있는 잠재적인 리스크를 드러나게 하고 그것을 시각적으로 보고 판단하는 것은 마치 전쟁에서 적의 움직임을 훤히 꿰뚫고 작전을 지휘하는 지휘관이 되는 것과 같다.

참고문헌

CHAPTER 01 4차 산업혁명 시대, 데이터의 가치에 주목하라

- 세상을 읽는 또 하나의 도구, 데이터, 〈일간투데이〉, 채수완, 2018.06.26, http://www.dtoday.co.kr/news/articleView.html?idxno=269930
- 도량형 통일과 데이터 관리, 〈일간투데이〉, 채수완, 2019.01.08, http://www.dtoday.co.kr/news/articleView.html?idxno=292113
- 미래 산업의 자원, 데이터, 〈일간투데이〉, 채수완, 2018.09.11, http://www.dtoday.co.kr/news/articleView.html?idxno=278263
- 매출 성장을 위한 돌파구! – 빅데이터 애널리틱스, 〈일간투데이〉, 채수완, 2018.11.13, http://www.dtoday.co.kr/news/articleView.html?idxno =285222
- 5G 시대와 4차산업혁명, 〈일간투데이〉, 채수완, 2018.12.27, http://www.dtoday.co.kr/news/articleView.html?idxno=290856

CHAPTER 02 디지털 혁명과 호모 디지털쿠스의 탄생

- 격변하는 디지털 혁명 시대, 생존과 번영의 길로, 〈일간투데이〉, 채수완, 2018.07.24, http://www.dtoday.co.kr/news/articleView.html?idxno=273228
- 자동차의 미래, 〈일간투데이〉, 채수완, 2018.08.21, http://www.dtoday.co.kr/news/articleView.html?idxno=275819

- 진화하는 플랫폼, AI가 이끈다, 〈일간투데이〉, 채수완, 2018.09.24, http://www.dtoday.co.kr/news/articleView.html?idxno=279584
- 중국의 IT 굴기…차이나 강풍, 〈일간투데이〉, 채수완, 2019.01.23, http://www.dtoday.co.kr/news/articleView.html?idxno=294129
- 4차 혁명, 데이터를 지배하는 기업이 승리자, 〈서울경제〉, 채수완, 2019.07.17, https://www.sedaily.com/NewsView/1VLNIV724R
- Walmart 4.0: From Brick & Mortar to Digital First, 〈Deloitte Insight〉, 정동섭 · 이해섭 · 최소연, https://www2.deloitte.com/kr/ko/pages/consumer/articles/2020/Walmart-4.html
- 〈플랫폼 전쟁〉, 21세기북스, 조용호

CHAPTER 03 코로나19 이후 '넥스트 노멀'에 대비하라

- 간편식 시장규모, 한국농수산식품유통공사, 농식품수출정보
- 가정간편식 시장 3년새 63% 커져…2022년 5조원 규모 전망, 〈연합뉴스〉, 2019.08.04, https://www.yna.co.kr/view/AKR20190802146200030
- 한샘, 코로나19로 3년만에 매출 2조 찍나, 〈뉴스토마토〉, 2021.01.25, http://www.newstomato.com/ReadNews.aspx?no=1020795
- COVID-19 이후 '넥스트 노멀'을 대비하기 위한 데이터 중심 비즈니스 전략: 데이터 중심 조직으로 변화하라, 〈Deloitte Insight, No.16〉, 채수완, https://www2.deloitte.com/content/dam/Deloitte/kr/Documents/insights/deloitte-korea-review/16/kr_insights_deloitte-korea-review-16_04.pdf

CHAPTER 04 승리의 코드, 데이터 애널리틱스

- 머니 볼, 스포츠도 데이터 전쟁이다, 〈일간투데이〉, 채수완, 2018.07.10, http://www.dtoday.co.kr/news/articleView.html?idxno=271511

- 제4차 산업혁명의 승리자가 되기 위한 리스크 애널리틱스, 〈Deloitte Korea Review, No. 9〉, 채수완, https://www2.deloitte.com/kr/ko/pages/risk/articles/2019/deloitte-korea-review-issue-09-201709.html

CHAPTER 05 리스크 인텔리전스와 데이터 중심 경영

- 비누와 리스크 관리의 공통점, 〈일간투데이〉, 채수완, 2018.08.07, http://www.dtoday.co.kr/news/articleView.html?idxno=274319
- IT 활용과 스마트한 내부통제 구축, 〈일간투데이〉, 채수완, 2018.10.15, http://www.dtoday.co.kr/news/articleView.html?idxno=281681
- 데이터 가치를 높이는 데이터 시각화, 〈일간투데이〉, 채수완, 2018.10.30, http://www.dtoday.co.kr/news/articleView.html?idxno=283620
- 리스크 애널리틱스-리스크를 지배하라, 〈일간투데이〉, 채수완, 2018.11.27, http://www.dtoday.co.kr/news/articleView.html?idxno=287005
- 미래를 내다보는 힘, 인공지능(AI), 〈일간투데이〉, 채수완, 2019.02.28, http://www.dtoday.co.kr/news/articleView.html? idxno=298372
- 빅 데이터, 4차 산업혁명 성공 이끈다, 〈서울경제〉, 채수완, 2018.07.26, https://www.sedaily.com/NewsView/1S28GHETRV
- 쌍방향 디지털 공급망 혁신, 〈서울경제〉, 채수완, 2019.02.07, https://www.sedaily.com/NewsView/1VF7ZKE2W1
- 新외부감사법 개정에 따른 내부회계관리제도의 변화, 〈택스넷〉, 채수완, 2019.01.21, https://www.taxnet.co.kr/Post/dir/writer_View.asp?num=136&nNum=1&authorId=&listNum=1

- 리스크 기반 내부통제 체계 구축－IT를 활용한 상시모니터링 체계 구축, 〈택스넷〉, 채수완, 2019.02.18, https://www.taxnet.co.kr/Post/dir/writer_View.asp?num=184&nNum=1&authorId=&listNum=1
- 내부회계 고도화 이후를 위한 상시모니터링, 〈Deloitte Korea Review, No. 13〉, 채수완, https://www2.deloitte.com/kr/ko/pages/risk/articles/2019/deloitte-korea-review-issue-13-02-201909.html
- 시나리오 플래닝, 〈Deloitte Korea Review, No. 11〉, 채수완, https://www2.deloitte.com/kr/ko/pages/risk/articles/2019/deloitte-korea-review-issue-11-201809.html
- 비즈니스 가시성 확보를 위한 데이터 애널리틱스, 〈Deloitte Korea Review, No. 10〉, 채수완, https://www2.deloitte.com/kr/ko/pages/risk/articles/2018/deloitte-korea-review-10-3-201803.html
- 네이버－수에즈운하, 파나마운하

저자_ 채수완

EY컨설팅 파트너
EY컨설팅 디지털 리스크(Digital Risk) 리더
EY컨설팅 Responsible AI Korea Region 리더
EY컨설팅 ESG Transformation 리더
딜로이트 리스크자문본부 이사
국회 4차산업특별위원회 자문위원
강원랜드 감사자문위원
상장회사협의회, 내부감사협회, 흑자경영연구소 강사
서울대학교, 고려대학교, 성균관대학교 특별강사
고려대학교 경영학 석사
건국대학교 경영 · 경영정보 학사

데이터를 지배하라

'넥스트 노멀' 시대의 디지털 전쟁을 승리로 이끌기 위한 필수 전략

1판 1쇄 발행_ 2021년 2월 25일
1판 2쇄 발행_ 2025년 8월 25일

저　자_ 채수완
발행인_ 이수영
발행처_ 도서출판 청람

등　록_ 2000년 8월 26일 제6-0509호
주　소_ 서울시 마포구 독막로 288(대흥동, 세양상가 109호)
전　화_ 02)3272-2601(대)~2
팩　스_ 02)3272~2603

ISBN_ 978-89-5972-805-3 93320
정　가_ 17,000원